企业跨境数据应用
合规与保护

齐佳音 池雅琼 等◎著

CORPORATE CROSS–BORDER DATA APPLICATIONS

Compliance and Protection

经济管理出版社

ECONOMY & MANAGEMENT PUBLISHING HOUSE

图书在版编目（CIP）数据

企业跨境数据应用：合规与保护／齐佳音，池雅琼等著 . —北京：经济管理出版社，2023. 10

ISBN 978-7-5096-9405-3

Ⅰ.①企… Ⅱ.①齐… ②池… Ⅲ.①企业管理—数据管理—研究 Ⅳ.①F272. 7

中国国家版本馆 CIP 数据核字（2023）第 204937 号

组稿编辑：范美琴
责任编辑：范美琴　任爱清
责任印制：黄章平
责任校对：陈　颖

出版发行：经济管理出版社
　　　　　（北京市海淀区北蜂窝 8 号中雅大厦 A 座 11 层　100038）
网　　　址：www. E-mp. com. cn
电　　　话：(010)51915602
印　　　刷：唐山昊达印刷有限公司
经　　　销：新华书店
开　　　本：710mm×1000mm /16
印　　　张：19. 25
字　　　数：326 千字
版　　　次：2023 年 12 月第 1 版　　2023 年 12 月第 1 次印刷
书　　　号：ISBN 978-7-5096-9405-3
定　　　价：98. 00 元

劝君但行前路，莫问前程

——《企业跨境数据应用：合规与保护》前言

生活中无时无刻不在产生数据，我们的出行、购物、交友、思想、心情等通过各种网络接入设备成为数据海洋中的无数水滴。这些数据汇成的溪流将成为互联网企业或者正在数字化转型中的各类企业得以更好发展的源泉。每家企业的数据湖泊，不仅有来自大众的数据源泉的补给，也有自己在生产运营发展过程中沉淀出的宝贵的行业经验新产生的数据池塘。这些从社会到企业各个方面、层面汇集而形成的企业数据湖泊，关系着民众的权益、国家的安全、企业的发展，因而在企业跨境业务应用中十分敏感。国际形势风起云涌，一旦企业数据跨境合规稍有疏忽，就有可能成为突发热点事件，不仅会影响企业的全球化发展，也会使国家在国际政治角逐中受到重击。

数字经济的崛起使各个经济体以及一些主要国家都意欲成为数据跨境规则的制定者，从而在数字经济时代占据规则优势。各个经济体以及一些主要国家在跨境数据治理方面都在加快探索和行动，截至目前，尚未有哪一方能拿出被普遍接受的方案。我国也在加快数据治理方面的立法实践，但目前主要推动的是我国企业在境内采集以及处置公众数据的规范，也根据形势快速出台了我国企业赴境外上市时对于数据处置的规范，但是对于大规模经由企业采集、在境内和境外业务中使用的数据而言，这些规制还远远不够。从向国际提供中国的数据跨境方案的角度来讲，我们还需要做很多工作。

在这样的背景下，开展这一领域的研究工作就十分艰难。在理论方面还没有形成可以依托的基础性理论，在实践方面也是十分细碎，要在尚不明晰的方向上进行探索，难度是可想而知的。我的几位研究生，他们十分勇敢，在我的安排下，迎难而上，开展了近三年的研究。首先，我的硕士研究生池雅琼，她在这一领域东冲西突，在各个方向上试了小半年，从政策到技术，最后落脚到企业数据保护成熟度模型以及面向若干经济体、若干场景的企业数据保护成熟度模型研究，从企业自我评测方面，给企业试着做了一件自我防护的"软猬甲"。其次，我的 MBA 学生邹杨，她同时也在尼尔森(中国)工作，专门负责尼尔森(中国)的市场调研中的数据合规管理，因此研究了跨国企业市场调研中的消费者数据合规使用问题，并提出一个跨国市场调研企业数据采集的流程规范。再次，我的 MBA 学生陈升泰，他接受了一个运用责任创新理论来规范银行信用卡大数据营销的研究任务，虽然是以境内市场为研究对象，但是这套思路是可以放到跨境的场景中进一步去尝试的。最后，华东师范大学计算机科学与技术学院博士研究生刘峰，他对池雅琼的研究工作给予很大的协助，帮助池雅琼厘清了不少研究中的具体问题，我们也一起发表了一些学术成果。

本书是团队研究工作的成果，特别是得到了中国移动通信有限公司研究院徐华洁女士的指导。本书作者的完整名单是：齐佳音、池雅琼、邹杨、陈升泰、刘峰、徐华洁、张钰歆、郭可歆、孔锦华、王新等。在此对研究团队的每一位成员表示衷心的感谢，谢谢她(他)们，以"但行前路，莫问前程"的坚持才得以在这个尚处于探索阶段的领域做了一点工作。

本书得到国家自然科学基金重大项目"医联网环境下的隐私数据保护与医源性风险决策"(资助号：72293583、72293580)、国家自科基金委中德科学中心合作交流项目"数字化与老龄化"(编号：GZ1570)、中国工程院战略研究与咨询项目课题三"数据安全治理体系研究"(编号：2023-XBZD-20)、中国移动通信有限公司研究院数值创新发展论坛联合研发课题项目"跨境数据安全合规高效流通"以及中国—中东欧国家高校联合教育项目"数据跨境流动治理技术与方法研究"(编号：202033)的联合资助，在此深表感谢！

未来具有极大的不可预测性，我们深知对企业跨境数据应用规制的研究永远在路上，本书无疑只是对这一领域做了浅显的探索，但愿这种探索可以为今后更多人开展更为深入的研究提供参考。

由于各方面的限制，本书的研究有诸多不足，恳请得到同行的指正，在此深表感谢！

齐佳音
2023 年 11 月于广州

目　录
contents

第三章

企业跨境数据应用中国政策分析

第四章

基于负责任研究与创新理论的 A 银行信用卡大数据营销优化

第五章

某跨国市场调研企业 S 的消费者数据合规使用实践

第六章

企业数据保护成熟度模型构建

第七章

面向欧盟区域的企业数据保护成熟度研究

第八章

个性化场景下的企业数据保护成熟度研究

第九章

企业数据跨境合规保护的发展趋势探究

第十章

总结与展望

第一章
CHAPTER 1

绪 论

第一节 大数据与隐私保护

随着人类科学技术日益进步，数字经济蓬勃发展，当今世界正在经历一场席卷全球的、更深层次的科技变革和产业革命，数字经济时代悄然来临，数据成为现代全球经济的命脉，各国利益更加紧密相连（Nigel，2017）。数据流动正发挥着前所未有的新作用，数字变革不仅影响诸如信息技术部门等垂直行业，还不断渗入传统产业、细分领域以及市场运营主体：私域流量的整合利用促进数字化营销转化率大幅度提升；物联网和互联网深度融合，促使数据驱动产业进入新计划经济时代；共享、电商化采购更加普及，逐步形成数字化供应新生态（韩向东和季献忠，2021），使数字化转型成为数字经济时代全球企业运营的大势所趋。全球数据的跨境流动推动着世界数字化进程愈演愈烈，虽然数据的跨境流动促进了贸易增长和企业的数字化转型，但也扩大了与数据隐私、安全和监督有关的政策问题。从国际视野来看，对跨境数据流动的监管把控已然不仅是各国政府实现国际经济贸易安全往来的重要内容，还是涉及国家安全的重大讨论焦点。跨境数据流动的监管问题主要在于如何动态平衡数据出口国和数据进口国之间的数据安全自由流动（李艳华，2019）。在此过程中，一旦数据脱离"控制"，特别是在数据进口国缺乏有效数据监管措施的情况下，将导致极其严重的数据丢失、篡改等风险，进而对数据出口国公民乃至政府造成巨大的影响（黄道丽和何治乐，2017）。但是目前国际组织尚未针对跨境数据流动做出统一规定，数据保护体系依旧欠缺，尽管数据流动的作用越来越大，企业的数字化转型需求也日益迫切，但越来越多的国家正在加大数据传输的难度（Nigel，2020）。尤其是斯诺登事件的发生迅速敲响了世界各国对数据跨境流动安全加强监管的警钟，欧盟、巴西等多个国家和地区都采取了不同的跨境数据流动立法措施。各国的数据监管体系差异成为阻碍贸易数据跨境自由流动的主要因素。各国根据本国贸易状况采取的跨境数据传输监管制度很可能成为贸易保护主义的手段（刘维，2018）。限制数据跨境流动不仅会对数字服务贸易产生负面影响，同时也会对创新和生产力产生影响（Ferracane & van der Marel，2019）。据一项分析估计，国内生产总值（Gross Domestic Product，GDP）的增长明显受限于跨境数据流动量。跨境数据流动和服务贸易的中断可能对欧盟 GDP 造成高达 1.3% 的负面影响，欧盟制造业对美国的出口可能下降到 11%，然而消除数据流动的障碍可能会使美国的 GDP 增长 0.1%~0.3%（Baller，Dutta & Lanvin，2016）。数字化时代数据自由传输对经济增长的影响在国际贸易中日益扩大，使数据安全的监管问题成为国际贸易谈判的焦点议题。

近几年，企业的数字化进程按下了"加速键"。互联网企业天然是数据驱动运营的企业，传统企业也逐渐向数据驱动转型升级。从企业视野的隐私合规和保护角度来看，海量大数据的收集、存储以及处理和分析的方式也带来前所未有的隐私忧患（任雪斌等，2019）。约80%的组织都有自己的数据库，且数据大多是数字化的，一旦扩散其影响是不可逆转的。部分企业恶意收集用户的隐私数据、滥用数据造成用户隐私信息泄露，从而引起网络诈骗等诸多问题，近年来有很多由于数据权属模糊使投机分子利用个人隐私数据获取经济利益的情况发生（王滢，2020）。2019年9月以来，警方调查了杭州多家涉嫌违规使用数据爬虫技术获取用户通信录、定位等敏感信息的大数据风控平台，使互联网数据安全监管问题再次受到公众瞩目（Wang，2020）。Hai（2019）研究发现，因黑客窃取个人信息而产生的一系列勒索、敲诈、商业窃密等网络安全问题均会给个人和企业造成不可挽回的直接经济损失。诸如此类的案例屡见不鲜，不仅会引起消费者的担忧，还会严重打击到消费者对于在线交易的信心，并进一步影响数字经济的高效发展，这对企业的数据安全提出了新的挑战。

虽然国家积极出台各项措施来保护数据安全，但是从企业角度出发，企业自身也有责任在遵守相关法律的前提下深挖自身业务发展过程中的数据操作合规问题。现实案例中企业发生数据操作不合规问题的原因很多，大都是由综合原因引起，尤其对于涉及跨境业务的企业，贸易的往来更是增加了数据监管问题的复杂性，因此在开展数据监管活动时，提高企业数据保护成熟度，关注其中最容易导致数据隐私泄露的方面，以及如何在合理、合法收集和利用数据的同时保护好用户的个人隐私，增强用户对于隐私安全保护的信心成为亟待解决的问题。

第二节　监管现状

一、数据主权

一个国家的物理主权有领土、领空、领海等，随着大数据的应用越来越普及和深化，数据主权——作为一个虚拟主权，正在得到越来越多国家、企业和个人的重视。"数据主权"概念，最早始于隐私领域，是指一个人对其在社交媒体上和进行网络消费时所提供的个人信息的控制权（付伟和于长钺，2017）。近年来，伴随着各国在数据立法与国际新规制定中的激烈角逐，我国于2015年将"数据主权"作为处理数据安全的根本指针，并首次写入国务院文件（许可，2019）。然而当前，作为政治话语的数据主权，不仅国际社会对它的理解未达成共识，其明确定义尚未从法律层面得到充分的澄清（陈曦笛，2022），在学界也未能获得一致性观点。学者们普遍将数据主权划分为包含国家数据主权和个人数据主权的广义范畴，以及仅仅包含前者的狭义范畴（朱雅妮，2021）。

随着数据在数字经济时代中的价值日益凸显，其概念内涵也得以不断扩展。本书认为，对"数据主权"的理解可以从个人、企业、国家三个角度来看：①就个人来说，是人们对自身从事社会活动过程中产生的数据拥有的使用权和所有权；②就企业来说，是对以贸易为载体而获得的海量数据的占有权、使用权以及保护权；③就国家而言，数据主权作为国家主权的延伸，不仅表现在对管辖区域内的数据法律层面的约束和保护，还体现在对外独立决定本国的数据政策、战略和法律等对数据控制权的主体地位（朱雅妮，2021）。

数据已经逐渐成为世界各国和企业逐鹿的焦点所在，没有人会轻易放弃对数据的控制权。放弃数据主权，就意味着放弃现在和未来。2019 年以来，美国政府对华为、字节跳动等中国互联网科技企业发动抵制和打击。以字节跳动为例，字节跳动在部署海外版 TikTok 时，从服务器搭建、数据存储、内容审查，甚至到美国办公室的管理层委任，完全遵守美国的法律法规，然而美国依然选择强行使用行政命令抵制 TikTok。如果我们从数据主权的角度来分析，就能更好地理解特朗普背后意图指向哪里。美国政府对跨境科技软件的数据主权态度，表明涉及美国数据的主权问题，不允许由中国资本的互联网企业掌控。

欧洲对数据主权的关注已经落实在了逐步完善的法律法规上。2020 年 7 月 13 日，欧洲议会研究服务中心（EPRS）发布了一份关于《欧洲数字主权》的研究报告。报告指出，非欧盟科技公司的经济和社会影响力威胁着欧洲公民对其个人数据的控制，并限制欧盟高科技公司的成长和欧盟及其成员国在数据环境中的立法和执法能力。因此，欧洲要寻求加强数字领域战略自主权的新政策方法，以获得在数字世界中独立行动的能力（上海赛博网络安全产业创新研究院，2017）。

二、数据跨境

作为跨国企业，个人数据的跨境传输是无法绕开的重要问题。但是，因产业发展水平、立法能力、数据保护理念等方面的差异，世界主要国家和地区对数据的跨境流动却有着不尽相同的主张。美国通过产业优势，欧盟通过规则制定能力，在数据跨境活动和获取跨境数据资源中起着主导作用。

数字经济背景下的企业跨境数据应用的研究是与法学、计算机科学以及管理学等学科密切相关的复杂社会议题。当前国际主流监管趋势是从欧盟、美国、中国以及其他主要经济体的法律规制角度、技术实践角度进行协同治理。

(一)法律规制角度

第一,在数据隐私的监管经验方面,尤以欧盟为典范,其高度重视公民的个人隐私与权益保护,响应经济合作与发展组织(OECD)为降低各成员国因数据保护不力导致的经济损失风险而提出的《关于隐私保护与个人数据跨境流动的指南》,陆续出台《个人数据自动化处理中的个人保护公约》、"95 指令"以尝试建立统一的数据保护原则,但都未能达到目的,直至 2018 年颁布的《通用数据保护条例》(GDPR)才正式标志着欧盟最具体系并且严苛的数据保护标准的出现,自其实施以来,为全球各大数据保护主体所推崇与效仿。随后,为进一步巩固提升自身在国际格局中数据规则制定的要塞地位,欧盟又陆续出台《网络安全法案》(EU2019)、《数字市场法案》(2020)、《数据治理法案》(2020)等一系列法律规范,同时依据 GDPR 的主旨思想,针对数据出境又提出两份最新建议——《关于补充传输机制以确保符合欧盟个人数据保护标准的建议》和《针对监控措施的关于欧盟重要保障的建议》,从技术、合同、组织方面为企业补充了评估第三国家或地区数据保护水平的措施(European Data Protection Board,2021)。此外,随着欧盟法院判决欧美之间签署的"隐私盾协议"无效后,又创新性提出数据跨境的"个案审查"原则,逐步构建国际统一数据立法模式;同时,与时俱进,秉持网络安全和信息安全联动的新理念,欧盟又提出新的规则《网络安全条例》和《信息安全条例》来强化欧盟对网络威胁活动的响应能力(European Commission,2022)。

第二,作为世界上较早在国际贸易协定中考虑到跨境数据流动的主要国家之一的美国同样为全球数据规制提供了重要的启示意义。除了构建数据跨境流动政策来维护国际产业竞争优势外,美国还以双边、多边贸易协定为主要渠道,将"美式模板"推向世界,主导国际数据跨境流动趋势和贸易格局变化。从 1980 年开始,针对数据跨境监管措施,美国首先表态为"不会阻碍数据的跨境流动",其次在经济合作与发展组织中争取"数据承诺",在确保不会对数据流动施加新的阻碍基础上大力鼓励各国共同采取更加开放和自由的数据监管政策。而后,美国开始走上对个人隐私数据保护的强化之路,特别关注重大高科技技术及金融行业等具体行业数据的针对性把控。此后又以著名的《澄清境外数据的合法使用法案》(CLOUD)来扩张"网络空间领土",以四部州级消费者隐私立法来逐步加大对消费者隐私的保护力度。另外，美国也同样积极开展多边对话，在经历与欧盟签订的《安全港协议》《隐私盾协议》相继失效之后，又积极与欧盟达成新的《跨大西洋数据隐私框架》，做出前所未有的改革承诺，以促进更加包容的数字经济，助力欧美各行各业的蓬勃发展；同时美国借鉴跨《跨太平洋伙伴关系协定》(TPP) 模板自主发起的《美墨加三国协议》也为"数字贸易"的概念在国际贸易规制中的地位确定做出了有利的贡献。

自 2000 年以来，我国的数据保护意识也在觉醒并且不断为之付诸实践。就跨境贸易数据流动监管领域而言，在高度维护数据主权和数据跨境流动的安全监管方面，我国一直坚持数据本地化，具体实践可从国家法规建设和地方区域监管两个层面来窥见。首先，国家法规建设以《外国机构在中国境内提供金融信息服务管理规定》为我国针对金融行业数据跨境监管的起始点，到近年来出台的《中华人民共和国网络安全法》《中华人民共和国数据安全法》，再至 2021 年 11 月 1 日正式实行的《中华人民共和国个人信息保护法》都是我国为企业开展数据活动的重要指南及业务风险评估标准，也是我国数据安全立法的全局框架设计。其中除了对"重要数据""个人信息""个人敏感信息"等概念进行界定之外，还为贯彻落实《数据安全法》提出的"国家建立数据分类分级保护制度"要求，发布了《网络数据分类分级指引》(全国信息安全标准化技术委员会，2021)。在实践上，不乏重拳出击治理数十款侵害用户权益的 APP、通报违规 SDK、公布数起危害重要数据安全的案例以及点名腾讯、阿里巴巴等多家企业，表明国家在数据监管方面的强硬态度。其次，在地方区域监管层面，以上海、深圳、北京、贵阳以及重庆等为典型代表，在《上海市数据条例》《深圳经济特区数据条例》于 2022 年 1 月 1 日正式生效的同时实施《上海市反间谍安全防范条例》，开启"北京市数据跨境流动安全管理试点""中国(贵州)'数字丝路'跨境数据枢纽港建设项目"以及出台《重庆市数据条例》，在地方层面积极探索数据治理的最佳路径。

东盟是中国"数字丝绸之路"的枢纽，也是全球数字经济增长最快的地区。自 2018 年以来，中国通过与东盟签署系列战略合作规划加快与东盟数字化转型的合作力度。基于联盟国各国的网络安全和信息保护水平发展不一的现状，第一届东盟数字部长会议批准发布《东盟数据管理框架》(DMF) 和《东盟跨境数据流动示范合同条款》(MCCs)，制定了落实区域数字经济和数字贸易发展中东盟内个人数据流动规则的具体举措，以期促进东盟地区数据相关的商业业务运营，同时确保跨境数据传输过程中的个人数据保护，以此紧握数据跨境流动之动脉。近年来，跨境数据流量急剧增加，跨境数据安全隐患日益凸显，以新加坡、俄罗斯为代表的"一带一路"沿线各国也掀起数据保护热潮。随着由我国主导的"一带一路"倡议全方位开放格局逐步深化，推动着各国数据跨境自由流动和市场经济要素充分融合，优化全球资源配置格局，促进全球信息资源共享进程，帮助各国取长补短、实现优势互补和合作共赢。此外，更是有诸如《全面与进步跨太平洋伙伴关系协定》(CPTPP)、《区域全面经济伙伴关系协定》(RCEP)等主要国际多边合作经济体共同参与到全球数据跨境流动监管的谈判中。随着我国正式提出申请加入 CPTPP 和《数字经济伙伴关系协定》(DEPA)两部自由化水平较高的贸易协定中，数据跨境流动的世界格局变化将拭目以待。

(二)技术实践角度

无论是美国在提倡自由化的数据跨境传输的同时，强调技术时代的隐私保护问题，积极倡导与各国达成互利互惠的双边协议，还是欧盟为消除成员国间的贸易壁垒，通过技术手段来推行"数字化单一市场"战略，推动欧盟数字经济发展和技术治理，都是各大主体对法律与技术并驾齐驱的数据治理思路。在法律规制下，技术实施成为数据跨境流动监管的关键落地手段。当前主要的数据隐私技术包括以下五种：一是作为网络安全技术基石的数据加密技术，已广泛运用于各行各业的信息系统；二是新兴的人工智能技术——联邦学习，在智慧零售开展商品推荐业务、医疗行业用于自动诊断等方面都得到了重点应用；三是与联邦学习互补的区块链技术，以其去中心化的属性来实现参与联邦学习计算的中心节点的替代特性，为电商平台追踪提供跨境食品供应链路、协助物流行业跨境商品等物资供应和运输领域进行溯源和实时监控；四是提升信息获取强度的差分隐私技术，多用于维护患者个人隐私以及实现个人位置的模糊定位功能；五是数据库安全技术之一的数据脱敏技术，不仅是在企业业务本地运作中实现敏感数据可靠保护的盾牌，更是在跨境数据传输过程中保障数据安全的关键技术手段之一。

但企业数据跨境流动中也明显存在两类问题：一是隐私保护技术与企业

发展的平衡点。有时隐私保护技术的实施会严重阻碍企业的发展，但企业业务的安全运作又依赖于隐私保护技术的实施，如何找到制衡技术与业务正常运转的平衡点成为当下数据监管的一大难题。即使是对数据保护最为严格的《通用数据保护条例》中对人工智能的部分使用进行了源头规制，也没能对人工智能涉及数据流动隐私保护问题做出符合大众期待的回应。我国在促进数字丝绸之路的发展，加大对外贸易政策的发布，鼓励大数据、人工智能等技术在沿线的使用，以促进合作各国数字经济协同发展的同时，既未能解决不同国家技术对接失调问题，也未在规则上清晰提出这些前沿技术的使用限定。二是日益凸显的技术漏洞问题。且不论外部黑客不断丰富的攻击手段，就许多发展中国家在关键信息基础设施防护、网络安全保护等方面存在的技术水平上的对接问题而言，各种前沿技术规范的缺失、模糊不清的应用边界，不仅将公民个人信息安全置于危险之地，还极其容易引发经济、政治等领域的安全风险问题，网络安全和国家安全都可能会受到数据跨境流动的威胁。

第三节　本书内容

企业数据跨境是当下世界各国关注的焦点，也是实践中的冲突点，尚没有统一的国际规则，本书的研究内容主要是笔者团队近年来的研究成果，主要包括以下四个方面：

(1)企业跨境数据应用国际政策分析。包括以 GDPR 为纲领的欧盟规制政策、聚焦维护本国产业竞争优势的美国数据监管机制、坚定维护数据本地化的中国数据治理道路、以区域联盟法规平衡联盟国数据保护水平差异的东盟数据安全之法以及其他主要国际多边合作经济体跨境数据流动监管要点。

(2)基于负责任研究与创新理论的大数据合规实践。将负责任研究与创新理论应用于银行信用卡营销，规范其中每个环节的大数据技术创新应用，从而为企业合规使用消费者的大数据提供借鉴。

(3)跨国市场调研企业的消费者大数据合规使用实践。专业经营数据采集、数据分析和售卖洞察报告的市场调研企业，尤其是涉及数据跨境的跨国市场调研企业，需要部署相应的数据应用合规框架，规范数据的管理。

（4）服务于企业数据保护的企业数据保护成熟度评估模型。以隐私管理标准发展的三阶段内容，结合能力成熟度模型和数据安全能力成熟度模型，进行企业数据保护成熟度基础性研究；以欧盟区域为例，开展面向欧盟区域的企业数据保护成熟度研究；根据情景脉络完整性还原个性化场景下的企业数据保护成熟度评估。企业数据保护成熟度评估模型可以为企业数据跨境实践提供评估工具。

第四节　章节安排

本书共分为十章：

第一章为绪论。介绍总体内容设计。

第二章为企业跨境数据应用国际政策分析。对欧盟、美国、东盟以及其他主要国际多边经济体的跨境数据流动监管政策进行细化分析。

第三章为企业跨境数据应用中国政策分析。从国家和地方两个层面分析企业跨境数据应用领域中国的监管政策，进而分析我国数据监管动态变化的最新进展。

第四章为基于负责任研究与创新理论的 A 银行信用卡大数据营销优化。通过对 A 银行信用卡大数据营销案例的分析，探讨更为负有社会责任的消费者大数据应用。

第五章为某跨国市场调研企业 S 的消费者数据合规使用实践。以某跨国市场调研企业 S 为例，探讨该跨国企业在我国境内消费者数据使用中的合规实践。

第六章为企业数据保护成熟度模型构建。在前面两章企业实践案例研究的基础上，针对普遍意义上的企业数据合规，提出企业数据保护成熟度模型。

第七章为面向欧盟区域的企业数据保护成熟度研究。在第六章研究的基础上，针对我国企业面向欧盟市场的数据应用服务，构建特定的企业数据保护成熟度模型。

第八章为个性化场景下的企业数据保护成熟度研究。在第七章研究的基础上，针对更加多元的数据使用场景，构建更加灵活的企业数据保护成熟度模型。

第九章为企业数据跨境合规保护的发展趋势探究。以法律和技术视角探析当前企业数据跨境合规保护发展，并从国际规制的视角探究企业数据跨境合规保护的国际格局和制定路径。

第十章为总结与展望。本章为研究工作的总结与研究工作的不足和未来展望。

本书研究的章节逻辑关系如图1-1所示。

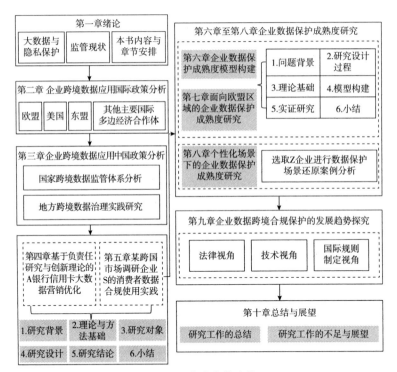

图1-1　本书章节脉络

第二章 CHAPTER 2

企业跨境数据应用国际政策分析

第一节　欧盟跨境数据监管政策分析

欧盟数据立法体系的核心是将个人数据权利视为信息主体的基本权利，在此基础上构建个人信息保护立法模式。欧盟从个人隐私和权益保护的角度提出诸多数据跨境传输的限制要求。为实施区域内的数字化单一市场战略，欧盟对内采取支持区域内成员国间数据自由流动，即"内松"政策，但数据流出欧盟则需要获得充分性保护，即"外严"的数据跨境流动政策，而且较多地考虑到保护个人权利下的数据流动问题(茶洪旺等，2019)，如图 2-1 所示。

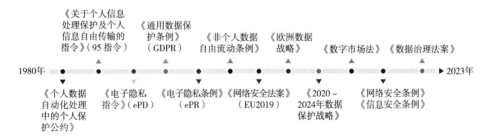

图 2-1　欧盟主要跨境数据监管政策

欧盟的数据立法体系较为成熟且历时很长，自 1980 年经济合作与发展组织(OECD)公布的《关于隐私保护与个人数据跨境流动的指南》中明确指出要降低各国因数据保护不足而导致的经济损失风险开始，为解决区域内数据流动安全与个人数据保护的问题，1981年欧洲委员会通过《个人数据自动化处理中的个人保护公约》，试图应用统一的数据保护规则来缓解跨境数据流动法律壁垒，但该公约并未实际解决个人数据保护和各国跨境数据往来的问题。随后，1995年出台的《关于个人信息处理保护及个人信息自由传输的指令》（"95指令"），以一定期限内将"95指令"的相关条例转化为国内法的方式来推动欧盟范围内各成员国之间个人数据的无障碍跨境流动，为各国提供了数据保护和跨境数据流动保护机制的统一标准。然而随着各国数字经济的蓬勃发展，"95指令"面临着巨大的压力，于是欧盟于2018年颁布《通用数据保护条例》将其取代（张舵，2018）。GDPR将数据的跨境流动定义为个人数据在本国与第三国或者国际组织之间的流动与传输（冯洁菡和周濛，2021）。GDPR以高度保护自然人的权利和自由但不限制联盟内个人数据的自由流动为核心主旨，确立了跨境数据流动的基本原则。增加被遗忘权和数据可携带权等新的数据主体权力来补充"知情同意"的内涵范畴，以构建个人数据自决权体系，其中尤其是对个人数据处理提出最小化的要求、目的限定以及透明度原则，全方位加大欧盟对数据隐私的保护力度，为世界示范了欧盟的个人数据保护框架（蔡莉妍，2022）。GDPR实行两年后，欧盟对此举措进行了质量评估，认为GDPR成功提升了对个人数据的保护水平，同时促进了数据在欧盟内部的自由流通，推动了公平的竞争环境，全面建成了新的治理数据体系。随后为进一步扩张对数据规则的把控，近年来欧盟又陆续出台《网络安全法案》（EU2019）、《数字市场法》、《数据治理法案》等一系列法规，旨在全方位、立体化构建欧盟内外的数据保护与监管制度。例如，确立关于警察和司法领域数据保护的特定指令以及在欧盟内部处理个人数据的具体有关规定，通过这些全面的改革，欧盟有了保护隐私和数据保护的现代化框架，以统一的立法模式保护数据，以严格的政策监管保证跨境数据流动的安全性（胡炜，2018）。而今，欧盟意识到对网络安全和信息安全采取联合行动的必要性，又提出新的规则《网络安全条例》和《信息安全条例》来强化欧盟的公共管理机制（European Commission，2022）。

在战略部署层面，以数据云储存、5G通信等技术为主的全球数据科技市场，已经被中美等国迅速占领，而欧盟的数字技术竞争力比较薄弱，难以争夺当前已然成熟的科技市场份额，因此欧盟决策者将目光聚焦在对前沿科技领域的合规监管上，以争取绝对的话语权。以《欧洲数字主权》报告及《欧洲数据战略》为代表，它们是欧盟进军数据科技创新和制度改革的重要体现。在《欧洲数据战略》中，欧盟反复强调数据主权的重要地位，明确数字主权对于欧盟在数字世界中掌握自主权的重要性，并宣布将定期进行资金投入与政策扶植，鼓励发展比较迟缓的本土数字技术，使其与其领先全球的数据保护制度相配合，推动数据技术竞争力与数据保护制度的全面发展。此后，欧盟针对数据云端存储来解决数据储存本地化的问题而部署的一系列新规划，也旨在推动数字技术的发展来赋能数据保护框架（漆晨航和陈刚，2021）。此外，欧洲议会在《人工智能与法律强制——对基础权利的影响》报告中，对人工智能决策的未来发展方向进行全方位讨论，并提出六点政策意见以期把握人工智能技术的发展与保障公民数据权利的平衡；而后，欧盟又以《关于人工智能的统一规则（人工智能法）并修正某些联合立法行为》提案，为未来制衡隐私保护和人工智能技术提供又一个全新且广泛的重要规则指引。随后的《2020～2024年数据保护战略》更是提出了"数字团结"的核心理念，呼吁全球共同助力构建一个更加安全的数字未来。

在监管机制方面，对内，欧盟通过联盟集中审查、成员国独立监管的集中监管模式来运行个人数据跨境治理机制。欧盟设立数据保护委员会（EDPB）、欧洲数据保护专员公署（EDPS），统一监督和评估成员国执法情况与效果，成员国相关国家设置数据保护专员或数据保护委员会，与欧盟监管机构进行对接，使"联盟指导与审查—成员国监管与承接"一脉相连，扩大联盟统一治理原则与方案执行的保障范围。对外，为确保向第三国安全传输数据，欧盟以"充分保护认定"，提升"外严"的数据跨境流动政策水平（邓志松和戴健民，2017），在此基础上，又进一步提出在个人数据传输前进行"事前保护"的实施模式（冉从敬等，2021）。另外，为响应"欧洲数据自由流动倡议"，加强"单一数字市场"的安全性和可靠性，欧盟委员会提出《电子隐私条例》（ePR）草案，旨在将早前发布的《电子隐私指令》（ePD）转变为法规；不仅高度契合 GDPR 中关于数据保护的规定，还从技术的视角考虑到电子服务背景下的数据隐私保护问题，在补充了电子通信部门的一般规则的同时，也扩大了监管范围及电子通信数据范围，用最严格的数据保护、监管措施，推动全球数字经济发展。

2018 年，在欧盟与新西兰和澳大利亚的超大型自由贸易协定谈判中，欧盟与新西兰、澳大利亚在非个人数据的跨境自由流动方面达成共识，但在个人数据保护方面欧盟始终坚持不肯让步降低标准，最终以个人数据和非个人数据建立差异化的数据保护规则为折中达成共识(冯洁菡和周濛，2021)。随后欧盟提出的《非个人数据自由流动条例》在政策层面全面阐明欧盟要消除非个人数据的监管地域限制的立场(顾伟，2018)。无论是欧盟的对内政策还是对外要求，都是其为解决欧盟数字产业竞争力薄弱的问题，以期致力于建造强大的数据经济竞争力并为争取更大的市场而付出的努力(胡海东，2021)。此外，为提升各成员国之间的信任度，以进一步加强彼此之间的数据共享，欧盟还推行数据共享新规则，并采取举措鼓励公共部门开放数据，推动医疗健康等科学研究数据的相互交流(项阳和郑艺龙，2021)。

综上所述，欧盟颁布的 GDPR 是国际公认的最严格的个人数据保护规则，其数据跨境安全监管措施在当前处于国际最成熟的地位，对于我国数字"一带一路"跨境数据传输规制的构建同样具有两项示范学习作用：一是我国主导的数字"一带一路"跨境数据规制理念应与欧盟 GDPR 保持高度一致，重视个人信息主体权利，最大限度保障"一带一路"沿线各国公民信息数据安全；二是参照 GDPR 有关个人数据分级分类监管措施，在"一带一路"数据跨境传输体系制定中纳入欧盟数据保护条例的数据细分流动管理机制，设立专门的数据保护机构，明确各部门职责，严格规定参与各方的权利与责任。

第二节　美国跨境数据监管政策分析

一、构建数据跨境流动监管政策，维护国际产业竞争优势

美国是世界上较早在国际贸易协定中考虑跨境数据流动的主要国家之一，

与欧盟对个人数据极为严格的保护措施不同，美国一直以来将重点放在支持数据自由流动以服务其全球贸易战略上，力求构建数据跨境流动监管政策，维护国际产业竞争优势(茶洪旺等，2019)。图2-2为美国1980年以来与数据跨境传输有关的主要立法措施。

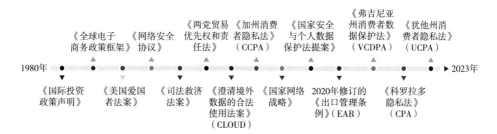

图2-2　美国主要跨境数据监管政策

1980~1999年，美国相关的监管措施均为彰显"美国不会阻碍数据的跨境流动"的国际态度，其在1983年发布的《国际投资政策声明》首次表明美方在经合组织中争取"数据承诺"的态度，确保发达国家不仅不会对数据流动施加新的障碍，还鼓励各国加入对跨境数据流动采取更加开放和自由的政策。此后美国开始强调对个人隐私数据的保护，在《个人隐私和国家信息基础设施：个人信息的使用和提供原则》报告中提出个人信息保护原则，赋予美国公民更多的个人数据保护权利，确保个人信息在流通过程中的隐私性。随后以《全球电子商务政策框架》制定一套有关跨境数据流动治理的全球准则(胡炜，2018)，不仅明确将继续推进与伙伴国家的政策合作，还进一步强调美国政策对数据跨境流动的无阻碍态度以促进全球信息基础设施建设。

随着世界经济的发展，美国对数据保护的政策逐渐从简单的鼓励数据跨境流动立场发展到对具体行业数据的针对性把控。2000~2020年，以《美国爱国者法案》为代表法案(臧术美，2020)的出现在扩大政府执法人员对数据的跨界访问、调用权限的同时，还强化有关国家安全的数据跨境保护。随后美国又在重大高科学技术、金融行业等重要数据管理上(胡炜，2018)进一步严格把控。针对云计算服务，不仅为美国公民提高用户身份的要求(顾伟，2018)，还提出出口许可证的限制，尤其强调软件和技术数据的跨境传输问题，并施以《出口管理条例》(EAR)等政策来进行标准化管理。为进一步规范双边和区域贸易的数据管理，2016 年美国通过的《两党贸易优先权和责任法》，以数字商品和服务以及跨境数据流为主要谈判目标，并以《网络安全协议》为代表的协议约束外国通信基础设施提供商的行为，进一步强调国家网络数据安全的重要性，明确在集中管理和监督联邦平民网络安全的基础上促进跨境数据的自由流通(陈红娜，2019)。美国为推动大数据时代下数据技术与跨境数据隐私保护问题的结合，通过全球"大数据"白皮书——《大数据：把握机遇，守护价值》以及《大数据与个人隐私：一种技术的视角》等系列文件，从技术视角对大数据背景下的隐私权保护进行了阐释，寻求符合数据自由流动规律的隐私保护方案。此外，为加强与国际个人信息保护趋势接轨，美国也逐步调整隐私保护的框架：对接 GDPR，在 2019 年发布了《联邦数据战略与 2020 年行动计划》来确立二十项行动方案，并通过《NIST 隐私框架》的企业风险管理来提高企业的隐私保护改进能力(范思博，2022)。

与欧盟类似，在跨境数据的流动方面，美国也同样采取较为严格的"长臂管辖原则"。欧盟在《通用数据保护条例》中明确了地域适用范围和相关的商业模式。与之相仿的是，美国 2018 年通过的《澄清境外数据的合法使用法案》中有相关规定，对于设立在境外美国公司的分支机构，美国政府同样有权从境外机构获取数据，即美国管控范围内的数据政府有权直接从全球范围调取。此外，美国独树一帜的四部州级消费者隐私保护立法：《弗吉尼亚州消费者数据保护法》(VCDPA)、《科罗拉多隐私法》(CPA)、《加州消费者隐私法》(CCPA)以及最新通过的《犹他州消费者隐私法》(UCPA)从消费者的角度为公民的数据隐私权益提供了更全面的保障。

综上所述，美国在发展早期就对数据的跨境传输问题很重视，到其根据行业特点，专门制定了行业隐私法律，以及从技术的视角构建大数据时代的美国隐私保护政策与法律，都对我国在数字"一带一路"框架内设立数据的跨境监管机制有着很大的参照价值，主要体现在以下四个方面：一是我国不仅要高度重视本国有关数据跨境保护措施的规定，更应该在数字"一带一路"合作中主导与沿线各国的数据跨境保护机制的建立与完善；二是学习参考美国根据行业特点为各行各业量身定制数据跨境传输监管法律；三是参考美国"大数据"白皮书的理念，将技术视角引入"一带一路"跨境数据监管规则的制定中；四是鉴于 CLOUD 法案的影响，针对敏感的金融数据，我国应当警惕金融或互联网企业巨头所在的国家不断扩张"网络空间领土"这一现象，以维护我国数据主权(范思博，2022)。

二、积极推动双边及多边协议，促进数据自由流动

美国一方面呼吁数据自由跨境流动，开展双多边对话，宣传贸易数据跨境自由流动为贸易联盟伙伴带来的好处；另一方面通过主导双边机制达成数据流动的制度安排(茶洪旺等，2019)。图 2-3 为美国自 2000 年以来的有关信息隐私保护的主要双边及多边贸易协定。

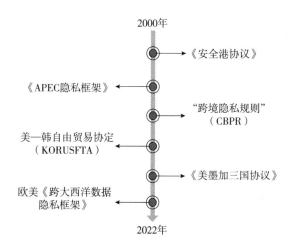

图 2-3　美国相关信息隐私保护的双边及多边贸易协定

首先，为解决美国因个人数据保护水平无法达到欧盟指令的相关规定，美欧业务合作严重受阻问题(田晓萍，2019)，美国和欧盟曾于 2000 年签订《安全港协议》来限定"入港"企业行为，以协助控制来自欧盟的个人数据。2008 年，随着美国加入跨太平洋伙伴关系协定(TPP)，其试探制定全球贸易新规则的试水之路正式起步，并在电子商务章节中提出有关数据流动的条款内容。此后，为进一步推动多边合作，美国积极倡导亚太经济合作组织(以下简称亚太经合组织)通过以"跨境隐私规则"(CBPR)为代表的规则，设定自愿认证系统，并规定通过认证的不同国家的不同公司，可以不受阻碍地相互传输数据。尽管《隐私盾协议》已失效，但它曾经的出现确实为解决《安全港协

议》存在的问题和隐患做出了有益的贡献(田晓萍，2019)。

其次，为规范大西洋两岸美国企业扩展个人隐私数据跨境保护的范围，施加跨境数据收集方更多的义务，数据保护标准更加细致严格，极大地提升了实施机制执行力并提供了丰富的救济手段，加大了对情报机构收集信息的权利限制(胡炜，2018)。而后为解决《隐私盾协议》失效一事对欧美企业带来的巨大后果，美国又积极与欧盟达成了新的协议《跨大西洋数据隐私框架》，旨在推进跨境数据流动，在确保安全和对隐私的尊重的同时，使美国与欧盟的公司共同蓬勃发展。此外，美国发起的以《美墨加三国协议》(USMCA)为代表的自由贸易协定，也更加注重跨境数据流动方面的安全监管，对于数据本地化方面，设置了更加严格的要求(陈咏梅和张姣，2017；张生，2019)，并第一次以协议文本的形式，正式确认了"数字贸易"概念在国际贸易规则中的地位(茶洪旺等，2019)。

无论是美国积极与国际组织协商签订有关数据保护的多边措施，还是由美国自己主导与贸易伙伴签订的双边协议，都是美国更进一步强调要积极占领和争取控制信息跨境流动规则制定主导权的强势态度的充分体现，也是美国为应对数字经济时代的到来而竭力与欧盟抢夺国际话语权的有力手段。

综上所述，从美国积极推动双边和多边贸易协定来进行跨境数据监管的措施来看，其合作方式对于国际数据跨境传输保护机制和数字贸易领域都发挥着重要的作用，对于数字"一带一路"的数据跨境协同保护机制具有两个启发意义：一是充分利用国际形势和多边对话机制积极与国际组织协商签订有关数据跨境监管措施；二是通过数字"一带一路"合作大平台，进一步推动中国主导的与沿线各国的双边协议，统筹规划"一带一路"框架下的数据跨境传输的新标准和新规则。

第三节　东盟跨境数据监管政策分析

东盟是全球数字经济发展最快的地区，随着《区域全面经济伙伴关系协定》(RCEP)的签订,中国与东盟的合作市场有望成为全球最大的数字经济市场,而其中作为数字经济健康发展基础的数据跨境流动机制的构建,将成为双方战略贸易合作成功的一个重要制胜点(蒋旭栋,2021)。2018年以来,中国与东盟签署诸如《中国—东盟战略伙伴关系2030年愿景》(2018)、《中国—东盟关于"一带一路"倡议同〈东盟互联互通总体规划2025〉对接合作的联合声明》(2019)等一系列战略性合作规划,旨在共建数字经济合作模式,并寄希望于未来五年在各领域范围内的合作(蒋旭栋,2021)。随着合作的逐步深化以及全球电子商务的广泛发展,如今双方的合作方向已经拓宽至数字发展领域,在合作领域和机制协调方面都有全方位的提升。例如,将今后五年合作的重点放在应急通信防灾减灾等新技术应用、人工智能、网络安全应急响应能力建设等领域,并加强技术创新与人才培养等方面的能力。

现阶段,高效、自由的数据跨境流动,对数字产业及贸易的蓬勃发展起着举足轻重的作用。在此环境下,东盟也需要迎合时代机遇,着力为规范数据的跨境流动付诸实践。但东盟数据监管的一个问题在于,其范围内的网络安全和个人信息保护水平发展不一,如新加坡拥有全球领先的网络安全架构与体系,而老挝、越南等国家的网络安全建设还处于起步阶段,为了协调东盟内部发展水平不平衡的数字技术发展和数据保护能力,在全球数据规则制定竞争中占领一席之地,东盟迫切需要统一的网络安全和数据流动标准。在个人数据保护和流动方面,东盟也做出一系列努力,并于近年发布《东盟数据管理框架》(DMF)以及《东盟跨境数据流动示范合同条款》(MCCs),确立了一系列原则,指导成员国和区域层面的数据保护实践,推动东盟建设安全、可持续、转型升级的数字经济。其中,DMF着重强调要提高区域内企业组织在信息安全与数据保护方面的能力与水平的必要性,以及个人数据保护要求与企业通过数据换取经济收益之间的平衡点。MCCs则作为实施东盟跨境数据流动机制细则的初步成果,对东盟区域内的数据传输明确了最低标准(刘箫锋和刘杨钺,2022)。

第四节　其他主要国际多边合作经济体跨境数据流动监管分析

一、"一带一路"倡议

近年来，跨境数据流量急剧增加，跨境数据安全隐患日益凸显，"一带一路"沿线各国也掀起了数据保护热潮。网络安全建设全球领先的新加坡最主要的数据监管法律政策《个人数据保护法》(PDPA)，规定了企业应遵守的九项主要隐私义务，确保高标准的个人数据转移保护。巴基斯坦最新发布的《2020年个人数据保护法案》也规定关键个人数据本地化的政策要求，高度注重数据主体意愿来进行数据的跨境流动，同时允许数据流出到提供同等保护水平的国家或地区。在 GDPR 席卷全球的背景下，泰国考虑到本土互联网产业的快速增长，其数据保护立法也深受启发，根据 GDPR 核心原则和概念，2020 年生效的《个人数据保护法》以新规严格保障泰国用户个人数据安全，以解决数据隐私合法性的问题。在一般数据保护方面出台较多规定的印度尼西亚为解决企业的数据盗窃问题，将《MOCI 规则》作为主要的约束手段。印度则倾向于数据本地化的政策立场，无论是 2018 年的《个人数据保护法(草案)》还是《印度电子商务国家政策框架草案》均规定数据只能在其境内数据中心存储，绝对禁止数据跨境传输(齐鹏，2021)。

随着"一带一路"全方位开放格局逐步深化，我国参与全球治理程度日益加深(尚洁，2018)，"一带一路"推动各国数据跨境自由流动和市场经济要素充分融合，优化资源全球配置格局，促进全球信息资源共享进程，帮助各国取长补短，实现优势互补和合作共赢。

自 2013 年提出"一带一路"倡议以来，我国逐渐将数据跨境流动监管纳入各重大政策举措内，以 2016 年发布的《中国对外投资合作发展报告》为代表的各大报告、合作设想及行动计划中均强调了一系列引导和支持举措，在鼓励各国开放数据通道、实时共享数据、信息跨境自由传输的同时，积极推动建立电子商务标准服务新模式，并推动"一带一路"合作国家间的海洋信息数据产品共享，加强各国媒体合作，丰富海上丝绸之路媒体朋友圈生活，将"一带一路"建设朝数字经济方向发展（齐湘泉和文媛怡，2019），从而进一步提升"一带一路"框架内的数据跨境流通安全监管水平。从 2017 年首届"一带一路"国际合作高峰论坛上提出的坚持创新驱动发展，到 2019 年第二届"共建 21 世纪数字丝绸之路"的"一带一路"国际合作高峰论坛，鼓励信息数据跨境共享，倡导沿线各国高度重视知识产权的归属问题，共同致力提升知识产权保护水平，已逐渐连接成 21 世纪的数字丝绸之路，推动国际经贸规则向自由开放、公平公正、平衡普惠的方向发展，为开放型世界经济稳定发展提供重要保障。"一带一路"朋友圈正逐渐扩大，在双方的互动和共同努力下，"一带一路"重大举措收获了显著成果，表 2-1 为我国与"一带一路"沿线部分国家之间的合作现状。

表 2-1　我国与"一带一路"沿线部分国家之间的合作现状

国家	"一带一路"合作现状
新加坡	同中国签署政府间"一带一路"合作谅解备忘录 在互联互通方面，中新开展了三个政府间合作项目：中新苏州工业园、天津生态城和中新（重庆）战略性互联互通示范项目 首届中国国际进口博览会期间，中新双方共同宣布结束中国与新加坡自由贸易协定升级谈判
巴基斯坦	同中国签署共建"一带一路"合作谅解备忘录 中巴自贸协定 2019 年 12 月 1 日生效 中巴经济走廊的能源项目、旗舰项目取得重大成果 2020 年巴基斯坦在华银行将升为分行，夯实"一带一路"合作
俄罗斯	加入亚洲基础设施投资银行 中俄发表《关于丝绸之路经济带建设和欧亚经济联盟建设对接合作的联合声明》 中俄共同签署了《中华人民共和国与欧亚经济联盟经贸合作协定》

国家	"一带一路"合作现状
泰国	中泰签署《共同推进"一带一路"建设谅解备忘录》 广东与泰国经贸对接会掘金"一带一路" 中泰铁路合作项目启动 泰中"一带一路"合作研究中心在曼谷成立
马来西亚	同中国签署"一带一路"合作谅解备忘录 中马"一带一路"实践创新举措："双园模式"
希腊	同中国签署"一带一路"合作谅解备忘录 比雷埃夫斯港口重回全球十大航运枢纽行列，成为"一带一路"倡议中港口建设最耀眼的成功范例
斯里兰卡	2020年《中斯政党支持高质量共建"一带一路"共同倡议》 "一带一路"合作南部高速公路延长线正式通车
意大利	同中国签署"一带一路"合作文件

二、《全面与进步跨太平洋伙伴关系协定》

20世纪90年代形成的世界贸易组织（WTO）协定，是目前为止在国际经贸领域最具影响力的国际贸易规则体系。在如今变幻莫测的世界贸易形势下，《全面与进步跨太平洋伙伴关系协定》与《区域全面经济伙伴关系协定》成为推动全球统一跨境数据合规治理框架的重要尝试，为此，2020年11月20日，习近平主席在亚太经合组织（APEC）领导人非正式会议上也提到"中方将积极考虑加入《全面与进步跨太平洋伙伴关系协定》"，积极表态加入CPTPP这一重要国际多边对话组织。

从客观层面来看，CPTPP在很大程度上是由美国主导的《跨太平洋伙伴关系协议》（TPP）演变而来，具有美式方案的标准特征，即以美国利益为中心来建立更加高水平、高标准，更加开放的自由贸易协定，通过不断"伸长手臂"来扩张其制度性权力的方式实现其以数据流动来获取利益的核心模式，同时不断打压处于萌芽阶段的新兴经济体来遏制发展、削弱竞争力以巩固美国霸权地位（谢卓君和杨署东，2021），此外，CPTPP也在协调各国数据主权与数据市场保护之间的关系，避免数字贸易的争论，要求国家协调解决本国跨境数据流动规制差异的矛盾（杨署东和谢卓君，2022）。

在 CPTPP 成员国中，各国之间数据流动带来的利益大相径庭，尽管日本、新加坡等国家数据技术发达，但信息产业增长萎靡，需要海外数据资源来激活本国信息产业，而文莱、马来西亚等国家仍处于初始尝试的阶段，数据更多会由国内流向国外，外部的信息产业巨头很容易扩张并入侵其网络空间领土，遏制本国数字技术增长，因此这些处在劣势的国家则对"数字主权"持有更加紧张的态度，在加入 CPTPP 后纷纷对于数据保护机制提出了诉求，如越南在加入 CPTPP 后又在本国内实施《网络安全法》，要求进行数据本地化，马来西亚、文莱、澳大利亚也提出相似的诉求，以期改进已有的数据监管框架来应对瞬息万变的数字贸易市场（方元欣，2020）。

CPTPP 建议各成员国应在能够竭力保障其国内信息安全、公共利益的前提下，鼓励支持并促进贸易活动中的跨境数据自由传输。CPTPP 有关跨境数据例外条款中对各国"有自己的监管要求"做出承诺，给予各国比较宽松的自主权，认可各方数据本地化需求，包括对于数据流通的安全性和机密性需求，同时也提出需要进行必要性审查，以不设其他监管限制来赋予各成员国较大的自由裁决权。而在个人信息保护问题上，CPTPP 将个人信息保护问题单独列出，但并未对其进行高水平的法律保护，其中一些相关条款也表示不需要设立统一的个人信息保护法案，各国可以依据自己的国内数据安全需求来附和 CPTPP 中的规定进行个人信息保护（杨署东和谢卓君，2022）。

综上分析可以看出，CPTPP 对数据跨境流动的保护法规并不完备，许多相关内容较为模糊，集体与个体之间存在许多模糊地带，因此整体协调性比较差，其主要问题在于 CPTPP 对于数据跨境流动之中产生的国家数据主权和权力范围之间产生的冲突并未进行妥善处理，不同国家的数据法律机制都有着很大的差异，因此国家之间的态度存在着较大差异。要解决此问题，需要将政策趋同与国际法供给相结合。

三、《区域全面经济伙伴关系协定》

2020 年 11 月 15 日，15 个亚太国家正式签署的《区域全面经济伙伴关系协定》考虑到各成员国在文化、制度、经济等方面的不同发展水平，例如，澳大利亚、韩国、新西兰、日本等国与传统产业占主导的国家之间巨大的数据技术水平差异，且不同发展水平的各国家中的一部分同时也在 CPTPP 框架下，因此 RCEP 的规则与 CPTPP 不可避免地会有一些重合，如设立特殊和差别待遇条款等，倡导在互相尊重各成员国合理适当的数据安全监管的前提下进行国际贸易合作。

但与 CPTPP 不同，RCEP 对成员国所设义务更为宽松，旨在通过构建新的区域数据治理机制来推动全球数据治理体系改革，充分尊重和包容成员方各自采取的数据保护法律与政策，成员国不需要对本国数据保护法律与政策做出实质性修改即可实现与 RCEP 的兼容。此外，RCEP 并未对成员方施加过多强制性义务，因此，RCEP 相较于 CPTPP 更体现了数据共享理念和跨境数据流动机制的包容性，也更加符合发展中国家的合作需求。例如，RCEP 推动将各国之间的制度竞争转化为制度合作，推动双方合作共赢（谢卓君和杨署东，2021）。

当前，全世界范围内并没有全球通用的数据跨境安全保护机制，在地区层面也是分为以欧盟、美国为主导的两大数字贸易区域，缺乏统一的、完美协调处理各方需求、化解各方矛盾的数据跨境流动机制。RCEP 崇尚包容共治的数据跨境规则这一特性，为今后中国与东盟的自贸谈判以及随后的数据跨境流动的中国新方案打下了坚实基础。

RCEP 吸引一些美国的传统盟友加入，这显示出现有的以欧盟、美国为主导的全球数据治理格局开始发生重大改变，也彰显出发展中国家通过合作来争取主流体制机制的参与度和话语权。与美国数字方案以数据利益为中心的典型特征不同，RCEP 体现了多元共治的理念。RCEP 方案与美式方案在数据跨境传输上彰显了截然不同的态度，它削弱了传统的单边主义，降低了标准过高的隐私保护规定，赋予成员国更大的自主权。RCEP 要求各成员国禁止实施数据本地化，且不得设置可能造成数据流动壁垒的阻碍，在金融通信数据方面的宽松规定也反映了 RCEP 所秉持的多元共治理念（冯洁菡和周濛，2021）。但是，RCEP 中以制度合作代替制度竞争的方案也存在许多问题，例如，发展中国家内部政策诉求与发达国家开放的数字贸易环境之间存在的巨大分歧以及覆盖不完全无法实现区域内部联动的治理体系等问题（谢卓君和杨署东，2021）。

总结当前全球的数据监管政策来看，欧美数据跨境流动机制之间有着一定的协同作用，GDPR 和 CBPR 体系可能会长期共存，也有可能最终趋向融合，而两方的融合必然会改变数据的跨境流动治理格局，也将更有利于数据的自由流动。但两者对于数据治理的理念不同，美国积极推动数据的跨境自由流动，而欧洲则更加强调对数据的隐私保护。此外，日本在欧美的规制路径博弈中也发挥着重要作用，美、欧、日三方也在通过三方贸易部长联合声明机制以及七国集团（G7）、G20 等国际论坛不断加强合作，互相争夺制定统一全球数据流动标准规制路径的主导权，力图在广泛适用的国际数据治理体系中争夺话语权，达到获取更多经济利益、联合对抗其他国家的目的。但各方之间由于政治、经济、文化之间存在巨大差异，对于不同数据流动条款的宏观与微观层面也存在差别，不是全方位合作的关系，欧美之间的博弈也随着数据安全重要性的逐渐凸显而不断加强。美国不可能独自吞下跨境数据流动规则制定权，虽然欧盟的经济实力不如美国，但是在数据保护领域欧盟有着较为完善成熟的规制格局，而且随着 GDPR 影响范围越来越广，许多跨国公司自愿遵循欧盟管理规则，世界各国也开始参照欧盟的数字规则修改数据保护法律，这都说明欧盟标准正在逐渐被全球认可。由日本主导的可信数据自由流动倡议难以与日渐成熟的 GDPR 和 CBPR 体系相抗衡，而东盟中发展中国家较多、总体技术水平较低，自身尚在发展过程，机制发展方面前路漫漫。在这样的区域制度发展不平衡的背景下，跨境数据流动规则主导权的争夺主要是欧美之间的较量，而日本、东盟主要发挥平衡作用。

在此时局下，全球数字政策博弈给中国所参与和引导的"一带一路"倡议带来了三点启示：一是在如今全球市场保护主义抬头的趋势下，中国应仔细权衡开放与保守的边界、认清多边与单边之间的博弈、平衡好发展与安全的关系，坚持开放与创新，深化与其他国家和地区的供应链、服务链的分工合作，扩大新技术的交流与应用。二是认清中国作为秩序改革国应秉持的理念与美式方案的差别，中国始终倾向于采取更为包容的平衡机制来促进各方受益。中国与 RCEP 签订的一系列数字服务贸易、中非合作缔结数字贸易协议以及"一带一路"等都是中国积极参与规则制定的起点，为中国数字产业与全球接轨营造了更为有利的环境。三是警惕美国通过贸易协定提高数据跨境流动标准进而逐步实现"排外"的相关措施，相关政策可能加速造成贸易壁垒。中国应该选择以美国削弱数据本地化措施产生影响最小的行业如金融、保险等为着眼点，推动数据流动规制路径的建设。中国作为一个数据资源大国，应该同各主权国家携手推动数字服务贸易作为未来国际数字经贸核心的建设，稳步实现跨境数据安全、有序、高效的流动与传输，打造"中式模板"；应与欧盟、东盟、"一带一路"沿线国家、非洲国家在更大范围内、更大领域内共同构建全球数字治理新格局、新体系，推动全球迈向更加包容、开放、和谐、合作的法治化发展方向（张郁安，2021）。

本章小结

本章从企业跨境数据应用的国际政策视角出发，详细分析了欧盟、美国、东盟以及包括"一带一路"倡议、《全面与进步跨太平洋伙伴关系协定》、《区域全面经济伙伴关系协定》在内的几个主要国际多边合作经济体的跨境数据流动监管政策。首先，以欧盟 1980 年以来的数据保护立法路径为基础，从战略部署和监管机制两个层面探讨了欧盟综观世界变局、与时俱进的数据主权规划和一脉相承的联盟指导与审查监管模式，并不断以新规加持，巩固其全球数据保护立法的标杆地位。其次，美国的数据监管立场核心主旨是维护其国际产业竞争优势，同时以双边、多边贸易协议为主要渠道，鼓励和推动数据的自由跨境传输，进而逐渐发展为对关键行业的数据安全的把控。而今，美国更是加紧步伐，与新加坡等国家共同发布"全球跨境隐私规则宣言"，在国际上竭力抢夺数据跨境监管的主导权。再次，作为中国"数字丝绸之路"枢纽的东盟，虽然其成员国的网络安全和个人信息保护水平参差不齐，但同样积极为构建区域内统一的数据监管体系而付出努力。最后，"一带一路"沿线的其他主要国际多边合作经济体也各自发挥作用，纷纷跻身这场百年之未有的全球数据跨境流动变革之中。各主体的跨境数据应用国际政策举措均为我国这一重要角色的加入提供了极具示范意义的学习样本。

第三章

CHAPTER 3

企业跨境数据应用中国政策分析

第一节 国家跨境数据监管体系分析

党的十九届四中全会首次将数据列为生产要素，象征着数据的地位已经等同于土地、劳动力、资本、技术（谢卓君和杨署东，2021），这也表明数据已成为国民经济发展不可或缺的动力。数据价值的实现依托于数据流动，而数据的流动受制于国家治理体系和法律。例如，欧盟数据向外流动主要依赖于建立在保护人权原则上的充分性认定机制，美国则看重互联网企业的优势地位，以市场为主导，期待行业自律的模式。鉴于欧盟宣定"安全港"和"隐私盾"相继失效的事实，如何在促进数据全球性流动的同时保护本国数据安全，掌握数据主权成为国家跨境数据监管的核心议题。

我国是人口大国，也是数据大国，数字贸易和数字经济在经历井喷式发展后规模均达到万亿美元级水平，成为推动经济发展的重要引擎。国务院发展研究中心预测，到2025年，我国有望成为数字经济规模排名第一的国家，在全球数字经济规模的比重有望达到1/4。在许多传统产业逐渐向数字化转型的背景下，数字经济占有的比重越来越大，从各国的情况来看，尽管美国数字经济增加值规模稳居首位，我国位居第二，但我国以15.6%的增速成为数字经济发展最快的国家，其他国家增速均低于6%（孙方江，2021），这说明我国有良好的数字化前景，行业的数字化空间还很大。中美是数字经济发展的佼佼者，两国之间的竞争也进入白热化阶段，美国在诸多行业限制我国在美的数字贸易发展。当前，传统产业迅猛衰退让我们看到数字经济蕴藏的巨大潜力，数字经济很有可能成为未来实现经济增长的主要动力。

一、建立健全跨境数据监管体系的必要性说明

(一)跨境数据流动风险

跨境数据流动会从三个层面带来不同程度的风险：个人数据安全、商业数据安全、国家数据安全。

(1)个人数据安全。在数字贸易蓬勃发展的时代，信息本身蕴藏着巨大的价值。但在一定程度上也给黑色信息产业链提供了养分，个人信息恶意泄露和买卖导致的电信诈骗、国际欺诈事件频发，使个人隐私、财产、安全面临威胁。仅我国每年破获的境外欺诈窝点就高达上千个，2020 年 12 月浙江警方破获的东南亚"杀猪盘"诈骗案，涉案金额高达 1.6 亿元，相关案件达 676 起。自 2013 年"棱镜门"事件被披露以来，数据、情报保护受到广泛关注，但近年来数据泄露事件仍然屡见不鲜。Facebook 被指出收集美国公民以及境外人员的存储数据，并用于非法政治用途，Facebook 通过向特定人群如美籍非裔男子发送隐藏帖，直接干预美国大选结果。其向美国传输欧洲公民数据的途径争议也是 Schrems Ⅰ、Ⅱ案的症结所在，2013 年奥地利学生就其 Facebook 数据被转移到美国时并未得到充分保护为由，向爱尔兰数据保护委员会提出投诉，这条个人隐私数据的导火索直接导致《安全港协议》的失效(单文华和邓娜，2021)。此后，Facebook 改用 Sccs 作为传输数据的合法途径，但仍旧受到很大的质疑，虽然 Schrems Ⅱ案未裁定 Sccs 无效，但仍判定《隐私盾协议》无效。

(2)商业数据安全。境内数据的流动带来的影响多见于国家间地位不平等的情况，数据主权不对等带来了本国数字产业发展的壁垒。在"数据价值链中"，发展中国家往往处于最低端，是原始数据的提供者，而发达国家则是原始数据的利用者和主要受益者，大量境内数据外流会对本国数字产业的发展造成一定程度的影响。在"安全港"和"隐私盾"协议失效之前，欧美间的数据流动畅通无阻，美国很多科技公司如亚马逊、Twitter 等利用欧美间不受限制的数据流动，通过基于数据获得的用户行为分析等结果迅速瞄准欧洲市场，

带来了巨大的经济效益。市场的资源是既定的，一方的市场份额上升另一方就势必会被影响，大量本土数据外流带来的他国在本国市场所占份额的提升，势必会削弱本国的科技信息行业的影响力和发展势头。

（3）国家数据安全。涉及军事、国防等国家安全领域的数据一旦泄露，将带来不可估量的危险。美国一位军事基地的士兵就曾经因为在个人社交平台发布健身动态而意外暴露基地的位置。由此可见，涉及国家数据安全的危险无孔不入。因此，我国也对科研、军事基地的工作人员采取限制出境，签署保密协定等多项措施。科研成果和军事重器信息数据一旦泄露，将直接威胁国家安全。

（二）跨境数据流动分歧带来的影响

跨境数据流动分歧包括隐私数据流动分歧、技术数据流动分歧、数据载体流动分歧、敏感数据流动分歧。这些分歧会加剧国家间数据流动壁垒的产生，直接或间接影响对外业务的开展。本土银行在开展境外业务比如跨境保单时，不可避免地要进行个人隐私数据传输，就会受到跨境数据流动分歧的影响，通过境外个人隐私数据审核所花费的时间成本严重影响业务的办理进度。例如，2021年5月成都银行在开展境外保单业务时额外花费了一周时间进行个人隐私传输申请，严重阻碍了业务的进展（高腾玲，2021）。同时，这些分歧还会削弱数字领域的投资意愿。根据全国数字经济产业联盟测算，在允许企业跨境数据流动时，数字贸易投资百万美元回报率是 6.35%，而在禁止之后这一数字下降到只有 1.26%。此外，这些分歧还会限制新兴领域的技术交流和发展，如华为 5G 技术因涉及敏感数据被限制与高通合作甚至强制退出美国市场；云计算企业难以进入美国市场，阿里云被拒绝在美设立数据中心。

面对分歧，要始终坚定地站在联合国、WTO 等国际组织高举的多边主义旗帜下，坚决抵制单边主义和保护主义，促进自由数字贸易。建立健全国家跨境数据流动监管体系对于降低和把控风险，以及消除分歧具有指导性的意义。

二、我国数据安全立法现状

就中国在跨境贸易数据流动监管领域而言，在高度维护数据主权和数据跨境流动的安全监管方面，其立场一致坚持数据本地化。在与日俱增的全球贸易总量背景下，为促进贸易伙伴信息数据友好交流，自 2000 年以来我国正一步步加快相关法规的制定速度。如图 3-1 所示(按实施时间排序)。

以《外国机构在中国境内提供金融信息服务管理规定》为代表的法规，是我国在针对个人金融数据跨境流动方面较早的监管条文，其相关规定就对外国机构在中国境内提供金融信息服务提出了严格的要求。首先，在 2010 年之后，我国进一步提升在金融贸易投资领域的监管意识，以《中国人民银行关于银行业金融机构做好个人金融信息保护工作的通知》为代表的一系列通知、指引和条例如《征信业管理条例》等则强化了禁止一般情况下银行业金融机构向境外提供境内个人金融、财务等重要数据信息，并作出数据本地化限定(田广兰，2020)。其次，关于国家安全的数据监管，在遵循《中华人民共和国保守国家秘密法》《信息安全技术数据出境安全评估指南(草案)》等众多政策、条例和规定中也给出涉及国家安全的数据限制的一般规则，如明确禁止向境外转让含有国家秘密的资料，以及在"重要数据"层面首次公布与国家安全、经济发展以及公共利益密切相关的重要数据识别指南。

以《电信业务分类目录(2015 年版)》为代表的法规不仅利用国际专线标准化国际数据通信业务，还对网络服务数据流通限制了一般规则，将在中国境内网络产生和收集的个人信息及重要数据存储在境内，强化有关国家数据的跨境流动安全监管，以促进国家电信网络及信息技术的发展。此后的《数据安全管理办法(征求意见稿)》，更是进一步强化了有关数据的跨境流动安全监管。我国在个人信息的管理上不断追求与欧盟公民隐私保护原则高度契合，这一点在 2013 年工业和信息化部发布的《信息安全技术公共及商用服务信息系统个人信息保护指南》、2014 年《人口健康信息管理办法(试行)》及 2020 年版的《信息安全技术个人信息安全规范》的相关规定中都得到充分体现。而为更进一步提升国家数据安全保障能力，有效应对数据这一非传统领域的国家安全风险与挑战，切实维护国家主权、公民信息安全和发展利益，近年来最

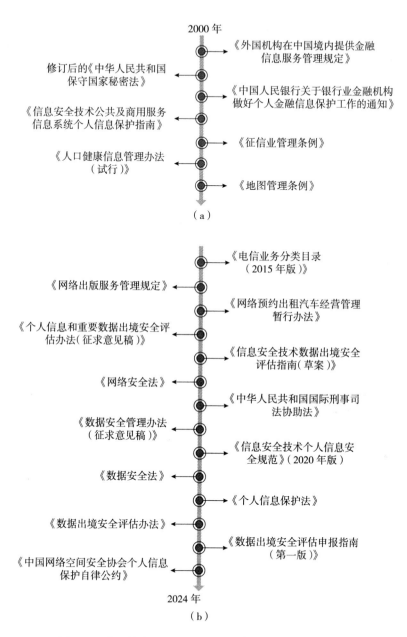

图 3-1 中国境内针对信息隐私的相关政策、法规和条文

资料来源：笔者整理。

新出台了《中华人民共和国网络安全法》《中华人民共和国数据安全法》和《中华人民共和国个人信息保护法》，其中《网络安全法》首次提出"重要数据"这一概念，该法秉持"为了保障网络安全，维护网络空间主权和国家安全、社会公共利益，保护公民、法人和其他组织的合法权益，促进经济社会信息化健康发展，制定本法"，对于维护网络运行安全、保障网络信息安全具有基础性全局性的意义。《数据安全法》作为国家数据安全立法的顶层设计，将是企业开展数据活动的重要指南及业务风险评估标准，已于 2021 年 9 月 1 日正式施行。《数据安全法》第十一条提出数据跨境流动的基本原则——"安全+自由"；第二十五条、第二十六条、第三十一条、第三十六条、第十六条等进一步完善了数据跨境流动规则（高通，2021）。该法对不同等级的数据给出不同的管理规则（根据《数据安全法》规定，将数据分为国家核心数据、重要数据、一般数据），其第二十一条明确对国家核心数据实行更为严格的管理制度；第三十一条指出重要数据的出境安全管理方法，而对一般数据的跨境流动并未做出明确限定，在遵循平等互惠的原则基础上基本可实现自由流动。首先，对于跨境数据的监管，我国在法律层面上有着较为严苛的限制，原则上要求大量数据如网约车用户信息、用户数据信息等都必须存储在境内，只有经过安全评估后的数据才能出境，这一点类似于欧盟侧重保护人权的充分性认定机制。而《个人信息保护法》的出台为我国法律体系的自我完善、自我发展发挥了关键性的作用，通过明确个人信息和敏感个人信息的处理规则，对个人信息处理者的义务提出更高的要求，以及从严惩治违法行为等内容来全方位保护个人信息安全。不可否认的是，这些严格的管理方式极大地便利了监管的实施，但同时也会对数据流动带来较大的限制。其次，我国法律并未对数据进行划分和区分，个人数据和商业数据的边界模糊，边界交叉带来的多重监管不利于数字贸易的发展。

总体来说，为规避数据跨境可能产生的国家安全和个人隐私的风险，我国坚守数据本地化的做法，但是在数据跨境流动作用占比逐渐增大的数字化时代，这种保护措施会加剧阻碍数据传输，不仅限制国际贸易产业的发展速度，还严重影响我国的国际竞争力（黄道丽和何治乐，2017）。从我国数据保护历史时间线可以看出，2000 年以来我国不断提升有关数据隐私安全问题的意识，并且在相当多行业法规里都采取了一定的数据保护措施，对于我国公民隐私保护和企业发展等都具有重大意义，但数据保护立法设立较新，各行各业的数据保护法规还在积极形成之中，信息保护法律体系还在朝着统一的方向努力。且同其他国家一样，在数据出境如何进行分级分类监管问题上，体系性立法还在讨论当中。相比境外国家，中国有关部门更偏好从安全角度出发的本地化存储制度(顾伟，2018)。

三、我国跨境数据监管基本框架

如图 3-2 所示，我国跨境数据监管的基本框架可以概括为在《中华人民共和国数据安全法》"安全""自由"原则指导下，联合《中华人民共和国保守国家秘密法》《中华人民共和国网络安全法》《中华人民共和国个人信息保护法》共同治理(邵晶晶和韩晓峰，2021)，通过数据的分级分类来实现审核和监管(见图 3-2)。按照数据主体的不同可分为个人数据、商业数据和特殊行业数据(黄现清，2021)。个人数据的监管范围明确为个人，个人有权选择数据是否跨境，从监管严格程度来看，作为境内数据保护方应采取保护措施防止攻击方进行跨境数据攻击，与此同时保护个人数据自决权，以合同机制确保数据控制方在提高个人数据跨境效率的同时保护个人数据所有权(王志杰，2021)。商业数据的监管范围明确为重点数字产业领域数据，监管应建立在防止数据流失的基础上，目的是维护本土企业对数据的话语权和利用权，根据具体场景决定是否允许跨境流动或对数据流动附加条件。特殊行业数据的监管范围为与国家安全、公共利益密切相关的行业数据，在监管力度上应由国家直接介入，在最大程度上杜绝隐患。对以上三种数据的监管力度是从弱到强的，即对个人数据的监管力度最弱，对特殊行业数据的监管力度最强。按照数据的重要程度和危险等级又可以将数据分为国家核心数据、重要数据、一般数据。首先是国家核心数据跨境所需的审核程序最为严格；其次是重要数据，目前我国对重要数据出境合规规定了唯一路径：数据出境安全评估；对一般数据采取一般不限制出境的政策。整个数据跨境过程应有司法和执法部门全程监管，在促进数字经济全球化的进程中，最大限度地保护本国数据安全。

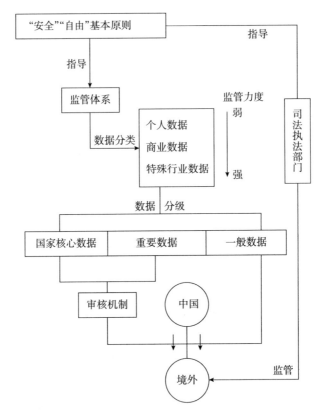

图3-2 我国跨境数据监管的基本框架

第二节 地方跨境数据治理实践研究

在全球各个国家和地区都积极参与跨境数据规则制定的当下，在国家层面，我国不仅紧跟时事步伐出台了《个人信息保护法》和《数据安全法》等系列法规为我国企业跨境数据应用合规与保护保驾护航；在地方层面，我国各省市级地区也纷纷响应国家号召，加入我国数据治理的大部队名单，参与并开展地方跨境数据治理实践研究。

一、地方跨境数据治理的必要性

数据开放是数据能够被开发利用的前提，政府对数据进行整合、开放、利用之后，从数据中获取政府治理所需要的有价值的信息，可以提高政府治理能力(周瑞和邓锐，2018)。政府通过开放数据也为商业发展带来机会，例如，1983年，美国向公众开放原来只作军用的卫星定位系统，带动一批创新企业的发展，创造就业岗位约300万个。在我国地方层面，2016年，广东省发布《广东省人民政府办公厅关于印发广东省促进大数据发展行动计划(2016—2020年)的通知》，提出到2018年，建成广东省大数据交易中心并投入运营。

2020年4月9日，中共中央、国务院印发《关于构建更加完善的要素市场化配置体制机制的意见》，明确提出"推进政府数据开放共享"。在政策影响下，上海、天津、浙江、深圳等地也纷纷出台公共数据共享和开放的地方性立法。

根据中国信息通信研究院统计，截至2020年底，全国共有30个省份出台了56份政府数据开放的相关政策文件。但随着地方政府数据开放平台的数量急剧增长，政府数据开放程度的不断提高，在数据治理方面的问题也自然而然地层出不穷：首先，各地之间的数据开放平台数量还是存在较大差异的，同时有关的法律法规制度不够具体，对于哪些数据可以跨部门共享和向公众开放界定不清；其次，缺乏公共共享平台，导致大数据的流通与交易不畅，以及数据的分级分类管理、关联数据管理能力问题，给社会公众的使用带来难度；最后，公共数据汇聚、开放可能带来的各种数据安全风险，也对新技术的研究与应用带来严峻的挑战。因此，公共数据共享面临的管理不一、责任不清、技术应用等问题，也促使地方跨境数据的治理成为需要进一步解决的关键。

二、部分省份跨境电商数据安全及管理

随着经济全球化的不断加深，以及我国跨境电商的蓬勃发展，中国出口

跨境电商交易规模保持持续增长，截至 2020 年底，我国跨境电商交易额已经达到 12.5 万亿元，近年来我国出口跨境电商交易规模不断稳步扩大，跨境数据流动已经成为我国企业与其他国家开展贸易的一个重要环节。阿里巴巴、腾讯、华为等科技公司已经在跨境电商、跨境支付、信息服务等领域形成了领先优势。同时，通过跨境电商产生的数据越来越多，涉及的范围也越来越广泛，随之而来的跨境电商领域的数据安全问题也越来越突出，主要表现在两个方面：一个是消费者的个人信息安全问题；另一个则是知识产权的保护问题。

从地方的角度来看，跨境电商政策和规范的建立作为跨境电商发展的重要基础，为跨境电商领域数据安全监管中知识产权保护问题这一个重点和难点提供了极为有力的支持。因此，各省份通过积极发布有关政策来约束跨境电商的知识产权保护，响应国家相关法规要求，推动地方跨境电商的数据治理。例如，2020 年 9 月广东省发布地方标准《跨境电子商务知识产权保护指南》，规定了跨境电子商务知识产权保护的管理及保障要求，提供了知识产权风险识别、风险防范、知识产权纠纷应对等内容的指导，有利于应对由于各国差异化的知识产权保护要求所引发的知识产权矛盾与冲突问题，进一步防范跨境电子商务知识产权风险。2021 年 6 月，浙江省发布《浙江跨境电子商务高质量发展行动计划》，在知识产权保护方面提出了重点工作举措：实施出口知识产权优势企业培塑计划，开展寄递渠道知识产权保护专项执法行动。2023 年 4 月，上海市人民政府办公厅关于印发《上海市促进外贸稳规模提质量的若干政策措施》的通知中，明确提到制定知识产权对外转让审查细则和电子商务知识产权保护工作意见，以此来加强涉外知识产权保护。

三、数据跨境流动地方治理实践方案

(一) 夯实跨境数据监管的地方基础

随着监管力度和企业安全意识的强化，数据安全的体系化建设逐步提升，数据安全治理也初见成效。面对日益严峻的数据安全形势，国家、行业、地方相继出台多项数据安全法律法规，并不断开展相应的隐私安全审查整治活动。当前企业数据安全治理组织架构以多样化形式呈现,基本确立了企业内部的数据安全管理责任体系,为精细化数据安全防控打下坚实的基础。地方为国家的跨境数据治理打好基础,为国家更好地进行跨境数据治理提供保障更显得责无旁贷(张生,2019)。2018年1月,由上海海关与中国远洋海运集团有限公司和上海国际港务(集团)股份有限公司三方牵头的跨境贸易管理大数据平台建设正式启动。按照项目规划,作为监管机构的上海海关将与企业一起,公私协作,运用大数据、物联网和区块链技术,将更多贸易链、供应链、物流链数据纳入跨境贸易管理大数据平台,便于更好地对一系列跨境数据进行监管。跨境贸易管理大数据平台建成以后,企业的外贸合作,从签订外贸合同开始,到接下来的货物流向等相关数据都将纳入跨境贸易管理大数据平台。企业的外贸交易信息和上海海关的通关信息,将实现数据安全对接以及信息完全透明化,这样可以最大限度地保证信息的正确性,对跨境数据进行实时监控、合理监管,并能减少人为干预,提高工作效率。

2017年,《广州市人民政府办公厅关于促进大数据发展的实施意见》指出:"鼓励企业通过挖掘和分析客户动态数据,创新研发设计模式,实现个性化定制。"2020年社会服务发展统计公报显示,截至2020年底,全国社会组织高达89.4万个,它们不断产生大量的数据。政府可以利用这些海量数据准确预测经济发展趋势、对社会和企业制定相应的管理政策,对社会的良好发展起到了极其重要的作用。2021年12月20日,广州市人民政府国有资产监督管理委员会发布《广州市国资委监管企业数据安全合规管理指南(试行)(2021年版)》(以下简称《指南》),作为全国首个数据安全合规的地方标准,《指南》的出台是广州市对《数据安全法》和《个人信息保护法》等上位法在国有企业合规领域的实操指导性文件。《指南》结合企业合规管理建设实践,将数据安全合规管理的要求纳入现有合规管理组织体系,保障数据安全,保护个人和组织的合法权益,为企业数据安全合规提供指引和帮助。

据新华社报道,2017年6月,贵阳启动了"中国(贵州)'数字丝路'跨境数据枢纽港建设项目",项目以"贵阳—贵安新区"为核心区,面向"一带一路"沿线国家,打造信息采集、数据存储、技术开发、语言互译四大支撑体系,为"一带一路"沿线国家提供数据存储、处理等全方位服务,争取实现跨境大数据存储、共享和利用(中华人民共和国中央人民政府,2017)。

（二）积极开展数据跨境流动安全管理试点

2020 年 12 月，北京市海淀区中关村软件园举行"北京市数据跨境流动安全管理试点政策对接会"，试点工作主要聚焦跨境电商、人工智能、工业互联网等关键领域，对接会分别围绕数据跨境流动安全管理试点、数据分级分类保护等内容进行政策解读，通过对政策的解读，帮助企业了解北京市在数据跨境流动安全管理试点方面的工作部署、进度安排和具体进行的举措，积极引导企业踊跃参与试点工作，立足企业数据跨境流动实际需求，在确保数据安全的基础上，开展政策创新、管理升级、服务优化等试点试行。

2021 年 12 月 1 日，深圳数据交易有限公司已经完成工商登记，注册资本 1 亿元。目前深交所已经完成《深圳数据交易有限公司交易规则》等规则标准的制定，并且在数据隐私保护、跨境数据交易等领域先行先试，并且将遵循分类分层的交易机制，对于高保密的数据，交易平台将采用隐私计算技术，以保障数据安全，实现数据的"可用不可见"（江聃，2021）。

（三）以地方数据治理立法衔接国家跨境数据监管政策实践

2021 年以来，各地方政府结合各自的地区实际发展情况，纷纷颁布相关数据条例，不断推动数据的发展应用。目前已有上海、广东、深圳、福建、山东、浙江、安徽、吉林、山西、海南、天津、重庆以及贵州共计 13 个省市正式颁布了相关数据条例。其中，2021 年 7 月由深圳市人大常委会发布的《深圳经济特区数据条例》，内容涵盖了个人数据、公共数据、数据要素市场以及数据安全等方面，是国内数据领域首部基础性、综合性立法。在个人数据方面，《深圳经济特区数据条例》进一步强调个人信息主体撤回同意的权利；在数据市场方面，《深圳经济特区数据条例》回应并规范了用户画像、定向推送以及大数据杀熟等问题，强调要充分发挥数据交易所的积极作用。

2021 年 10 月由广东省人民政府常务会议通过的《广东省公共数据管理办法》为规范公共数据管理、促进公共数据资源的开发和利用提供了制度保障，是广东省首部数据层面的政府规章。在国内首次明确数据交易的标的，并强调政府应该通过数据交易平台加强对数据交易的监管，弥补了以往政府监管的空白。2021 年 11 月由上海市人大常委会通过的《上海市数据条例》，从数据权益保障、公共数据、数据要素市场、数据资源开放和利用、浦东新区数据改革、长三角区域数据合作、数据安全、法律责任等方面，根据《中华人民共和国数据安全法》《中华人民共和国个人信息保护法》等法律，并结合上海市实际情况，实行数据安全责任制，积极探索数据确权问题，明确了数据同时具有人格权益和财产权益双重属性。福建省十三届人大常委会第十三次会议表决通过了《福建省大数据发展条例》，并于 2022 年 2 月 1 日起施行。该条例从数据资源、基础设施、发展应用、数据安全、保障措施和法律责任等方面对大数据的发展作出了具体规定。

2022 年 3 月，《重庆市数据条例》(以下简称《条例》)由市五届人大常委会第三十三次会议表决通过，并于 2022 年 7 月 1 日起施行。《条例》结合重庆市实际情况，针对数据处理和安全、数据资源、数据要素市场、发展应用、区域协同、法律责任等制定了详细的规范和要求。在数据处理和安全方面，完善数据处理规则，并衔接落实《个人信息保护法》《数据安全法》的相关规定；在数据资源方面，《条例》从公共数据资源的规范上入手，明确公共数据的范围；在数据要素市场方面，《条例》明确数据要素市场培育，规范了数据使用行为和交易行为，促进了数据要素的流通和交易；在发展应用方面，明确推进数字技术与实体经济、服务业、政府管理深度融合，并依法加强网络交易监督管理；在区域协同方面，推动与其他区域数据的共享交换，促进数据资源有序流动，并支持开展数据跨界流动，推动国际数据港建设；在法律责任方面，有关部门在履行数据安全监管职责时，如果发现数据处理活动存在较严重安全风险，可以按照规定的权限和程序对相关组织或个人进行相应处罚。

地方跨境数据治理的先行先试有助于充分发挥试点优势，探索数据估值和数据流通等关键难题的解决方案。有助于推动地方数字经济发展，为国家相应治理积累经验，加速推动跨境数据治理的立法进程。

第三节　我国未来数据监管趋势预测

数据本地化和数据跨境流动一直是数据治理中两大备受争议的话题，本身这两者之间就带有天然的博弈属性，我国数据监管致力于实现的也不外乎是发展与安全相平衡的局面，如何来实现这样的局面？

首先，从确保安全的角度来看，我国现行的要求数据本地化存储的领域集中在交通、金融、医疗服务、保险等领域，在《网络安全法》出台前，数据本地化存储的主体由相关部门界定，这一主体往往为某一特定的行业。如网约车平台公司所采集的个人信息和生成的业务数据，应当在中国内地存储和使用是由交通运输部、工业和信息化部、公安部等在 2016 年出台的《网络预约出租汽车经营管理暂行办法》中的第二十七条规定的。《网络安全法》第一次跨行业对数据本地化存储做出统一规定，其第三十七条要求："关键基础设施的运营者在中华人民共和国境内运营中收集和产生的个人信息和重要数据应当在境内存储。因业务需要，确需向境外提供的，应当按照国家网信部门会同国务院有关部门制定的办法进行安全评估；法律、行政法规另有规定的，依照其规定。"显然，采用"关键基础设施＋重要数据"的限制条件，将本地化存储的范围从原先的特定领域扩大到任何有可能发生威胁国家安全的领域，特别是终稿中将三审的"重要业务数据"修改为"重要数据"，体现了我国立法的严苛，去掉"业务"两个字则代表关键信息基础设施所涉及的所有信息都必须本地存储。数据本地存储范围之广，在全球都当数特例。由此可见，在细化的标准尚未完全归位的情况下我国对于数据的监管力求从根本框架上保证不会出现漏网之鱼，杜绝可能出现的灰色地带。2022 年 1 月 7 日，国家市场监督管理总局、国家标准化管理委员会发布《重要数据识别指南（征求意见稿）》，这是自"重要数据"这一概念提出以来，第一次提出解决数据安全管理的适用对象和适用范围问题的文件，旨在提出具有可操作性的重要数据的识别过程和方法。这一标准从原则上明确了涉及的范围要尽可能小，定性定量结合根据具体情况采取不同识别方法。近年来，许多研究表明，数据安全并不取决于数据的存储地点，而是其存储和传输的方式。因此，考虑数据本地存储的适当性和必要性成为一种趋势，也即在框架细化的过程中增加适配的灵活性和适用性。2021 年 11 月 14 日，国家互联网信息办公室出台的《网络数据安全管理条例（征求意见稿）》（以下简称《数安条例》）中提出了互联网运营者应当建立与数据相关的平台规则、隐私政策和算法策略披露制度。这便意味着我国开始从这些拥有大量数据的互联网公司入手，关注数据的存储和传输方式，从影响程度来监管平台规则的修订，并提出了公众监督的概念。同时我国高度重视个人信息保护的关键领域——移动互联网应用程序（APP），2021年4月26日工业和信息化部发布《移动互联网应用程序个人信息保护管理暂行规定（征求意见稿）》旨在切实保障用户同意权、知情权、选择权和个人信息安全；中国信息通信研究院于2021年11月发布《移动互联网应用程序（APP）个人信息保护治理白皮书》，强调要纵深推进APP个人信息保护治理工作，推动形成政府、企业、相关社会组织、公众共同参与的良好环境，未来的监管将朝着治理精细化、提高监测技术手段以及充分发挥舆论监督治理作用督促形成行业自律的方向发展。

其次，从发展的角度来看，滴滴赴美上市受阻触发了因美国证券交易委员会（SEC）关于中国公司赴美上市的详细披露要求所引发的国内监管问题。《数安条例》将"赴国外上市"和"赴香港上市"进行区分并各自做出明确规定。依照目前的监管规定，内地到香港地区的数据传输被视为跨境数据传输，赴港上市势必会存在数据跨境传输问题，进而触发网络安全审查程序。但《数安条例》对赴港上市的网络安全审查采取的是风险导向的标准，只有确实存在影响或可能影响国家安全的风险，才会触发网络安全审查，监管尺度相较于国外上市宽松许多。所以，未来我国对于数据跨境流动的监管将偏向于侧重数据安全审查及网络安全审查的正当性和必要性。此外我国关注对特殊行业领域数据风险进行监管，涉及汽车数据安全、互联网信息服务算法推荐、人工智能和自动驾驶监管合规等，出台了一系列相关法规如《互联网信息服务算法推荐管理规定》《智能汽车创新发展战略》等。未来我国将重点关注新兴领域的数据监管。2021年上半年随着特斯拉上海车展维权事件的持续发酵，智能网联汽车及自动驾驶数据安全监管成为公众关注的重点，针对此次事件特斯拉表示将会开发线上车主数据平台，用户能够自由查看车辆后台数据以及车机交互数据以实现安全事故的追溯性，同年9月底中国汽车工程学会发布《智能网联汽车道路测试监管系统技术规范》的征求意见稿，规定道路测试的终端监管和平台监管方面的具体要求，适用于L3级以上智能网联汽车测试监管体系。这意味着该行业的数据监管将迎来"平台化"时期。发展离不开"引进来"和"走出去"这两大主题，在全球化浪潮中，我国势必会因为国际主流国家的相关举措进行相应的调整，我国对于个人信息的保护也一直采取较为严苛的态度，近年来也越来越重视公众监督，舆论压力在监管当中起到的不可替代的作用。我国未来也会加强个体同其个人信息之间的联系，赋予个体更多的权利。此外，在人工智能、自动驾驶等新兴领域，其他发达国家尤其美国的相关举措对我国具有非常大的借鉴意义，美国联邦贸易委员会在2021年12月提出对隐私和人工智能规则制定过程的考虑，将注意力放到"隐私"和"算法决策"上，因此我国未来也应重点关注新兴技术领域的隐私和算法规制问题。

最后，从安全技术运用的角度来看，数据治理问题本身是由数字经济发展带来的，新型的问题产生往往也伴随着新兴的技术革新。保障技术的合规性也是应与技术发展同步关注的重点。例如，2022年1月，上海某公司就因滥用人脸识别技术受到上海市徐汇区市场管理局的行政处罚，该公司在其门店安装摄像头收集照片数十万张，用于客流统计和客流分析，但该公司并未征求消费者同意也未告知数据使用目的，而人脸图像以及其处理后的信息涉及个人信息以及敏感个人信息，依据《中华人民共和国个人信息保护法》《信息安全技术——人脸识别数据安全要求》相关规定，收集使用人脸图像应遵循相关监管要求。2022年1月10日工业和信息化部等十二个部门发布《十二部门关于展开网络安全技术应用时点示范工作的通知》提出推动密码技术、区块链技术为大数据安全增效；1月13日，上海市人民政府发布《推进治理数字化转型实现高效能治理行动方案》提到借助区块链、隐私计算等新技术，加强公共数据安全保护技术能力。中国汽车工业协会曾宣布打造一个汽车大数据区块链交互平台，通过将企业脱敏数据的标签上链，保证数据的确权和不可被篡改，在此基础上可以实现数字资产的线上交易和线下交割。目前隐私计算也已经在金融领域落地，未来这项技术的运用将拓展到医疗行业等隐私保护尤其关键的领域。2021年12月21日，中国信息通信研究院发布的《隐私计算法律与合规白皮书(2021年)》首次阐述隐私计算的合规价值，且提出严格的合规要求会是隐私计算发展面临的巨大压力，但同时也是隐私技术市场需求和技术迭代动力的重要来源，所以未来应该朝着行业与监管机构等主体的良性互动发展，不断拓宽应用场景，形成稳定的发展态势。但中国数据标准化协会出具的《2021数据治理标准化白皮书》中的数据标准明细表显示，涉及数据流通和基础安全的相关标准仍处在制定中的状态，其中包括隐私计算、区块链等新兴技术领域。也就是说，我国现行的标准或者说政策跟不上技术创新的速度，在一定程度上会制约技术的应用。未来需要将监管贯穿在创新之中，在技术为数据安全保驾护航的同时保证其合规性。

综上所述，我国的数据监管现状以"安全"为第一使命，未来的趋势侧重于采取各个行业和领域的标准差异化以实现落地化解决方案，增强政策的灵活性和适用性。同时探索新兴技术领域和特定行业的数据合规，使监管跟上发展的脚步。

本章小结

本章从国家统筹层面和地方治理层面概述了企业跨境数据应用的我国政策分析。在国家层面，根据跨境数据流动给个人数据、商业数据、国家安全带来的不同程度的风险，以及包括隐私数据流动分歧、技术数据流动分歧等在内的跨境数据流动分歧带来的影响，共同阐述了建立健全跨境数据监管体系的必要性；沿着历史时间轴逐步剖析我国数据安全立法现状，以及以《中华人民共和国数据安全法》为原则指导，施以《中华人民共和国保守国家秘密法》《中华人民共和国网络安全法》《中华人民共和国个人信息保护法》并行治理，联合数据的分级分类共同构成我国跨境数据监管的基本框架。与此同时，为响应国家层面的数据保护立法措施，各省市也纷纷贡献出地方力量，其中尤以北京、上海、深圳等省市为代表，力争在地方层面积极探索、创造出符合我国国情的数据治理最佳路径。而当前世界格局正发生急剧变化，我国同样也翻滚在全球化浪潮中，国际主流经济体不断调整的数据监管举措也势必影响着我国未来的数据监管步伐。未来，我国将始终坚持以"安全"为第一使命，以各行业、领域的标准差异化辅助实现落地化解决方案，促使政策更具弹性和适用性；同时对技术与政策齐头并进的未来数据监管新思路的探索也将成为我国未来数据的监管趋势，跨越"数字鸿沟"，进一步促进全球数据治理创新，实现互利共赢，使更多发展中国家共同抓住数字经济机遇。

第四章
CHAPTER 4

基于负责任研究与创新理论的 A 银行信用卡大数据营销优化

第一节 研究背景

2020 年 9 月 8 日,一篇《外卖骑手,困在系统里》燃爆网络,成了现象级事件,人们也开始反思"大数据算法会不会导致所有人都被困在系统里","在大数据算法中除了榨取价值外,如何体现人文关怀"。2021 年 3·15 晚会,"大数据"更成为重点关注的对象。人脸数据采集和滥用问题、个人简历泄露问题、老年人手机里的安全陷阱和搜索之"病",都离不开一个词"大数据"。可见,大数据问题已经引起全社会的共同关注。在法律法规方面,2021 年 6 月 10 日发布的《中华人民共和国数据安全法》明确了个人数据安全保护义务、坚持安全与发展并重。2021 年 8 月 20 日发布的《中华人民共和国个人信息保护法》第二十四条特别指出"利用个人信息进行自动化决策,应当保证决策的透明度和结果公平、公正"。一系列法案的出台,无疑说明国家层面对大数据的过度依赖引起的问题的重视。

当大部分人关注大数据时,主要是因为它给人们带来了巨大的利益,可以看出人们只关注大数据的商业价值而忽略了社会价值(布莱特·金,2016)。2021 年 3 月 25 日中国人民银行发布的《2020 年支付体系运行总体情况》显示,截至 2020 年末,银行卡授信总额为 18.96 万亿元,同比增长 9.18%。银行卡卡均授信额度 2.44 万元,授信使用率为 41.73%。信用卡逾期半年未偿信贷总额为 838.64 亿元,占信用卡应偿信贷余额的 1.06%。根据 2021 年《当代青年消费报告》统计，全国有 1.75 亿"90 后"，其中只有 13.4%没有负债，信用卡的大数据"精准营销"正在掏空年轻人。显而易见，信用卡的大数据营销已经渐渐出现企业追求更高利润与人们追求幸福美满生活之间的矛盾关系。

截至 2020 年 12 月底，A 银行信用卡客户数 4309.79 万户，比 2019 年末增长 223.08 万户，增长率为 5.46%，而信用卡透支不良余额 151.8 亿元，较年初上升 41.23 亿元，增长率为 37.29%。虽然 A 银行不断提升科技赋能在信用卡营销、风险管理和数据化运营方面的能力，并且大力发展场景获客和交叉营销能力，在智能化和便捷性上面也有了巨大进步，但是快速上涨的不良增长率，也充分说明 A 银行信用卡营销方面的问题，没有考虑负责任的可持续发展的信用卡营销策略。对 A 银行的客户来说，信用卡是为了满足他们对生活质量的追求和自我价值实现，但是在用卡过程中，过度营销，特别是针对人性弱点的过度营销，只考虑银行的利益需求，忽视信用卡用户的真正需求、个人隐私保护和社会公平性，信用卡对他们追求美好生活反而起到了抑制作用。

此外，A 银行在信用卡大数据营销过程中，很多问题出现的原因是数据的不透明性，在数据的获取、筛选、使用、共享、建模、管理等过程中缺乏透明度，用户作为数据的"主人"，针对数据被收集、如何收集、谁来收集、去向一无所知。为此，我们把负责任研究与创新理论引入到信用卡大数据营销策略作为研究对象，从而探求信用卡的稳定可持续发展道路。

第二节　理论基础

一、负责任研究与创新四维度框架

目前学术界对于负责任研究与创新比较认可的理论框架，是英国学者欧文提出的"四维度"模型，即"预测维度""反思维度""协商维度""反馈维度"。在负责任研究与创新过程中，这四个维度以不同的阶段反映不同的参与方式。

(一)预测维度

在负责任研究与创新的预测维度中，它包含预见(Foresight)、技术评估(Techniques Assessment)、愿景模拟(Vision Simulation)等方法。这些方法不仅能够预测出创新过程中的风险点，而且还能提前部署规避这些风险。

"预见"是在创新活动中，根据现有知识和技术来制订计划，适应未来可能的挑战，同时它也可以通过设立短期的政策制定项目，弥补当前政策理解上的漏洞。"技术评估"是通过行业内部和跨行业之间的互动交流，在科学与技术社会影响方面形成公共的意见。"愿景模拟"是一种通过关注不同利益相关者的诉求，并模拟实现他们的目标的方法。从"预见"到"技术评估"，再到"愿景模拟"，这是一个综合考量的过程，不同的分析目标采用不同的方法。

(二)反思维度

负责任研究与创新中的"反思"体现了对情境的敏感性，意味着实践者和组织机构等多元主体对不同情境提出反思对创新行为的影响。与思想或道德上反思不同，负责任研究与创新中的反思既有反身性反思(Reflexivity)，也有反映性反思(Reflection)，主要体现在面对自我情境、产品设计情境、创新治理情境、跨文化自理情境四类情境中。

(三)协商维度

在负责任研究与创新中，"协商"是指各利益相关者把愿景、目的、问题和困境放到更大的背景之中，通过对话、参与和辩论来实现集体审议，通过引入广泛的视角来重新定义问题和识别潜在的争论领域(袁强，2020)。协商通常采用的方法包括共识会议、公民听证会、专业咨询机构等。

"共识会议"主要是指"针对涉及政治、社会利益关系并存在争议的科学技术问题，由公众的代表组成团体向专家提出疑问，通过双方的交流与讨论，达成共识，然后召开记者会，把最终意见公开发表的会议形式"(刘鹰和李昕，2020)。公共决策中的"公民听证会"是现代民主社会普遍推行的用于保证各方利益主体平等参与公共决策的过程，形式有基层的民主恳谈会、民主听证会、城市居民议事会等(Barbara，Robert & Millar，2017)。"专业咨询机构"是就社会关心的问题提供独立研究报告的组织机构，通常具有专门的行业知识并且能够得到行业协会的支持。它的研究采取的是自下而上的进路，其主要功能是增加社会的认知能力，使非专业人士或非营利组织能够了解科学与技术（Burget，Bardone & Pedaste，2017）。

（四）反馈维度

负责任研究与创新还需要根据利益相关者的反应和变化的情况，对框架和方向进行调整。反馈一方面通过协商的有效机制和预期性治理，为技术创新确定方向并影响随后的创新步伐；另一方面不断地通过预测结果的迭代，规避风险。反馈是一种互动的、包容的和开放的适应学习过程和动态能力，通过不断对创新过程中的方法进行调整，同时结合公众的价值敏感性，扩大以前技术设计中对人类价值比较狭隘的理解，把利益相关者的各种价值因素都考虑进来，丰富反馈维度。

二、负责任研究与创新可持续发展评估框架

考虑到信用卡产品使用的周期性，结合协商阶段各利益相关者参与讨论，在此引入可持续发展评估框架，目的是将产品生命周期思维与负责任研究和创新原则相结合。可持续发展评估侧重评估可持续性，从生命周期的角度来考虑产品的所有可能影响，旨在避免时间、地理位置转移、政策和风险影响。可持续发展评估框架主要包括三个设计原则：跨学科性、开放性及探索和沟通不确定性，新技术负责任研究与创新应遵循这些设计原则。

（一）跨学科性设计原则

可持续性挑战从社会层面到企业层面，有气候变化、水和粮食短缺、公平的经济发展，企业产品、企业营销、企业服务等，基本上跨越了社会、自然领域和经济领域。分析可持续性挑战有助于从生态系统和人类发展以及资源稀缺的角度评估与社会经济发展相适应的新兴技术。因此，可持续发展评估框架试图将社会科学、自然科学理论、经济学理论与社会实践等进行跨学科结合，并且在进行分析评估的同时进行审议活动，获得社会响应，最终实

现通过互动和综合的方法在众多参与者之间产生共识。

(二)开放性设计原则

如果要使新兴技术与社会需求保持一致，就必须在评估过程中纳入更广泛的观点，并形成和塑造未来的技术发展方向。启动这种集思广益的方法是评估人员积极参与和听取各利益相关者的观点，这就要求可持续性评估从业者走出他们的"象牙塔"，与社会行动者接触。

可持续发展评估从根本上来讲是以利益相关者为中心的，尤其是参与评估的决策主体(如公共事务和企业的决策者)被认为是不可或缺的利益相关者。可持续发展评估要求在评估过程中纳入更广泛的观点和价值观，保持对可能性和解释的公开讨论，避免一言堂。

(三)探索和沟通不确定性设计原则

除了市场经济固有因素外，技术也是不确定性的主要来源，特别是在具有潜在变革性的技术方面。技术创新不仅对社会的影响是不确定的，而且影响市场结构也可能是未知的，以及公众对新技术产品的反应往往也是不确定的。除此之外，不确定性的水平或程度不仅存在差异，而且还存在不同类型的不确定性，例如，统计不确定性，如果我们知道可能发生的情况(情境)，并且我们知道每个情景的概率，那么我们就认为是统计不确定性；公认的无知，有些事情的发生已经超出了我们传统的认识，这也被称为"已知未知"。

三、负责任研究与创新价值敏感设计框架

价值敏感设计(VSD)是系统开发和软件工程的一种方法，也是一种将人的价值融入(信息)技术设计里面的方法。价值敏感设计主要关注的是以人类福祉、人类尊严、正义、福利和权利为中心的价值观，它将设计系统的人的思考和理解与受系统影响的利益相关者价值观联系起来。对价值敏感的设计要求我们扩大判断技术系统质量的目标和标准范围，以包括那些提升人类价值的目标和标准(Friedman & Kahn，2000)。

价值敏感设计的基本思想是技术不是价值中立的，科技必然会对受其影

响的人产生道德和政治影响（Menevidis，2014）。价值敏感方法旨在将利益相关者的价值纳入早期设计阶段，以指导技术的设计和开发，从而成功地映射价值；在融合技术领域，强调人的价值观是一个迫切需要优先考虑的问题，因为个人、公司和社会价值观之间往往没有和谐的关系（Greenberg，2018）。价值敏感设计不是传统的评估技术道德状况的方法（即在社会环境中如何放置、使用和解释技术道德状况），而是着眼于技术对道德景观的影响，确定利益相关者的价值观，并在早期设计阶段整合这些价值观。

为了使价值敏感设计方法能够在设计阶段成功地整合利益相关者的价值观，价值敏感设计框架运用了一种迭代的、综合的方法，整合了概念性调查、经验性调查和技术调查。其中概念性调查的目的是确定利益相关者和澄清利益攸关的价值观，并在各种价值观之间进行权衡。经验性调查的目的是了解受技术设计/方法影响的人的背景和经验。此类调查可采用多种方法，如调查、问卷、访谈、实验、参与者观察等，便于明确哪些价值观处于危险之中以及哪些价值观如何受到不同设计的影响。技术调查，用以分析设计/方法及其操作原则，以评估它们如何支持特定的价值，反过来，也可开发特别符合特定道德价值的创新设计/方法。

第三节　研究对象

本章节以 A 股份制商业银行信用卡大数据营销作为研究对象，首先介绍 A 银行信用卡的发展历程和营业情况，其次通过调查报告的问题，更好地佐证 A 银行信用卡目前各种营销问题，根据负责任研究与创新理论对大数据营销过程中关键事务进行分析，找出信用卡营销效果问题与不符合负责任的问题。

一、A 银行信用卡中心发展现状

（一）A 银行信用卡中心基本概况

A 银行于 1996 年 1 月 12 日在北京正式成立，是中国第一家主要由民营企业发起设立的全国性股份制商业银行。A 银行信用卡中心成立于 2003 年底，是直属于 A 银行总行的独立事业部，在总行授权范围内实行独立运营、独立核算、公司化的经营体制，也是经中国银保监会批准的国内首批分行级信用卡专营机构之一。

A 银行信用卡中心总部在北京，目前设有 24 个总部部门、1 个（成都）后台运营中心、6 家区域分中心、42 家一级分中心、64 家二级分中心。A 银行信用卡中心打造一支高学历、高素质、年轻化的专业团队，拥有员工近万名。2005 年 6 月 16 日，首张 A 银行信用卡在人民大会堂正式发行。截至 2021 年，A 银行信用卡累计发卡量突破 6000 万张，贷款余额超 4500 亿元，居全国股份制商业银行前列，已成为最具竞争力和服务能力的信用卡品牌之一。

自 2005 年以来，A 银行信用卡不断深耕客群管理，持续优化产品结构，已经发行上百个信用卡产品，在行业和客户中间形成了广泛影响。其中，"女人花信用卡""小微普惠信用卡""文化遗产主题信用卡""故宫系列主题信用卡"等特色产品广受好评，多项产品得到专业评选机构认可，获得包括国际制卡商协会（ICMA）颁发的被称为全球制卡界"奥斯卡"的依兰奖在内的诸多殊荣。近年来，A 银行信用卡提出全新的品牌口号"信任长在"，秉承 A 银行成立之初就遵循的诚信之道，既是对广大卡用户的承诺，也是对 A 银行信用卡发展的信心和要求。

A 银行信用卡中心坚持"为民而生、与民共生"的企业使命，"诚实守信、互利共赢、以人为本、追求卓越"的核心价值观。A 银行的负责任经营管理理念与企业使命、愿景、核心价值观有机融合，坚持创新发展道理。

（二）A 银行信用卡业务经营状况

A 银行信用卡中心提出三年规划（2021~2023 年），以"以大数据技术驱动零售金融、客群细分与标准化客户体验并重、全面提升品牌美誉度"为主策略，强化零售专业统筹，构建标准化、专业化零售支撑体系。主要采取了以下五项措施：一是以教育、养老、小微特色行业客群为战略客群，聚焦客户需求，持续深挖客户价值，以开放赋能、共享整合，深度融入零售客户生态，做目标客户的主办银行；二是在 C 端、B 端、G 端场景化支付实现重点突破，深挖重点行业小微企业场景化需求，打通龙头企业合作，拓展批量获客模式，深化数字化风控、数字化运用；三是完善零售业务标准化专业管理体系，深化数据营销，强化产能督导；四是完善基础产品服务体系，优化产品货架；五是践行全渠道战略，提升客户体验。

（1）获客与发卡。强化开放融合下的场景与平台搭建，发行京东小金卡、民生农场卡、途虎养车卡、民生童行卡、沃尔玛专享卡等多种融合非金融权益的重点借记卡联名卡，聚焦核心客群，主动开展异业合作；持续深化小微客群综合开发，积极开展重点行业、重点客群批量获客。从大环境来看，2020 年注定是不平凡的一年，各大银行的发卡增长率相对来说都偏低，除了中国建设银行和中国农业银行还保持千万级的增长外，其他银行增长率普遍低于 10%。一方面，受新冠肺炎疫情影响，2020 年上半年各行业线下展业基本停滞，同时叠加国内宏观经济增速放缓、共债风险暴露等因素，银行倾向采取相对平稳、低波动的业务发展策略；另一方面，消费金融行业在经历 2017 年以来的高速成长后，市场饱和度提升，监管日趋完善，行业步入成熟发展期，由重"量"转向重"质"，增速放缓。

（2）支付体系。A 银行信用卡全民生活 APP 上线"全民管家"生活缴费业务，支持超 1000 项缴费项目，首批实现与支付宝二维码互联互通。截至 2020 年度报告期末，全民生活 APP 累计注册用户达 2535.50 万，全年电子支付交易额（含快捷支付、移动支付及网关支付）同比增长 13.46%。深化信用卡场景获客转型，构建客户标签图谱体系，适配定制化产品和权益，实现目标优质客群批量获取；精细化存量优质客群经营，优化交叉销售机制，加强本地化获客，进一步提升交叉客户渗透率。坚持价值客户导向，2020 年信用卡新获客中"消费稳定型"客户占比 85.3%，同比提升 2.4 个百分点。

（3）卡均消费额和卡均透支额。卡均消费额和卡均透支额较高时，说明信用卡持卡人更愿意使用该行信用卡。2021 年，A 银行的卡均消费额为 42133.78 元，在 12 家股份制商业银行中信用卡消费金额排名第一；卡均透支额为 7496.33 元，同时还在 12 家股份制商业银行中排名第一。

（4）信用卡效益。银行经营信用卡业务的目的是获得效益，信用卡发行卡数量并不能代表一个银行信用卡业务实力较强，只有效益较高时才能说明信用卡业务经营较好。A 银行 2020 年的信用卡收入相比 2019 年来说有了大幅下滑，主要是因为 2020 年进行了大幅度的核销不良贷款，反映了上层领导改革的决心。相较于其他银行的信用卡营收，A 银行还是有很大可发展空间的。

从以上四个方面的统计分析可以发现，A 银行信用卡发展已经达到一定规模，也积累了相当数量的忠实用户，但是偏低的营收效益还是给 A 银行信用卡的创新发展提出了挑战，如何在大数据营销过程中实现负责任的研究与创新，还需要进一步分析。

二、问卷调查及分析

为进一步探究 A 银行信用卡大数据营销过程中的负责任研究与创新及消费者对其的感知程度，通过人群特征、消费影响和特别关注的问题分析，试图了解信用卡产品与用户冲突的方面。本研究在相关学者所开发的研究量表基础上，结合 A 银行及其信用卡产品的相关环境、背景因素等形成最终的客服电话调查问卷与访问提纲，并基于访谈提纲对利益相关者进行深度访谈，以作为调查问卷最终的调整基础，根据预调研的效果，调查问卷已具备一定的可行性，故基于此进行正式的问卷投放。

(一) 人群统计分析

在正式调研的过程中，以客服电话问卷形式进行，共获得 437 位受访者的响应。通过对该组数据进行初步筛选整理后，将 26 个表达含糊不清、信息异常、应答敷衍等不合规格的调查问卷剔除后，最终获得有效问卷 411 份(有效回收率＝94.05%)，达到相关研究标准的基准值。

首先，在本次被调研的 A 银行信用卡产品的申请者和使用者中，男性用户为 232 人，占总样本数的 56.45%，而女性用户为 179 人，占比 43.55%。男女差别比较大的原因主要有三个：一是男性用户的消费理念相对理性，在消费习惯上较少出现冲动性消费行为，且男性用户多以其理性的消费观念主宰其消费行为，相比之下，女性用户受感性影响的消费行为过高，信用卡产品的高还款压力也为其增添了更多麻烦，因而，在为女性用户信用卡产品的设计上要更为谨慎注意；二是男性用户相对接受信用卡的地推方式和网络申请方式，更有意愿去接受这种"相对冒险"的办卡方式；三是男性在家庭中的主要地位，需承担更多的家庭责任与经济压力，而信用卡产品能够适时迎合其个体需求，以缓解其对资金的需求。

其次，在 A 银行信用卡产品的受访者中，35 岁以下的消费者占比较高，约为 56.20%，该调查结果也与相关学者的研究观点相对一致，这是源于多数信用卡产品的目标消费人群即扎根于该年龄层次。同时，从其他年龄层次的分布而言，也处于均衡的态势，说明本次调研所得的数据层次相对均衡。

再次，在所有受访者中，教育背景对研究的影响较弱，高中及以下人群仅为 42 人，占总样本数的 10.22%，而本科以上学历的受访者比例高达 63.99%，一方面说明信用卡的接受程度和教育正相关，另一方面本次调研的受访者的教育水平也反映出调研问卷具备一定的客观性。

最后，在本次调研的 411 名受访者中，月收入在 5000 元以下的受访者仅为 37 人，约占总样本的 9.00%，而月收入在 10000 元以上的受访者占比约为 59.88%，结合 A 银行在当地的生活水平与地方经济发展程度可知，本次调查的受访者中，其月收入达到当地社会平均工资的人群已超过半数，代表本次调研的数据具备一定的可信度。

(二) 用卡过程中关注的问题分析

按照负责任研究与创新理论方面的问题调查，根据对 A 银行信用卡使用关注的主要问题的分析发现，信用卡的使用者最关心的是暴力催收的问题，占据了 57.18%，在行内外多方面的访谈中也进一步了解，反感暴力催收不是就说明这个客户有违约风险。恰好相反的是，那些不愿接受暴力催收的人群的违约风险较低，因此如何平衡催收和维护客户关系成为负责任研究的重要问题。对于个人信息安全和大数据杀熟方面的占比也较大，分别达到了 42.82% 和 45.99%，说明人们越来越重视自己的数据信息安全和保护。信用卡的大数据杀熟方面的主要问题是对老客户的营销资源投入少、福利优惠少，A 银行信用卡方面的说法是"营销潜在客户、沉默用户，维稳存量客户"。通过这次调查也反映出来人们在用卡过程中想尽量避免等级划分，对大数据人物画像中的等级划分反感的人数占 17.52%（如图 4-1 所示），人们反对贴标签、以卡片等级划分人群等级以享受差别待遇。从突出问题找相关的利益相关者，对后期的利益相关者分析有指引作用，也能让 A 银行信用卡快速定位突出问题和群体。

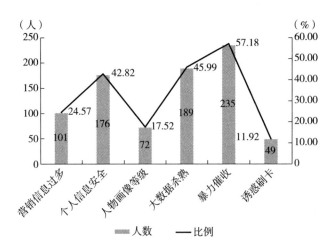

图 4-1　用卡过程中难以接受的问题

（三）使用动机分析

按照每个调查者可以选择两个信用卡主要使用动机，根据对 A 银行信用卡产品使用者的使用动机进行问卷调查分析发现，在以透支消费为代表的多项使用动机中，透支消费是消费者使用 A 银行信用卡产品的主要诱因，在受访者的总样本中，约 72.51% 的受访者认为透支消费是其使用该产品的主因；而折扣优惠、积分优惠、地位象征、赠品、便利性等余下动机的具体比例与人数如图 4-2 所示。除赠品动机倾向较低，仅为 37 人外，折扣优惠与积分优惠的使用动机倾向较高，分别为 153 人与 125 人，而地位象征的动机倾向也占据了不少份额，说明高端信用卡得到了很好推广，得到了高净值人群的认可，对 A 银行信用卡营销将更有侧重点，对后期的产品分析也有指导作用。

（四）消费额度分析

依照对所收集的问卷数据进行统计分析后，发现 A 银行信用卡产品 57% 的消费者月使用频率达到 3~6 次，而 6 次以上的消费者仅为 17%，故频繁性使用 A 银行信用卡产品的消费者实质上较少。同时，受访消费者的月使用额度，多集中在 1000~3000 元的消费水平区间，而 3000 元以上的使用额度的消费者则相对较少，仅为 25 人，占比 11.62%，在所有受访者中，每月信用卡

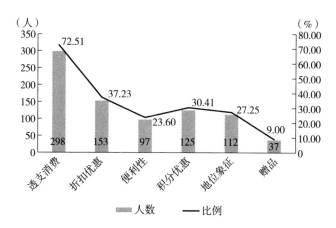

图 4-2　A 银行信用卡使用动机统计

产品消费额度在 0~1000 元的有 40 人，约占总比例的 18.60%，在 1001~2000 元的人数占比最大，为 43.72%，而在 2001~3000 元的人数占比相对较好（26.05%）。说明在消费金融产品盛行的今天，A 银行信用卡作为银行的传统业务，其市场空间不能只集中于满足日常的生活需求，还需要挖掘更多的潜力合作商家以满足人们的大额消费需要，加强产品和渠道方面的营销手段。

(五) 使用方式分析

按照每个调查者可以选择两种信用卡主要的使用方式，从本次针对 A 银行信用卡产品的使用领域调查发现，线下刷卡仍然是多数信用卡使用者的主要使用领域，占总样本比例为 73.48%，网络消费的刷卡消费的人数也相对较多，占比 64.96%，而从其他消费领域的涉入度较低可以看出，多数 A 银行信用卡产品的消费者在信用卡产品的使用上较集中于网购与线下刷卡消费，而在其他领域的使用较少，结合信用卡行业的分析报告，主要得益于消费市场的巨大需求和消费金融产品的迅猛发展，多数消费者认为实体卡，尤其是基于多家商业银行所推出的不同折扣优惠的其他信用卡产品，会刺激自己的各种消费行为。同时 A 银行信用卡有好几款产品专门针对高净值客户，这部分客户对提现和分期付款的需求量相对较小，这也导致 A 银行信用卡产品的利息收入降低。

三、A 银行信用卡大数据营销问题

阐明问题冲突是负责任研究与创新框架下分析的基础，按照营销的 4P 理论分析，将核心问题一一列举，为后面的利益相关者分析、核心价值分析等打下基础。

(一) 产品同质化问题

在当今竞争激烈的市场上，产品创新对于一个企业来讲是非常重要的，是企业能够获得竞争力的有效途径。自 1979 年信用卡以代理的形式进入中国以来，1986 年中国银行长城信用卡诞生，由于受到我国商业信用和社会信用体系的限制，信用卡直到 20 世纪 90 年代末才开始真正在我国发展起来，国内各商业银行纷纷发行自己的信用卡产品。相对于其他银行，A 银行发行信用卡的时间较晚，2005 年 6 月 16 日开始发行第一张信用卡，而此时其他商业银行已经纷纷发行了自己的信用卡。在发行信用卡时，A 银行的信用卡大多是参考其他商业银行销售业绩比较好的类型的信用卡，和其他银行的信用卡产品有很多相似之处，所提供的金融服务也非常相似。

信用卡市场的规模逐渐扩大，A 银行的发卡量却远远落后于其他银行，究其原因，主要是 A 银行推出的信用卡产品在品种上同质化现象比较严重，功能比较单一，制约了信用卡业务的发展。本书选取中国银行、中国建设银行、招商银行、A 银行的标准卡进行比较，如表 4-1 所示。

表 4-1　同行业信用卡标准卡对比

银行类型	中国银行	中国建设银行	招商银行	A 银行
币种类型	双币	双币	双币	双币
币种详情	人民币+美元	人民币+美元	人民币+美元	人民币+美元
卡等级	普卡	普卡	普卡	普卡
发卡组织	银联+VISA	银联+VISA	银联+VISA	银联+VISA
年费	100 元	80 元	100 元	100 元
积分有效期	2 年	永久	永久	3 年

续表

银行类型	中国银行	中国建设银行	招商银行	A 银行
最低还款比例	5%	5%	5%	5%
主要功能	购物消费	购物消费	购物消费	购物消费
	理财服务	理财服务	理财服务	理财服务
	境内外取现	境内外取现	境内外取现	境内外取现
	24 小时服务	24 小时服务	24 小时服务	24 小时服务
	转账结算	转账结算	转账结算	转账结算
	汇兑结算	汇兑结算	汇兑结算	汇兑结算

产品的同质化问题是 A 银行与利益相关者中的同业银行之间产生冲突的主要原因，这很容易导致不良竞争，从而也损害了消费者的利益、浪费社会公共资源等。

(二)价格歧视与削减问题

价格歧视，是指商品或服务的提供者在向不同的消费者提供相同等级、相同质量的商品或服务时，实行不同的销售价格或收费标准。A 银行信用卡中心通过大数据分析，快速地收集卡用户各种消费行为数据、收入数据，并将这些用户按照刷卡偏好、某一时间区间内的刷卡次数、金额以及支付方式甚至手机型号等条件进行分类，再针对不同类型的消费者群体，制定不同的还款利率、提供服务方式或是否有免息期，以获取超额利润。从行方的角度来看，这是定价优化方案，而从负责任研究与创新的视角来看，这就是一种对消费者价格歧视的行为。此外，A 银行信用卡还存在与一些商家合作促销时，在促销活动中规定，老用户参加该项活动需要达到一定的消费数量或金额后，才能享受相应的促销优惠政策；而对新开卡用户的消费数量或金额则不做任何要求的现象。

价格削减，如年费的减免政策，很多普通的卡种已经取消年费或者依靠刷卡次数来减免年费，从表面上来看，一方面，对很多消费者是让利了；另一方面，普通卡基本上没任何福利，很多高端的卡的福利也变少了，如酒店、航空积分变少，接送机服务取消了，甚至免息期也被阉割了。这降低了很多高端用户的忠诚度，也流失了不少优质客户。

无论是上调价格增加 A 银行信用卡收益，还是降低价格削减各种福利，对负责任的可持续发展来说，都不是一个可取的方法，也无法体现共享价值。

(三)"精准"渠道问题

随着"精准"营销的广泛推广，"精准"地来自第三方数据公司的渠道导流成为 A 银行信用卡推广的重要方式。很多第三方数据公司收集数据的方式存在各种各样和负责任研究与创新理论相违背的问题，如在用户不授权的情况下读取用户的通信记录、肆意跟踪用户的 APP 使用情况，读取和分析用户手机上安装的各种 APP 等。银行从推广方式来看做到了精准，但是对于这种灰色产业链上的数据也表示了容忍，忽视了利益相关者的权利。

精准的渠道营销也带来另外一个问题，即忽视了柜台这种传统渠道。A 银行对于新增用户，主要通过第三方的数据公司的导流引入，一方面是因为第三方公司宜于精准营销，另一方面是因为 A 银行房租和人力成本的不断上升导致实体网点减少，故 A 银行极少推荐柜台办卡的方式。对于多数第一次申请信用卡的用户来说，网络的不安全感始终是一个困扰因素，特别对于一些上了年纪的人来说，实体网店的柜台才是他们最信赖的方式。这些用户作为 A 银行信用卡的重要利益相关者，需要 A 银行在考虑效益的同时，还要兼顾他们的利益。

(四)诱导促销问题

对于 A 银行的诱导促销问题，主要有两个方面：一是诱导申请办卡；二是诱导消费。地推方式对于 A 银行来说还是比较重要的方式，地推工作人员通过发放礼品来吸引客户，对于普通用户来说无可厚非，但是对于没有办卡需求的客户来说，地推人员往往给用户的建议是只要办卡，可以不开通使用，并且能领到礼品。用户主要担心的是信息安全隐患问题，不过这能满足一部分用户"薅羊毛"的心理；而对银行来说，损失的不只是办卡的费用，还占用准备金额度，对银行这个利益相关者来说也是不利于健康长远发展的。在诱导消费方面，A 银行信用卡推出一系列的积分兑换服务，从几千积分到几十万积分兑换的礼物都有，而真正有价值的礼物都是几万积分、十几万积分以上才能兑换的。用户兑换礼物通常都是 1 万积分时看着 5 万积分的礼物更好，当他有 5 万积分时，往往看到的是 10 万积分的礼物，通过 A 银行信用卡积分商城严格划分等级的礼物，逐步让用户陷入积分兑换的冲动消费中。

第四节　研究设计

A 银行信用卡营销负责任研究与创新分析：通过前面对 A 银行现状和营销问题的汇总，结合调查报告，将按照负责任研究与创新理论的四维度框架，从预测、反思、协商、反馈四个方面进行分析。

A 银行信用卡营销策略负责任研究与创新改进。通过对 A 银行信用卡营销的负责任研究与创新四维度框架分析，对营销活动的各个阶段提出负责任的见解，在负责任研究与创新的理论指导下，A 银行信用卡大数据营销不仅要考虑 A 银行股东，以及信用卡用户及其家庭成员、同业竞争对手、政府和监管机构之间的关系，还要面对政治、社会伦理、法律法规、可持续发展、利益相关者等诸多因素的制约与影响。结合 A 银行当前的市场环境，对 A 银行信用卡的大数据营销策略进行负责任研究与创新改进。

一、信用卡大数据营销预测分析

(一) 以价值观为核心

A 银行信用卡随着大数据营销、机器学习算法和硬件等的发展获得强劲动力，而将信用卡发展引向何方则是超越技术本身的社会问题。在信用卡大数据营销创新中我们应该避免什么？对于 A 银行来说，发展信用卡除了获得利润之外，还需要向消费者、社会传递什么价值？对这些问题的思考我们可以参考以下两个原则：①信用卡的大数据营销创新必须有利于经济、社会环境的可持续发展，信用卡的发展不仅仅体现在商业价值上；②让信用卡成为人的赋能和价值实现。信用卡让生活更便利，成为数字化的手段和商家沟通的工具。总体来说，就是在信用卡的大数据营销过程中，首先把价值观放在核心位置。

对于 A 银行信用卡同质化和价值服务这些营销问题分析，按照负责任研究与创新理论指导，在预测阶段从技术评估开始，不管是专家式技术评估，还是政策制定部门参与式技术评估、技术人员建设性技术评估，都不能只关注技术人员或行业人员的价值观去做技术评估，而应该跳出这个圈子，从满足市场需求转变为满足客户具体需求，体现用户价值。预测的价值观体现在针对特定群体的信用卡开发前，收集用户、领域专家、特定商家和社会人士等关心的利益点进行讨论，以形成包括道德和价值观的变量。在应用负责任研究与创新理论前，A 银行在对客户进行预测模型构建的时候通常只考虑这些变量，如表 4-2 所示。

表 4-2　预测风险变量

变量分类	具体变量名称
身份信息	(1)定量变量。年龄、是否有房、是否有车、是否有孩、高消费标志、保险标志、基金等理财标志； (2)定性变量。性别
持卡信息	(1)定量变量。借记卡数量、贷记卡数量、不同等级贷记卡数量等； (2)定性变量。持借记卡最高等级、持贷记卡最高等级
交易信息	定量变量。近 6 个月交易笔数、交易金额、交易失败次数、互联网交易金额、异地交易金额、金融类消费笔数、近 6 个月交易笔数标准差、近 6 个月交易金额标准差、近 6 个月异地交易笔数标准差、近 6 个月异地交易金额标准差
放款信息	定量变量。最近一笔放款金额、30 天内放款总笔数、90 天内放款总金额、30 天内放款机构数量变化趋势、30 天内放款总笔数变化趋势
还款信息	定量变量。30 天内还款笔数、90 天内还款机构数量、180 天内单笔放款金额最大值、30 天内失败还款机构数量变化趋势、30 天内还款笔数变化趋势、30 天内成功还款笔数变化趋势、30 天内失败还款笔数变化趋势
申请贷款信息	定量变量。30 天内申请贷款机构数量、30 天内成功申请贷款机构数量、90 天内申请贷款笔数、180 天内成功申请贷款笔数、30 天内申请贷款机构数量变化趋势、30 天内成功申请贷款机构数量变化趋势、30 天内申请贷款笔数变化趋势、30 天内成功申请贷款笔数变化趋势

通过负责任研究与创新理论研究，在营销风险预测模型中加入用户的感

知价值指标和忠诚度指标、社会因素。其中用户的感知价值包括增加用户的感知利益，减少感知成本，如增加经济利益、产品利益、服务利益、影响利益等，减少货币成本、行动成本、决策成本等。

(二) 以共享价值为目标

在预测的愿景模拟中，要以社会共享价值为目标，即在预测阶段就要考虑社会因素以避免出现社会性事件才回头反思营销策略。共享价值要求 A 银行信用卡的利益必须不以损害公共利益为前提，要以公众参与、信息透明、民主治理为手段，以达成企业与社会共同发展的终极目标。

1. 以利润为目标的转变

在负责任研究与创新理论指导下，A 银行信用卡在产品设计评估阶段不再以追求利润为唯一目标，而是按照公众的愿景，设置共享价值。根据公众参与的诉求，对学生卡的额度要控制，不能以学生个人消费能力作为指标来确定额度，而是根据满足普通学生生活消费需要去设置信用卡额度，学生群体对于 A 银行来说更好的是养成忠诚度，而不是追逐利润；分期还款的用户对 A 银行来说是信用卡收益的主要来源，往往也是风险较高的群体，公众的诉求最多，要在降低息费和设置分期阈值间取舍，而对于这一点用户的诉求更多的是延长分期期数同时降低利息。这些诉求都是做预测模型时需要考量的因素。

2. 精准营销与公众知悉

大数据的精准营销与隐私保护似乎在共享价值下走向两个极端，在大数据时代，A 银行如果稍微能"融通"一部分数据信息，就能在数据信息搭建的自然环境中感受到史无前例的"随意"。不断发掘与收集他人信息，用于满足 A 银行信用卡产品的精准定位与营销，也就能随意对数据信息进行善恶区分，从而完全对现实社会价值规范产生抵触与排斥，最终导致价值规范在大数据环境下的遗失。而公众认为 A 银行数据的获得、处理、共享、运用和管理决策等整个过程中都缺乏透明度，用户作为数据的"主人"，针对数据被收集、如何收集、谁来收集、最终去向一无所知。银监会的意见是建立新的机制使大数据全透明于数据的生命周期之中，提高数据透明度。因此，在做预测时不能为了精准而对数据做出失范的事，同时又要规避风险以实现共享价值，这就使安全和智能化无人工干预的数据处理链路成为必要。

(三) 以价值敏感度设计为原则

价值敏感度设计提供了一个帮助负责任研究与创新和信用卡大数据营销设计之间缩小差距的方法论。首先我们讨论 A 银行信用卡大数据营销过程中发生的问题，其次我们对价值敏感度设计方法如何负责任地解决大数据营销创新中的这些问题进行探讨。

1. 大数据建构费用问题

根据金融行业创新活动的特点，对于金融数据的开发、维护，硬件支持和第三方数据调用等大体的成本就是千万级别的费用。A 银行信用卡经过十几年的积累，尽管也拥有大量的数据，但随着时间的推移，与其他行业的交叉信息越来越多，对第三方数据的依赖越多，费用就越高。同样，在大数据营销过程中，营销策略越精确，所产生的费用越高。例如，对模型迭代的频率提高到每两三个月一次，投入的人力成本也就相应增加。从长远的角度来看，这些成本最终都转嫁到 A 银行信用卡用户身上。可能在用户看来投入到自己身上的营销费用少了，但是在营销策略上面的费用更高了，而这些对于信用卡用户只会感觉到自己从营销上面获利少了，从而降低对 A 银行信用卡的期待性。

2. 大数据泄露风险问题

在互联网的大力推动下，大量的个人隐私数据都成为技术公司、研究人员可获得的资源，如购物网站的购物偏好设置、购物记录，手机通信录数据，手机安装了哪些 APP，刷卡轨迹，网站的浏览习惯、浏览记录，等等。而这些数据都是有价值的数据，也代表这些数据在市场上只要有合适的价格，就会有人冒着违法的风险进行数据交易。

3. 其他问题

除了这些问题外，之前的营销策略还存在诱惑刷卡消费问题，大数据的精准营销根据用户的收入水平，精准投入分期服务，使卡用户循环负债，以提高息费收入，同时也加重了消费者的负担。还有暴力催收问题，虽然法律已经把暴力催收入刑，但是仍然有与银行合作的催收机构游走在法律的边缘。

在此，我们为了解决和平衡这些问题，引入价值敏感度设计，它尤其适合支持联系的、动态的、快速发展的不确定性和紧迫性的道德问题的设计过程。

价值敏感设计并不追求提供成熟的设计方法，在一定程度上，它必须视为一个提高现有设计过程的工具，因为价值敏感设计遵循了一个常用工程方法的普遍应用模式，它能够很容易地纳入已经建立的设计过程。因此，在大数据信用卡营销实践中，价值敏感设计的整合需要对信用卡的营销方法进行透彻的理解，通过评估具体特征和当前设计实践的需要，在价值敏感设计的特有阶段，加入概念的和经验的研究。找到一个适合的切入点加入伦理原则：公正、安全、诚信、共享，这些价值表明 A 银行信用卡既能够提供正面的价值，也能够降低风险，与用户共享价值。通过技术进行价值论证，在共享价值和追求高利润之间做出权衡，高利润务必要进行价格歧视策略，而共享价值就是要求 A 银行设置价格歧视策略时进行让利，充分考虑用户的利益。

价值敏感度设计还要求利益相关者的包容性和开放性，要求技术人员、营销策略制定者、银行监管机构对卡用户因消费还款压力引发的社会问题承担一定的"负责任义务"。

二、信用卡大数据营销反思分析

在 A 银行信用卡大数据营销创新过程中，反思活动伴随着产品设计、渠道推广、市场定位等，而在负责任研究与创新理论的指导下，首先要确认反思的主体是谁，他们作为创新活动的参与者，可能是技术设计人员、数据分析人员，也可能是行业专家甚至是用户。他们在创新活动中具备专业知识，或者社会经验，因此创新活动的成功与否需要以他们主动反思为基础。其次反思不仅是技术上的反思，也包括道德上的反思，社会责任上面的反思，才能保证信用卡营销的可持续发展。

（一）可持续发展原则反思

1. 研发可持续发展反思

在产品研发可持续发展方面，A 银行目前面对的主要问题是同质化严重，创新更多的是模仿，因此在研发上的反思主要是从根本出发——"以客户为中心，回归支付本源"。在产品选择上，结合用户的使用评估，优先与大的商超和电商平台合作，结合商超等的特色活动，孵化出满足消费者市场需求的产品；在教育方面，与大的培训机构一起推动免费课程服务，在后疫情时代，满足居家在线课程的需要。对于网上支付，还可以设置领取刷卡还款补贴的活动，在刺激用户消费的同时，以补贴的方式帮助消费者减少还款压力，实现产品研发方面的良性可持续发展。

研发可持续性与伦理问题息息相关，对技术风险的疑惑、担忧常常会直接引发公众对技术的讨论。公众在对信用卡营销创新活动中使用的大数据技术风险认知的过程中，对评价技术上面的危害和可能引发的一系列伦理问题，会因技术风险的可接受性影响到公众的情绪，以致出现抵触情绪。在 A 银行信用卡产品设计过程中，技术透明度和公众参与评估尤为重要。

2. 情感可持续发展反思

实证研究表明，人们对信用卡情感上的忠诚不仅是产品的一系列优惠活动，还有对这个产品安全性的判断、持续优良的服务标准。而信用卡产品设计工程师和营销策略制定者往往只关注到公众的不理性，因而忽略公众的诉求。情感认知理论建议，人们对信用卡的可接受性做出理性判断需要情感支持，从而决定信用卡产品的持续发展。由此需要重新审视公众在对产品设计、价值服务上面判断中的作用。此外，理性启蒙思想家休谟也认为，即使情感是不理性的，它们也应该是一个决策过程的一部分。

调查表明，除了低于3%的人拥有超过 10 张信用卡以外，大多数的人拥有的信用卡不超过 3 张，其中以拥有一张信用卡的人最多。可见一般而言，持卡人对信用卡的品牌忠诚度很高。持卡人对信用卡的这种情感上忠诚现象，使信用卡新卡的办理变得较为困难。一般大众都是优先考虑国内知名度最高的几家银行信用卡，如中国工商银行、中国建设银行、招商银行等信用卡知名度较高，服务也较为周全，如果消费者办理了这几家银行的信用卡，再向他们推广 A 银行信用卡就存在一定难度。因此在考虑情感可持续发展上，如何优先吸引信用卡新用户就显得尤为关键。

(二)创新者自我道德反思

在负责任研究与创新实施之前，通常创新者的反思都是面向他负责的人，通过负责任研究与创新理论实施后，创新者的反思是面对所有的利益相关者，除了遵守行业规范、标准之外的反思，还要求有社会道德的反思。在 A 银行信用卡的大数据营销过程中，创新者不仅要对 A 银行诚实、可靠、敬业，还要对社会仁爱、善良。创新者切忌抛开道德要求在"领导"的指示下开展创新。一方面在产品设计阶段，不要肆意地收集个人敏感用户信息来做价值判读，也容易造成数据泄露而引发用户反感情绪；另一方面在渠道推广方面，大数据的精准营销容易造成用户心理上的骚扰，不能因精准投放造成信息泛滥，过于精准的信息更容易造成用户的恐慌心理。

在进行道德反思时，还要确认坚持哪些道德原则，哪些道德标准是可以接受的。这些原则和标准都要在产品开发前期准备、经过行内讨论后再通过同行之间交流和银监会人士协助甄选。目前 A 银行信用卡确认的道德原则是公正公平，共享价值，安全诚信。以不损害用户的利益为道德标准。

三、信用卡大数据营销协商分析

(一) 协商与利益相关者分析

按照协商的思想内涵，通过各利益相关者的诉求、关注的问题进行商讨与辩论以达到和谐发展的目的。首先要界定大数据营销过程中的利益相关者。按照美国学者米歇尔界定利益相关者的定义，A 银行信用卡的利益相关者必须具有这三个属性：合法性、权力性和紧急性。合法性是指在法律层面和社会道德层面都可以获得 A 银行信用卡发展利益；权力性是指能够影响 A 银行信用卡营销决策；紧急性是指他们的诉求能够引起 A 银行信用卡决策者的快速响应。

对 A 银行信用卡营销过程中的利益相关者可分为三类：①确定型利益相关者必须具备前面说的三个属性，他们对于 A 银行的信用卡业务的生存和发展有着至关重要的作用，A 银行的管理层必须要关注他们的愿望与诉求。他们包括 A 银行的股东、A 银行的监管者、A 银行信用卡中心员工，还有信用卡使用者等。②预期型利益相关者，他们必须具有其中任意两个属性，如合法性与权力性，他们有 A 银行的股东、A 银行的监管机构等。③潜在型利益相关者，他们只具备其中的一个属性，A 银行的决策者很少主动去关注他们。

详细描述如表 4-3 所示。

表 4-3　A 银行信用卡营销中的利益相关者界定

	利益相关者	紧迫性	权力	合法性
确定型利益相关者	A 银行股东	高	高	高
	公司决策层	高	高	高
	政府行政部门	高	高	高
	银监会	高	高	高
	技术科学家	高	中	高
	基层员工	高	中	高
	信用卡用户	高	中	高
	商家	高	中	高
	银联	高	高	高
预期型利益相关者	信用卡用户家庭成员	高	低	高
	POS 机构	高	低→递增	高
	收单机构	高	低→递增	高
潜在型利益相关者	社会民众	低→递增	低	低→递增
	媒体	低→递增	低→递增	低
	非 A 银行信用卡用户	中	低→递增	低→递增
	催收机构	高	低	低
	其他金融机构	低	高	低
	A 银行的其他客户	中	低→递增	低→递增
	第三方科技公司	低	高	中

（二）协商与信用卡客户生命周期分析

协商阶段就是把所有的利益相关者组织起来召开类似的圆桌会议，避免策略制定者只考虑某一个或几个利益相关的利益来制定营销策略，同时引入客户生命周期分析方法，在大数据分析的基础上，实现总体设计理念。总体设计是基于生命周期的分析进行的，信用卡客户的生命周期包括引入期、上升期、成熟期、衰退期。

（1）引入期。包括客户引流、吸引客户刷卡消费的一系列操作，引入期必须依靠大数据的分析思维，以支持和论证导入的客户是不是优质的客户。前端高价值客户的引入将极大地推动后期的营销，而高端价值客户的大数据分析，不能只通过客户提供的信息、征信机构和第三方数据公司去论证，这些没有温度的数据只能得出 0、1 的结论，对与客户整个生命周期和可持续发展来说，还应该加入利益相关者的讨论，有确定的利益相关者，也有预期和潜在的利益相关者。在银监会的协议框架下，加入技术科学家、信用卡内部员工、信用卡用户、信用卡用户家庭成员、其他金融机构、A 银行的其他客户、媒体等利益相关者去商讨。设置各个利益相关者的利益指标，按照他们的偏好调整指标范围。如果这些指标根据利益相关者的偏好而发生趋势变化，那就说明他们对这些行动是持支持态度的，反之则是持否定态度。

（2）上升期。表示客户已经开始出现的刷卡消费、取现、网上绑卡消费等行为，这个时间段的重点是培养客户的用卡习惯、及时解决客户的用卡问题、提高客户的刷卡频次及熟悉产品和服务。这一时期的营销策略主要是引客户、促消费。在与利益相关者的商议活动中，引入参与者 POS 机构、收单机构、社会民众和卡中心营销策略制定员工。

A 银行作为一家金融机构，是以营利为目的的商业银行，因此在任何阶段的所有目标中，A 银行的决策层都会以保障利润和收益为前提，以增加发卡规模、减少运营成本为经济基础。在社会方面，A 银行毕竟作为全国性的股份制商业银行，企业形象、品牌也至关重要，最终也影响经济利益。

对于国家金融监督管理局，它作为政府金融监管机构，在这里的主要作用是保障政府利益，追求良好的政绩表现。一方面要维护卡用户的利益，维护社会情绪反应的稳定；另一方面也是为了提升社会进步与社会福利，获取人民的满意度以及政府的支持。

其他利益相关者的目标和诉求也需要综合考虑，以保证所有的利益相关者尽可能地满足和平衡。

（3）成熟期。是指客户的刷卡活动、取现活动、还款表现和网络交易等都有稳定的行为，是银行利润贡献较大的客户。这些成熟期客户的营销目标通常是提高他们的用卡频率，维护好客户的忠诚度；依托大数据精准定义客户消费偏好进行适度营销，有效控制成本、实施差异化营销策略。对于这一阶段的利益相关者目标，增加了贷后管理部分的利益相关者。催收机构作为成熟期主要利益相关者的一部分，一方面从贷后管理方面的反馈能更好地支持产品和营销方面的策略，让客户导流有了全周期的数据支持；另一方面催收作为金融机构的保障利益的最后一道关口，切实维护银行的利益。催收机构无疑是以追求高额利润为主要经济目的，有时还会不计后果地追求经济利益，从养客户开始，还款表现相对较好的不催，当客户逾期期数较多时才介入进行猛烈催收，这样费率和回收概率都会大大提高，而损害的利益除了持卡人的还有银行的。因此催收机构在争取社会认可的同时，又为了获得高额利润不择手段，它的经济目标和社会目标只能取舍或平衡。

社会媒体在这一阶段的作用主要体现在它的社会目标方面，它作为社会的监督者，可以监督一切可以监督的机构和个人，以维护和争取更好的社会福利、更多的社会赞誉，同时也实现个人的经济目的。

（4）衰退期。客户在经历成熟期后，在一段时间内没有任何的用卡记录，或者已经申请停卡、销户。衰退期的客户特征都比较明显，但是要做好这部分客户的细分以制定区隔度较高的策略。对于衰退期的客户，无疑需要通过营销手段以达到唤醒用卡的目的，然后重新养成消费习惯，但是往往这些方式的营销费用是很高的，因此依托大数据，精准定位哪些是可以挽留的客户，哪些是流失的客户尤为关键。

衰退期的利益相关者目标重点关注信用卡持有人家庭成员的利益、催收机构利益和第三方科技公司。一般衰退期的客户，直接影响较大的是家庭成员的利益，而有相当一部分衰退期的客户也受催收机构的影响，包括暴力催收、恐吓、上门催收等。因此在制定营销策略时应充分考虑这些利益相关者的诉求。对于衰退期需要挽留的客户，通过第三方科技公司无疑能极大地节约成本和实现价值。第三方科技公司的经济目标也是追求利润，争取更多的金融机构合作订单。它的社会目标是实现企业品牌与荣誉，以争取更多的机构合作，经济目标和社会目标可以并行不悖。

通过利益相关者协商阶段的分析，确定在不同的客户生命周期内重点考虑不同利益相关者的目标诉求。

四、信用卡大数据营销反馈分析

A 银行信用卡大数据营销的反馈分析是基于利益相关者、敏感性设计和动态环境变化做出的反应，具有响应性和自省性。响应性是对创新技术和研究价值之间产生耦合作用的响应，在 A 银行信用卡大数据营销过程中对创新所需要的科技能力、研究水平和把控方面，如发现有潜在风险和社会压力时，对营销过程活动进行及时调整，并将营销活动置于社会环境和信用卡用户需求中进行动态匹配，建立一个交互的、持续性的、灵活应变的模型，为营销活动提供一个正确的引导和实时的纠正。

在 A 银行信用卡大数据营销过程中，模型的变更是很频繁的，主要是基于风险因素的考虑，在加入负责任研究与创新的要求后，对于利益相关者的考虑因素更多了，这就引起了有的模型更新无法实时地响应利益相关者的诉求。一方面原因是利益相关者的诉求都要经过多方面论证，只能定期举行；另一方面基于信用卡的金融属性，风险防范要很谨慎，数据安全性要求很高，所有工作都需要层层申报和审批，甚至提交到银监会。因此，为了应对这些反馈的不确定性，A 银行增加了战略决策和制度文化反馈。

(一) 战略决策反馈分析

1. 平衡创新的责任与效率

A 银行信用卡中心对责任与效率作了辩证分析，过多地强调责任就会使创新畏首畏尾，误导营销决策者，也会给其他利益相关者造成压力和恐慌；过多地强调效率也会使创新有所放肆，损害其他利益相关者的利益。因此，只有更好地平衡创新的责任与效率，才能保证负责任研究与创新真正的在信用卡营销过程中发挥作用，成为金融行业创新系统中发挥实际影响的理论，符合中国"十四五"规划强调的创新责任。

2. 加强利益相关者的沟通与合作

强调反馈的作用，不能为了反馈而反馈，应在政府、监管组织、卡组织、卡用户之间加强协商与合作。在 A 银行信用卡负责任的营销过程中发现，各行动主体间的沟通障碍很多，沟通成本很高，很难形成通力合作。政府和监管组织的人员安排申请审批手续烦琐，需要加强政府在宏观方面的价值导向作用，从而形成统一的部门沟通合作。对 A 银行来说，需要更多的是在效益和社会责任之间寻找结合点。此外，监管组织和卡组织作为直接的影响者，需要更多地发挥主观能动性参与到营销活动的负责任创新中来。总的来说，政府在沟通网络里面处于主导者，A 银行加强政府部门的沟通成为关键。

3. 推动公众参与创新活动

为了应对反馈的时效性问题，需要在营销活动过程中提升公众参与水平，公众及时地反馈问题。目前 A 银行的信用卡营销创新面临公众意愿不强烈、相关机制不完善、参与能力和程序不合理等诸多问题。为此，A 银行需要和政府部门积极配合，发挥引导作用，制定相关规则，建设促进公众参与的制度环境。对于公众创新意识和水平的问题，需要 A 银行积极开展科普活动，多参与培训机构的合作，提供相应的免费课程。

(二)制度文化反馈分析

负责任研究与创新要求建立一种民主、公平且具包容性的"科技—社会"关系，力图通过系统化的制度设计保障负责任研究与创新嵌入 A 银行在不同群体和文化层次中。首先，发卡政策要和社会体制相适应，对营销创新过程进行适时调整，以促进营销策略专家和公众等创新角色的转换。这就要求对研究与创新的潜在目标、动机和影响进行制度反馈，以创新的可持续性满足社会发展需求。其次，在负责任反馈的动态管理下，加强创新主体的应变能力，实现营销活动转化过程及结果对社会价值响应的制度耦合。因此，在负责任研究与创新框架下，无论是策略创新人员、技术分析人员和信用卡用户的责任重塑，还是对大数据营销创新目标、过程和结果进行预测和反思，都是在规范性原则系统建构的前提下展开的。最后，营销政策必然以公共利益为价值导向，以信息公开、公众参与和民主决策为主要途径，重视对科技发展进行适时的反馈和制度重构，从而为创新实现公平性、可持续性和社会赞许提供制度保障。

通过 A 银行大数据营销的负责任研究与创新理论的分析，突出了利益相关者的积极参与的重要性，不过也容易引发丹尼斯·汤普森(Dennis Thompson)提出的"多手"问题(The Problem of Many Hands)(Van den Hoven，2013)，每个利益相关者都有不同的责任。在这种情况下，往往很难准确地明确责任的归属，也很难厘清引发有害事件的复杂的因果关系链。因此，我们要立足于共享价值，通过对可能性结果（预期结果和意外结果）的评估，选择适合的营销活动创新研究，从而在创新前期避免不为我们预知和控制的不确定性与风险性所引发的消极后果。

五、产品策略负责任研究与创新改进

对于信用卡产品的策略优化，目前由于同质化问题严重，要想在产品上获得用户的支持，就需要在产品中体现负责任的价值。

(一)设计体现企业文化、核心价值观的信用卡策略

A 银行的品牌口号是"诚于民、道相生、服务大众、情系民生"，核心价值观是"诚实守信、互利共赢、以人为本、追求卓越"。要求在设计信用卡产品时以诚实为本，遵循用户与银行是相互依存、相互发展的关系，同时信用卡产品秉承服务宗旨。

1. 诚实创新, 方便用户

根据前文的价值观和共享价值分析，A 银行信用卡的诚实创新，创建有利于经济社会的信用卡产品，围绕民生重塑形象。重视学生信用卡产品的开发，学生作为没有固定收入的群体，也是冲动消费群体的主力军，主要是他们的价值观和消费观还处于成长阶段，同时他们也是未来经济发展的动力。因此信用卡的发放要充分考虑他们的成长特性，禁止给他们推广诱导刷卡消费的行为，而应该从生活消费和学习工具消费上给予优惠，加强这方面商家的合作发卡和优惠活动，同时也要限制他们的高消费行为，即使他们的行为评分再高也不能给予他们大额信用卡。重视学生卡的用卡养卡行为，多开展学生卡优惠的线上线下学习课程活动，培养他们的忠诚度并切实回馈学生，进一步提升 A 银行在学生群体中的品牌影响力。加强与关系民生相关的企业合作，让民生企业让利社会，推动民生建设。如在疫情时代创新白衣天使卡，保障医务工作者的民生问题，开通白衣天使信用卡服务热线，解他们所急之事。

方便用户既要突出用户的便捷性，也要通过银行与客户的价值共享来提升信用卡产品开发的成功率。一方面，可以策划有奖征集活动。通过问卷调研或原创投稿等方式广泛征集最受大众青睐的卡产品设计方案，并对活动参与者给予权益或实物奖励。将最终采纳的设计方案融入新产品的开发过程中，同时做好新产品投放市场后的跟踪评价工作，为后续产品推出积累经验。另一方面，推进研发产品功能组合设计系统。通过与制卡商合作或业务外包等方式积极打造信用卡自主设计平台，将定义产品的权利交与客户，特别是对于崇尚个性、追逐潮流的年轻人而言，参与设计具有特征自主的信用卡产品将助力 A 银行品牌创造更高等级的价值主张。如围绕卡片形态、主题元素、功能权益、个性签名等项目，由客户自由组合定制产品，支持在线生成卡样并经确认后执行订单，满足目标客群对于信用卡产品的个性化需求。

2. 强调服务，丰富核心功能

对于目前 A 银行信用卡存在的价值服务问题，需要加快这一方面的改革步伐。首先，重视服务质量。要加大行内员工培训，通过服务意识塑造、业务知识传导、营销能力提升等全方位提升行内员工的职业素养，确保服务流程严谨规范；同时注重同合作伙伴的沟通，结合走访调研、定期派驻、现场活动等多种形式进一步密切与合作商户的联系，及时传导最新政策、优惠活动与操作规范，确保信用卡活动执行的连贯性。其次，拓展增值权益。如在构建线下优惠商圈联盟的同时，可同步扩展线上品牌和网络电商的合作关系，形成覆盖线上线下消费场景的信用卡增值权益体系。同时还要做好权益享用的技术配套，尽可能减少对客户既得权益的约束。

在核心功能方面，首先，A 银行信用卡可从分期业务入手来丰富信用卡产品的核心功能，通过做大做强普通分期规模、拓展丰富专项分期种类，同时加入利益相关者的权益因素，探索创新区域分期模式等进一步完善信用卡分期业务体系。其次，加快信用卡理财功能开发。在进行投入产出分析和收益风险测评的基础上推动信用理财试点上线，具体可从客户权益开放、品种期限设定、交易跟踪监控等方面对新功能投产运营重点把控，努力将信用理财打造成 A 银行信用卡的一项核心功能卖点。最后，顺应客户的生活理念和消费方式。通过打造极简高效综合便捷的用户体验来增强 A 银行品牌黏性，例如，可推出适合多场景应用、支持多功能集成的"信用一卡通"产品，通过整合特定区域内的金融功能和生活应用，加强配套设施的统筹布局和精准投放，将信用卡打造成集信贷支付、缴费理财、交通出行、社区管理、商圈会员等功能于一体的超级信用卡产品。

3. 顺应客户生命周期规律

根据前文客户生命周期理论的分析，客户从开发到退出市场主要经历了引流期、上升期、成熟期和衰退期四个阶段，客户在整个周期内的销售和利润情况又各不相同。在成熟期，信用卡已经获得市场认可并能够创造规模峰值和银行利润，但如果银行不能适时调整营销策略来满足不断变化的市场需求，那么产品终将会走向衰退。处于衰退期的卡产品，不仅在规模和效益上不尽如人意，还会带来一些隐性成本，例如，占用管理者的时间和精力，制造管理决策难题；降低广告效果，消耗营销人员精力等。所以，A 银行要建立信用卡产品的退出机制，做好产品投放的跟踪调研和数据分析，对于一些市场认可度低、创收能力薄弱、功能设计过时、偏离客户需求的产品要停发，避免对营销资源造成浪费。

(二)设计体现可持续发展的信用卡产品

根据前文的研发可持续发展和情感维系可持续发展的反思分析，A 银行信用卡可从商家合作、客群情感偏好方面来打造个性化产品。

1. 商家合作

目前，其他商业银行与商家的合作方式都大同小异，银行与商户签订合约，给予持卡人一定的优惠，但发卡方仍旧是银行，而国外有不少银行已开始试运行商户向消费者直接发放信用卡。消费者在商家处刷卡付款时，会向消费者推销合作银行的信用卡，如果是消费者同意办理信用卡，那么商家会当场给予消费者相当大的折扣；商家也可以在消费者网上购物时向其推销合作银行的信用卡，同样会在消费者同意办理时给予很大的购物折扣。不过，这种信用卡只能通过自动化审批，并且额度很低，主要是在特定商家间使用，同时这种客户群体的信用度相对较低，可能会给商业银行带来较大的风险，A 银行可以考虑和商家共担风险，增加商家对这部分客户的风险管理。

2. 年轻客群情感偏好

Z时代年轻人是时尚文化的引领者，他们的标签是勇于尝试，他们作为新鲜事物的探索者及社会变革的推动者，这些特征有利于银行推出特色化、创新性的产品。例如，在时尚文化领域往往拥有广泛、忠实且狂热的年轻粉丝群，以年轻人偏好作为信用卡产品开发的向导，推出特色主题或时尚元素的联名卡能在短期获得显著成效。同时年轻人需求旺盛、观念超前，接受和适应能力强，他们非常乐意尝试信用卡新功能、感受支付新体验。截至2020年12月，我国网民规模已达9.89亿，40岁以下的中青年群体占整体网民的54.9%，其中20~29岁的年轻网民占比达到17.8%。年轻人不仅习惯于网购，还通过网络社交对品牌传播、内容贡献、口碑作用等产生重要影响。因此，通过丰富分期种类并实施优惠费率、优化线上申请受理体验、拓展多元支付渠道并增强金融科技应用等来打造符合年轻群体特性的信用卡产品，将有助于获取更多主流市场的份额。但是基于负责任的分析，"90后"的负债与收入之比达到18.5，人均负债已经达到了12万元。因此在推动特色年轻群体信用卡时，相应降低年轻人的还款压力以推动信用卡事业在年轻群体中的共享价值。

3. 高端客群情感偏好

A银行向来重视高端客户的市场开发，不过还有很大的上升空间。高端客户注重用卡便利和服务品质，同时还将信用卡视作一种身份象征。通过前面的客户调查发现，将信用卡作为地位象征的客户占比是27.25%，而这一占比是高于高端信用卡的占比的，说明越来越多的高端用户非常重视卡片的身份象征特性。因此，A银行要推出契合这一群体心理需求的高端卡产品，通过大气简约的卡面设计、富有吸引力的授信额度、尊贵优越的增值礼遇和高端独特的定制服务等为高端客群提供物超所值的信用卡产品，让他们愿意为之支付相应费用并享受有偿服务所带来的心理满足。因此，A银行在进行这种高端卡产品设计时，可结合A银行企业文化，关注人文、国际化、多元化的形象，同时要有效融合，依托稳重大气且富有内涵的卡面设计与境内外高档品牌的全渠道合作，推出高品质、定制类的增值服务与特色活动，彰显A银行信用卡运作的专业性及高端消费体验的高效便利，赋予高端客群尊贵身份的优越感。

六、价格策略负责任研究与创新改进

按照 A 银行现行的价格策略现状分析，A 银行信用卡的价格策略与其他商业银行的方案大同小异，根据负责任分析的协商原则，其他利益相关者对价格敏感性最高，也是问题反馈最多的方面。因此，优化价格策略迫在眉睫。

通过前期分析，将采用动态定价的方式。目前 A 银行信用卡价格是银行在充分考虑成本收益、风险补偿、历史经验等有关因素后作出的单方面决策，不能反映出其他利益相关者的诉求，也无法体现出人文关怀和社会效益，客户只能被动接受。这对于维系客户的忠诚度来说是有害的，在网络数字化时代，卡用户的购买决策更加理性，强大的搜索引擎将银行价格和用户口碑充分暴露于大众视野。得益于金融制度的改革，信用卡的竞品也有了迅猛发展，用户在全面了解服务条款并在货比三家的前提下有了更多的消费选择。因此，一成不变的定价水平或令 A 银行丧失更多机会，特别是对于表面定价偏高的业务，客户往往缺乏深究其实际价值的时间和精力。同时，客户的需求是瞬息万变的，如果不能洞悉并适应客户需求的变化，就难以通过个性化的价格策略创造即时满足，从而错过能够引发购买冲动的最佳时机。所以，A 银行信用卡引入动态定价机制，通过大数据来对目标客户的真实需求进行挖掘预测，结合客户的定位信息、历史交易、消费偏好、风险特征等设定差异化的信用卡价格。这种价格要像通货一样富有生命力，可随客户需求及同业竞争的变化而随时调整。如 A 银行通过公众号和小程序对外公布信用卡服务项目的定价执行，设定合理的价格上限(不高于市场平均价格水平)，并留足议价空间来增强价格吸引力；同时在手机 APP 上增设智能价格管理模块，通过引导式互动有效识别客户需求，并全面整合客户在银行、商户(线上和实体)、平台企业(互联网金融公司)等交易信息的基础上，设定符合客户心理预期的价格，充分考虑客户实际的还款能力和家庭收入情况，并对照社会 CPI 变化来定价。特别是要照顾客户消费的乐观情绪，不因还款压力过大而产生违约的心理暗示。对于负债严重的客户，按照负责任分析框架的模型决策，充分考虑社会大众、家庭成员这些利益相关者的诉求，建立高区分度的模型对这些客群予以价格特惠，创造更多的社会效益和品牌认同。

七、渠道策略负责任研究与创新改进

按照负责任研究与创新反馈分析，渠道策略优化遵循节约资源兼顾责任与效率的原则，同时体现人性化。要求进件过程减少人力资源浪费，减少客户抱怨，优化网络资源，构建线上线下一体化服务体系。

（一）自营与第三方渠道相结合

目前，A银行信用卡的自营网络渠道包括微博、微信、信用卡中心网站和移动客户端（手机银行APP），在扩大品牌认知和提供用户便利方面发挥着重要作用。但从实际运营情况来看，由于受众面窄、影响力弱、用户体验差等并没有完全展现其应有的获客转化能力。因此，A银行信用卡需要进一步扩大用户的知悉度和活跃度。具体可通过向各类线下场景广泛投放二维码访问，配合数字时代的生活方式和消费习惯积极开展扫码有礼活动，引导潜在用户自主下载手机APP；也可与手机生产商合作，把手机APP作为预装程序，并采取购机优惠政策。对特定渠道的进件减少相应的审批流程，免掉不必要的面签和激活流程。在用户绑卡后，保持有价值信息的输出频率，深入调研不同地区的消费市场，收集需求和民生问题，营造A银行品牌与客户的情感共鸣，发挥营销创意、流程优化和利益机制的合力来激发潜在用户的即时需求和消费决策。对于第三方平台，要发挥流量平台的获客引流作用，尽快同知名电商、搜索引擎、网络社群和热门应用等平台企业达成合作，运用各种方式推动平台用户向A银行信用卡全线渠道的引流转化。例如，可在电商优惠中心开拓"A银行客户专享"引流通道，支持用户点击查看活动内容并投放网官直达链接，配合赠券或抵现活动引导平台用户自主完成在线申请；可安排信用卡工作人员进驻各地区具有一定影响力的金融圈社区、信用卡论坛等网络社群组织，通过交流行业咨询、分享用卡体验、引导品牌话题等形成良好的舆论氛围，实现A银行品牌在各地市场的知名度。

（二）人性化的线下渠道

增加成熟的高档住宅小区金融服务站，以信用卡的物管应用场景作为切入点，依托"自助设备+服务平台+驻点营销"的运营模式，打造线上线下一体化的社区金融服务业态。具体来说，就是在靠近小区物业管理办的区域选址，结合物业管理线上应用需求开发 A 银行社区服务平台为小区居民提供缴费、购物、社交、理财、咨询、预约等一站式社区综合便民服务，如对接万科这种类型的物业管理平台；通过投放自助设备和智能柜台满足小区居民的高频次个人金融业务办理需求，同时在服务站配备 1~2 名银行人员提供操作辅助、业务咨询、营销推广、客户走访等驻点服务，缩短银行信用卡服务与高端用户市场之间的距离。

重视农村市场和中老年群体，根据《第 47 次中国互联网络发展状况统计报告》，截至 2020 年 12 月，农村地区互联网普及率为 55.9%，较 2020 年 3 月提升 9.7 个百分点，对于 50 岁及以上的网民群体，也由 2020 年 3 月的 16.9% 提升到 26.3%。互联网在农村地区和中老年群体的进一步渗透，也为信用卡的推广创造了巨大的商机。以开放合作的理念布局开拓基层市场，将信用卡的消费信贷便利惠及广大农村用户。可考虑增设独立自助设备以覆盖本地农村金融服务的薄弱区域，提供基层信用卡服务的实体保障；可与村镇的移动运营商代理点、供销合作社基层网点等合作开办助农金融服务点，线上支付系统等为农村居民提供存取转付收等系列惠农金融服务，延伸信用卡业务深入农村市场的服务触角。重视中老年群体的便利性，提供上门服务的方式和知识讲解服务，专门创设中老年群体专线服务渠道。

八、促销策略负责任研究与创新改进

在负责任的敏感性分析中，大数据的构建成本越高，A 银行信用卡最终让渡消费者的价值越小，最终反馈在促销活动的力度就越小。负责任促销策略要体现 A 银行企业愿景和社会慈善。

(一) 支持民生事业的发展

当前中国面临"以国内大循环为主体、国内国际双循环相互促进"的新发展格局，消费下沉已成趋势，A 银行将加强乡村振兴战略，以新金融服务"三农"发展，满足乡村县域居民对美好生活的向往和日益多元化的消费金融需

求，A 银行将推出农通信用卡，为乡村县域居民提供惠农保障、费用减免等全方位的特色服务，以信用卡特有的金融、科技和服务优势赋能乡村、惠农助农。打造"你消费，我补贴""你消费，我回馈"两大亮点助农功能，进一步深度释放农村消费潜力，动员社会力量参与农村建设，助力全面建设小康社会。支持中小企业发展，可结合不同信用卡产品的功能定位推出符合产品营销主题和中小企业员工诉求的促销活动。例如，对于符合民生企业的员工推行汽车卡产品，可考虑从加油权益入手推出汽车卡促销活动，通过加油返现、积分兑换加油津贴等增强汽车卡的价值吸引力；同时整合 A 银行的多元化经营优势，将车险、道路援助、机场免费停车和租车等增值权益纳入汽车卡用户的营销服务体系中来。

(二)积极推进社会慈善

采用"信用卡+慈善"的方式，该信用卡具有灵活捐赠机制，持卡人可选择积分捐赠或定额、定向捐赠。同时推行"你消费，我捐赠"的促销活动，持卡人的消费积分每满 1 万分，A 银行就会向慈善基金捐赠 15 元。一方面，对持卡人通过刷卡参加慈善活动也可以享受在活动周期内免除利息的促销活动；另一方面，吸引商家共同参与慈善活动，与合作商家推出"慈善礼券"，只要持卡人在该商家消费，就赠予一定额度的"慈善礼券"。

通过产品、价格、渠道和促销的负责任营销策略优化，一方面，A 银行履行审慎授信义务，强化信用卡自律管理，杜绝追逐业绩而审核不严、过度授信、随意授信的事情，有效阻断信用膨胀诱导用户陷入"卡债陷阱"的通道，防止用户福祉因银行追逐高利润而受损；另一方面，深入开展知识营销，推广信用卡消费教育，防范用户因无知而误入"债务牢笼"。负责任大数据营销既给 A 银行信用卡带来可持续发展的收益，也为国家的"十四五"规划贡献力量。

第五节　研究结论

本章立足于 A 银行信用卡业务特点和营销过程中各方面的问题，在保障

A 银行信用卡业务发展和经济利益最大化的同时，充分考虑客户利益、客户家庭利益、商户利益、同行利益、社会利益等，为信用卡产品营销良性循环提出了优化改进策略。本章创新性地通过负责任研究与创新理论对 A 银行信用卡大数据营销进行了系统研究。

首先，通过电话调查收集客户对 A 银行信用卡的反馈意见，包括刷卡动机、消费领域、用卡关心的突出问题等进行统计分析，再结合 A 银行内部反馈，定位出产品、价格、渠道、促销方面那些不符合负责任研究与创新理论的严重问题。

其次，通过负责任研究与创新四维度框架进行分析。在预测维度上，除了利润和技术评估的考量之外，还加入满足客户具体需求，体现用户价值、用户参与、公众知悉等因素。在反思维度上，除了管理者、策略制定者的反思之外，还加入策略实施者、客户、行业专家、监督人员等对包括可持续发展、道德方面的反思。在协商维度上，通过各利益相关者和信用卡客户生命周期分析，界定各利益相关者，得出不同生命周期的利益相关者在经济、社会方面的目标要求，并把这些目标和要求作为协商的重点。在反馈维度上，注重效率和责任的平衡，也更突出利益相关者的沟通与反馈。

最后，提出符合负责任研究与创新理论的改进策略。在传统的营销方法上，结合利益相关者的核心诉求，加入了企业核心价值、企业文化、环境保护、资源节约、可持续发展、人文关怀、社会慈善、社会效益等因素。

本章作为负责任研究与创新理论在中国银行业的一次尝试，在课题立项之初就受到了各方面的压力，利润向来是银行决策考量的第一要素，并且负责任研究与创新理论的社会因素、政策因素未能引起足够的重视，所有利益相关者的决策机制很难让银行决策层接受，只能作为小范围的试点。

针对后续的进一步扩大实践，A 银行信用卡中心需要加快成立负责任研究与创新团队，通过系统化的培训，加强技术人员和业务人员的负责任创新意识和责任感，提升综合素养水平，并通过科学的、可量化的考核管理办法来实现负责任大数据营销的有效激励，进一步深化和完善负责任研究与创新理论在企业中的应用。

第五章
CHAPTER 5

某跨国市场调研企业 S 的消费者数据合规使用实践

第一节　研究背景

随着大数据环境成为一场你来或者不来，人人都将会被裹挟其中的生产力和生产关系的重大变革，各行各业必然迎来重新洗牌的机会和挑战，紧跟时代步伐的企业，已经率先将大数据作为公司战略在积极布局和实践。消费者大数据与零售业态结合的践行者阿里巴巴，其前副总裁车品觉在他的《大数据与企业商业运作》一书中提出企业要如何面对和应用大数据，企业要如何运用大数据来创造企业的商业蓝图的战略性思考。企业需具备完整的大数据应用法则，充分发挥大数据在实际商业活动中的使用价值（车品觉，2016）。以海量数据为业务载体的市场调研企业尤其如此，市场调研企业早早意识到了这一点，在维持传统数据采集模式的前提下，开始了探索大数据业务的投入和步伐。

作为市场营销活动的必要组成部分，市场调研或称市场研究（Market Research），是把用户、消费者，或公共机构同市场行为关联起来的一种特定活动，是寻求市场行为与企业决策之间"和谐共赢"的过程，通过市场调研得来的信息可以帮助企业识别和界定面临的营销机会。样本设计和消费者数据采集既是市场调研中必不可少的环节，也是一切分析模型的基石。消费者数据采集涉及消费者的品牌认知、购买行为或潜在购买意向，其中会包含采集消费者的个人信息。采集消费者个人信息的目的，则是用于界定消费者群体所代表的样本配额。

然而大数据解决方案之于市场调研行业，不仅在于驾驭海量的数据，也需要部署相应的安全策略，规范海量数据的管理。在这些市场调研的海量数据中，最为棘手和敏感的就是包含个人信息的隐私数据。大数据时代在为我们每个人的隐私保护带来前所未有的担忧的同时，更给市场调研企业的数据合规操作带来史无前例的挑战。在行为隐私方面，我们的很多行为数据已经在我们知情或者不知情的情况下被采集，并用于预测我们作为消费者大概率会发生的消费行为。作为独立专业的第三方，市场调研企业正是商家和消费行为的纽带。大数据环境下的市场调研有其特殊性。任何企业的公司战略，包括市场调研企业，如果缺少数据合规的内容，都会将自身置于法务风险之中。一旦面临处罚，企业在其公司声誉上的损失更是无法估量的。随着 2015 年中国发布《推动共建丝绸之路经济带和 21 世纪海上丝绸之路的愿景与行动》，市场调研公司明显感受到了在"一带一路"倡议的影响下，中国本土客户跨国调研项目的需求和咨询逐渐增多。但许多中国企业对海外国家和地区的数据保护法律法规大多缺乏足够清晰的认知。而近年来，全球各个国家的立法节奏都在不断加快，逐步向欧盟 GDPR 看齐。因此，在大数据环境下，市场调研企业如何结合商业运作和数据保护的需求来部署公司的数据采集合规框架，就显得行之必要且重要。

第二节　理论与方法基础

一、理论基础

（一）国外研究现状

首先，Loebbecke 和 Picot（2015）认为，大数据分析为各行业塑造了一种全新的商业模式，通过大数据分析，商家可以分析电子商务平台和消费者购买行为之间的相互作用，通过订制和投放广告，为企业的业绩增长服务。大数据之于企业，真正重要的并非大数据本身，而是大数据给企业所带来的使用价值，以及利用大数据引申出的商业洞察。近年来，我们会经常在国外各大咨询机构的研究报告中发现，几乎所有人都在积极地跟进大数据在商业领域的研究与应用进展。Simonson 和 Rosen（2014）研究了 B & M（英国著名零售连锁百货集团，以销售生活化的产品为主）是如何运用消费者行为大数据，通过精准营销，助益其零售策略，从而实现利润增长的。B & M 收集的消费者行为数据包括消费者对产品的选择、每件商品的浏览时间、消费者的情绪变化、行走路线以及与促销员的互动等。通过这些销售记录，帮助企业确定消费者的偏好。包括快速判断哪些进店消费者是最有可能最终完成成交的用户，从而将企业的资源和目光集中在为目标消费者的服务上；设计最符合目标消费者购买习惯，且最利于商店推广的消费者路径动线，来提升销售额及帮助重点产品进行推广；通过大数据判断商店人流量最高且成交量最高的时间段，从而可以使企业采用精确到以小时为单位的促销推广，实现资源的有效配置等。

其次，在大数据商业模式的基础上，国外学者和工作者对大数据隐私保护也进行了一些探讨，主要包含匿名化、数据加密、隐私等级分类等。早期的匿名化代表是 Domingo-Ferrer（2002）发明的同态加密技术，应用该技术即可实现"将明文运算后再行加密，这样的操作等价于对密文进行运算"。常见的匿名化技术也包括 k-匿名。数据加密技术，例如，利用哈希值，可以保证隐私数据在传输过程中的安全，不被不法分子窃取。在市场调研行业中，哈希值的典型应用场景是帮助客户验证受访者是不是其既有消费者或现会员，但同时商家或品牌方又不能将其现有名单库授权给市场调研公司，且市场调研公司作为独立的第三方，也不能将市场调研项目的受访者名单提供给客户，市场调研公司和商家就可以采用不可逆的哈希值作为中间媒介，实现名单的匹配验证，同时又能保障受访者和消费者的隐私安全。

另外，在大数据产权方面的研究，Rees（2014）认为："英国的法院一直以来都在避免对事物的性质开展哲学方面的辩论，而更倾向于依照具体事实和具体情况来决定案件的结果，从而制定相关概念和原则。"然而，面对信息时代的大数据商业模式，法律应该对如何处理个人数据做探讨和基本假设，为个人数据在经济价值方面的发掘和利用提供保证。欧洲《数据保护指令》规定个人信息的人权属性，但却没有考虑到个人信息在社会和商业应用层面的价值（Rees，2014；European Parliament and Council of the European Union，2016）。

(二)国内研究现状

早在 2006 年，王敬提出，通过纸质调研表的发放、回收及后期统计来操作的传统市场调研，需要耗费大量的人力、物力、财力。而利用互联网进行调研，具有费用低廉、范围广泛、时效性强、结果客观可靠等优点。王敬同时提出，关于某些敏感性的问题，如消费者对某些社会现象、政治话题、宗教、性、人种等话题的想法，或者有关于消费者的个人收入来源等问题，大家一般会对这类问题持保留态度，可能会拒绝回答。但在网络大数据的环境下，可以利用网络的可匿名性和对个人隐私保护的优势达到了解消费者的个人收入来源或消费者对某些社会现象的看法的目的。网络大数据的解决方案在某种程度上消除了被调研者可能存有的顾虑，有助于得到调研对象的真实答案。毕竟，对于企业或者市场调研公司来说，收集受访者的个人信息并不是其调研的目的，了解受访者的消费习惯和对产品的看法才是(王敬，2006)。

在大数据、网络社会、各行各业的无纸化运动及抽样调查理论的推动下，曾五一和袁加军(2007)研究表明，相较于传统的纸质媒介，网络调查也会经常需要涉及重要数据或隐私数据的采集与反馈。因此，是否能够保证个人数据的保密性也是网络调查能否成功的关键因素之一。

齐爱民(2015)在《大数据时代个人信息保护法国际比较研究》中，提到了大数据引发的国家、社会、个人信息等安全问题。国内研究者在看到大数据给我们带来发展机遇的同时，也在忧虑公民隐私泄露所隐含的危机。因此，专家学者们分别从法律层面、技术层面、社交网络运营商层面、公民和消费者自身层面、组织管理层面等各方面对公民和消费者隐私保护进行了论述。其中，在组织管理方面的研究对企业，包括市场调研企业，最具有启发性和借鉴性。李娅(2016)指出，由企业或组织管理层提供充分的策略重视以及监督是帮助企业和组织解决隐私风险的一种必要的途径。应当建立健全的数据保护和隐私保护政策和运作手册，帮助组织知道如何管理、控制和保护从顾客和员工那里收集的个人信息。企业和组织应当实时评估运作执行的合规性，并定期对内部数据保护和隐私保护政策进行回顾和更新，原因如第二章所述，全球各个国家和地区的法律法规处于不断变化和改进的过程之中。具体来说，企业和组织应实施的控制数据保护和隐私保护风险的措施包括11项：①隐私治理和问责；②保密声明；③书面政策和程序；④控制和流程；⑤角色和职责；⑥员工培训和教育；⑦监督和审计；⑧信息安全实务；⑨紧急应对计划；⑩隐私法律和法规；⑪回应所发现的问题和矫正行为的计划等内容(李娅，2016)。

关于隐私保护，北京师范大学法学院教授、亚太网络法律研究中心主任刘德良说："目前一种错误的隐私观是将个人信息视为个人隐私(肖人毅，2014)。"例如，为了保护广泛的公共群众利益，合理合规地使用一部分不涉及隐私的个人信息来追踪新冠疫情的传播链，不会对个人隐私有所损害。

二、研究方法

通过对市场调研企业所处的传统数据采集环境、大数据环境、政策环境，结合市场调研企业自身所具备的资源环境、管理环境进行全面细致解读，找到数据处理过程中对数据的合规使用所存在的问题。通过分析和研究关于数据的合规性使用状况和相关法律，进行专家调研和案例分析，建立适用于市场调研企业的数据合规和商用框架。

(1)运用查阅文献法，通过从线上图书馆、互联网等渠道查阅文献资料，密切关注数据保护以及市场调研行业的研究数据更新情况。

(2)运用案例分析法，选取互联网大数据环境下典型的消费者隐私保护案例，给本书的研究方向和研究重点带来启示。

(3)运用专家调研法，邀请市场调研企业的全球数据安全和网络安全负责人，选取分布在各主要国家和地区子公司的数据采集业务的主要负责人参加专家调研，了解企业目前在消费者数据采集安全与保护方面存在的合规问题后，建立适用于市场调研企业的数据合规和商用的框架。

第三节　研究对象

为了对市场调研企业的消费者数据处理合规进行分析，本章以全球闻名的市场调研和分析服务的提供者、行业的标杆——S 市场调研公司，作为总体研究对象。S 市场调研公司服务行业涉及汽车、金融、快速消费品、科技产品、电信、医药、奢侈品的厂商、企业以及媒介服务企业等。全球 100 多个国家的客户凭借 S 市场调研公司的专家来测量市场动态，及时准确地分析消费者的行为和态度，帮助企业形成能有效促进销售，增加利润的洞察报告。

本章将从一则典型的有关 S 市场调研公司在互联网大数据环境下的消费者隐私保护案例分析着手，对本章的研究方向和专家调研部分的问卷设计做出启示，从而获取行业内资深人士对本章所研究课题的认识，通过了解市场调研企业在消费者数据安全与保护方面存在的问题，来探索市场调研数据业务所需要制定的消费者数据采集和数据处理合规框架构建方式。

一、案例分析

(一)案例简介

T 百货公司聘请 S 市场调研公司开发上线一套顾客数据采集和洞察工具，可以对海量的顾客购买记录进行记录和分析，帮助 T 百货公司通过顾客在注册时提供的个人联系方式，向顾客进行产品推荐，达到大数据精准营销的目的。

根据一位女顾客的网站浏览足迹，该分析工具做出这位女性顾客是一位孕妇的推断。然后，T 百货公司给该女性顾客的注册邮箱推送新的孕妇产品。谁知这位顾客其实是一位女中学生，女孩的家长看到该宣传页后勃然大怒。然而，当家长与孩子沟通之后，发现事实真相是还在读中学的女儿的一位女同学意外怀孕，女儿只是帮女同学在电子商务平台上输入并搜索一些和怀孕、胎儿有关的关键词。

在这个过程中，女孩想要保护自己和好朋友的隐私，并不想让家长知道。但洞察工具却"愚蠢"地让 T 百货公司罔顾隐私保护的责任和义务，将顾客的隐私作为营销手段，对客户造成了侵害。

联想到今天电商和网购的普及，全世界的剁手族们亲手创造了一个又一个销售额神话的同时，他们的个人信息包括隐私信息也可能因此暴露给了商家。商家也在各显神通地对人们进行无孔不入的推销，试图穷尽一切方法来挖掘潜在客户。如果市场调研企业帮助商家不规范地收集、使用个人隐私，就会侵害消费者的隐私权，同时也会给商家带来潜在的违法风险。

(二) 案例启示

1. 消费者个人信息保护意识逐渐觉醒

消费者对个人信息和个人隐私的保护意识逐渐觉醒。如今各国政府也立法要求，企业组织在进行消费者个人信息收集之前，应明示消费者，因此消费者会发现，在各种消费场景下，都需要签署"同意收集和使用数据"之类的协议。选择"同意"就意味着消费者作为用户的知情同意。但消费者敏感地意识到，当选择"同意"之后，自己的信息就可能会被用于帮助企业策划如何盈利、营销。甚至有可能被用于买卖，而对消费者而言最保险的方式则是选择"不同意"。一方面，大数据时代需要打通各个平台的数据壁垒，用于更有效的营销，也用于给客户提供更加定制化的服务；另一方面，随着消费者对个人数据保护意识的逐渐觉醒，一些不恰当的数据泄露个案使得消费者对于个人信息授权没有安全感，对涉及个人信息授权的关键词非常敏感，甚至抗拒和排斥。

2. 忽视消费者个人信息保护的商业行为会引发违法风险

忽视消费者个人信息保护的商业行为，会给涉及的企业和组织带来相应的违法风险，也可能引发消费者对赔偿金的经济诉求。在更深远的层次上，那些行业巨头、百年品牌、明星企业等，在品牌价值上的损失更是不可估量的。品牌价值包含企业的社会责任感、行业准则制定者和维护者、消费者权益的维护者和捍卫者等。对消费者隐私权的忽视所引发的违法事件，必然会对消费者造成伤害，最终也会对企业和组织造成品牌、经济上的巨大损失。

3. 市场调研的大数据业务仍处于摸索阶段

无论是商家自己，还是市场调研公司这样的专业数据采集机构，虽然在大数据业务上已经开始持续的、长远的投入和实践，但是我们也不得不承认，市场调研的大数据业务仍处于摸索阶段，包括技术和工具上的摸索、政府政策和企业流程上的摸索、整个社会文化和认识上的摸索、消费者习惯和教育上的摸索等。摸索的过程也是企业和行业持续改进和持续完善的过程。在这个过程中遇到的任何挫折，包括法律上和经济上的损失，作为企业，尤其是行业标杆型的企业，要能够预见和包容。

4. 消费者对隐私信息的侵权和授权认识不足

个别消费者对个人信息侵权和授权的认识严重不足，但其所代表的一定是一个人口基数相当庞大的群体。在认识不足的情况下，分不清楚什么是侵权什么是合法授权。通过本书的论述和探索，即使给 S 市场调研公司这样的企业，推荐一套相对来说比较完善的、切实可行的数据采集合规框架，也不能完全避免个别消费者的不理解和"盲目维权"行为。整个人类的文明社会对消费者在个人信息安全上的教育和正确引导，将是一个循序渐进的、任重道远的持续投入的过程。

5. 消费者数据采集合规框架的建立非常必要且重要

大数据环境所引发的生产力和生产关系大变革，企业面临的重新洗牌的机会，是企业布局和发展大数据业务的契机。大数据对商家和市场调研企业的战略意义，使消费者数据合规框架的建立成为一切业务开展的稳定基石。我们憧憬的目标是，行业通用的消费者数据合规框架可以使消费者获得前所未有的安全感，可以充分理解大数据环境下的个人信息采集行为，对相关授权能够达到知情同意。同时，商家和市场调研企业能够很好地遵循行业通用的消费者数据保护规则，在明确的授权协议之下，有的放矢地提高企业自身对消费者的服务，有效触达目标消费者，通过产品和服务挖掘消费者的潜在需求，满足消费者的需求，以达到营销的目的。

带着这些客观存在的现状以及问题，下一节将通过专家调研的方式，获取行业内资深人士对现状的认识，以及对解决方案的建议，集思广益，为大数据环境下，构建市场调研行业的消费者数据合规框架提供有价值的参考。

二、专家调研

(一)问卷设计

专家调研背景介绍和问卷开场白：

"未来电商和实体门店的竞争可能会愈演愈烈，也可能会趋于和谐统一。对于 S 市场调研公司来说，必须致力于将传统的线下数据采集业务和互联网大数据背景下的线上数据采集业务进行融合、互补。这个机遇对所有人都是公平的，包括 S 市场调研公司的竞争对手。建立完善的消费者数据合规框架，是市场调研公司在大数据新零售环境下，和品牌方实现共赢的至尊宝典。

基于此背景，我们非常看重大家的建议和想法。希望您抽出 20 分钟时间，作为市场调研和数据采集领域的专家，同时从普通消费者的视角，告诉我们您的独到见解。"(问卷主体见附录二)

(二)专家邀约

因为个人人脉的局限性，本次专家调研仅邀请了 S 市场调研公司消费者洞察业务集团的专家，未能邀请市场调研行业的其他公司的专家参与讨论。但是鉴于 S 市场调研公司是市场调研行业操作准则的主要贡献者。因此，S 市场调研公司专家的建议，加之本章的缜密论述，对整个市场调研行业具有很好的参照价值。

邀约名单包括(各个国家和地区的数据采集部门负责人均是拥有至少十年以上市场调研工作经验的资深专家)：

(1)S 市场调研公司消费者洞察业务集团全球数据采集部门操作标准负责人；

(2)S 市场调研公司消费者洞察业务集团全球隐私合规负责人；

(3)S 市场调研公司消费者洞察业务集团全球智库负责人；

(4)S 市场调研公司消费者洞察业务集团菲律宾数据采集部门负责人；

(5)S 市场调研公司消费者洞察业务集团俄罗斯数据采集部门负责人；

(6)S 市场调研公司消费者洞察业务集团东非和中东区数据采集部门负

责人;

(7)S 市场调研公司消费者洞察业务集团中亚数据采集部门负责人;

(8)S 市场调研公司消费者洞察业务集团大中华区数据采集部门负责人;

(9)S 市场调研公司消费者洞察业务集团大中华区法务主管;

(10)S 市场调研公司消费者洞察业务集团中国数据采集部门快速消费品调研主管;

(11)S 市场调研公司消费者洞察业务集团中国数据采集部门电信产品调研主管;

(12)S 市场调研公司消费者洞察业务集团中国数据采集部门产品创新主管;

(13)S 市场调研公司消费者洞察业务集团中国数据采集部门质控主管;

(14)S 市场调研公司消费者洞察业务集团中国数据采集部门问卷编程主管;

(15)S 市场调研公司消费者洞察业务集团中国数据采集部门数据处理主管。

(三)专家访谈总结

S 市场调研公司具有比较完善的信息安全、网络安全、数据安全管理制度,但是对于员工层面的受访者数据保护的相关概念和培训,相对来说仍比较缺乏。

全部受访专家表示,市场调研公司在进行调研之前向消费者出示包含"同意收集和使用数据"条款的隐私声明,对于获取消费者的信任和建立消费者的安全感,是有非常积极的意义的。

在 S 市场调研公司的调研隐私声明中,存在部分不符合 GDPR 或相关隐私法规的条款。例如:

(1)对于消费者个人信息被存留的具体期限比较模糊。这可能是因为 S 市场调研公司为了使《隐私声明》对所有的访问场景具有一般适用性,为每个不同项目定制化隐私信息的存留期限,操作起来将会是一件相当耗费资源的事情,因此 S 市场调研公司主动选择了模糊这一规定。

(2)单个消费者签署的隐私声明,仅能代表其个人,而不能代表其他家庭成员，当市场调研涉及消费者的其他家庭成员时，应另外单独与其家庭成员签署隐私声明。

(3)S市场调研公司的大多数员工不甚了解GDPR。S市场调研公司的大多数员工不清楚有关DPO(Data Processing Officer)岗位的设置及负责人姓名。

(4)S市场调研公司的大多数员工不了解在日常的项目执行中，S市场调研公司应是数据控制方，应主动定位和处理S市场调研公司与客户、S市场调研公司与供应商之间对于消费者个人数据保护的角色和职责问题。S市场调研公司的大多数员工没有意识到S市场调研公司作为数据控制方的职责之一，有权利对自己的下游供应商就消费者个人数据的处理相关流程和实际操作情况进行审计。

(5)S市场调研公司的大多数员工不了解何谓DPA(Data Processing Agreement)。消费者个人数据处理的相关各方，应该签署DPA，将各方有关消费者个人数据的权利和义务明文规定清楚。

(6)S市场调研公司未建立DI(Data Inventory)清单，对涉及消费者个人数据的信息进行分级管理，涉及敏感隐私信息的数据应通过技术手段进行加密处理。市场调研项目工作人员对消费者个人数据的访问应建立权限管理机制和数据访问记录机制，仅必要人员(如质控专员)可通过密钥解码后访问消费者的个人数据，其他人员如数据处理部门和研究人员不能访问个人数据。

(7)S市场调研公司需制定数据安全应急响应制度及流程，如遇到网络安全、数据泄露事件，需在规定时间内(如小于24小时)启动并采取紧急有效措施。最好可以每年开展数据泄露应急响应的全员演练，对演练过程中的问题有针对性地进行改进，并制订改善计划。

第四节　研究设计

经过前文的查阅数据保护以及市场调研行业的研究文献，通过案例分析和专家调研，本节将整理得出市场调研数据业务所需要制定的消费者数据采集和数据处理的安全框架和合规商用矩阵。

一、市场调研消费者数据采集合规框架

致力于数据采集业务的市场调研企业，需整体部署企业的个人数据/信息处理政策，应包括但不仅限于以下六个方面的考量，政策、流程、培训等内容。如涉及多国执行，需准备多种语言版本供市场调研公司全球分公司的员工遵照执行。

(1)为了应对日渐趋严的数据跨境转移要求，企业可考虑在全球部署物理数据中心/物理服务器，在一定程度上避免产生数据跨境问题。

(2)组织法务部门、信息安全部门和业务部门，研究欧盟、美国、中国等业务所涉及国家和地区的数据安全和个人信息隐私保护立法，整体规划并实时更新面向用户的相关协议文本(如隐私声明/隐私政策)，在数据采集和处理业务过程中获取完整的使用、共享、转移用户数据和信息的授权。

(3)梳理企业所有涉及业务需要处理的用户数据和信息，并根据迫切性、必要性按照隐私等级进行分类，根据不同的隐私等级制定相应级别的数据加密规则，并根据员工的工作职责和需求设立不同的访问权限。

(4)遵守个人数据和信息处理的必要性和有限性原则。遵守个人数据和信息处理的透明性规则。

(5)建立完善的数据保护规则和体系，规范数据主体修改或删除个人数据、撤销同意或授权的途径，以及企业内部的数据修改、删除操作机制。

(6)聘任数据保护官 DPO(最好在欧盟聘任数据保护官以适应目前监管最严的 GDPR 要求)，尽可能在每个国家或地区聘任专人负责当地的个人数据和信息保护事务，参与具体的业务设计和评估，降低数据安全和隐私安全方面的违法风险。

据此，以 S 市场调研公司为例，对照构建六个数据采集和处理合规框架。

(一)合规框架一

S 市场调研公司内部执行"联盟间数据处理协议"，包括欧盟标准合同条款(SCC)，以促进数据在 S 市场调研公司全球实体之间的转移。"个人数据"需要被特殊处理，从全量数据中剥离出来，"个人数据"处理遵循当地采集当

地处理的规则，做到数据跨境的合规。除"个人数据"之外的其他数据，均采取"汇总表数据"的传输方式实现数据的跨境传递。

当个案客户有明确要求数据不跨境时，S市场调研公司应遵从客户的要求。目前S市场调研公司因为其业务体量非常大，物理服务器在全球主要国家和地区都有分布。

(二) 合规框架二

S市场调研公司首席数据安全官向S市场调研公司首席法务官汇报，负责总览S市场调研公司数据安全计划的战略、开发和执行。S市场调研公司全球数据安全团队由首席数据安全官领导，负责管理S市场调研公司对其业务所在所有国家和地区中现行的数据保护/隐私法律以及S市场调研公司内部数据保护政策的遵守情况。规范全球范围内通用的用户协议和隐私声明，在收集消费者个人数据之前需提供隐私声明，得到数据主体的有效同意。在隐私声明更新时，有途径通知用户，重新获取用户的同意。

(三) 合规框架三

构建个人数据 DI（Data Inventory）清单流，进行数据的隐私等级分类并建立相匹配的分级应对机制。

首先，从数据安全角度梳理S市场调研公司的业务流程和可能存在的风险（对应的业务场景、应用系统等），如表5-1所示。

表5-1　DI清单流

业务流程(或对应的业务场景、应用系统等)	为支撑消费者行为研究所需要的定量、定性数据采集
收集的个人数据项	姓名、电话、地址、邮箱、签名，S市场调研公司数据采集须遵循最小化原则
使用个人数据的目的	质控部门向消费者进行回访，确保数据采集过程的真实性和合规性；或向被访者发放奖金、奖券
是否为业务必需的(是否强制)	是
个人数据收集来源	随机拦截、客户提供名单、子供应商招募

续表

个人数据收集方式	参见本书第四章市场调研涉及隐私安全的数据采集介绍
数据主体是否可以修改或删除个人数据	消费者或用户不能自行修改，向 S 市场调研公司提出修改诉求后，由 S 市场调研公司修改
数据主体是否可以撤销同意/授权	消费者或用户可以撤销授权
传输方式	通过( )系统
个人数据存储位置(国家)	根据全球不同国家和地区的当地法律约束选择服务器地址
个人数据存储方式	( )系统数据库
个人数据存储时限	S 市场调研公司运作部门交付 Table 给研究团队后，个人数据保存( )天自动删除
个人数据存储到期后是否会被销毁及销毁方式	存储到期后安全删除
是否跨境转移(数据转移国和数据接收国)	S 市场调研公司内部执行"联盟间数据处理协议"，包括欧盟标准合同条款(SCC)，以促进数据包括个人数据在 S 市场调研公司全球实体之间的转移。当个案客户有明确要求数据不跨境时，S 市场调研公司应遵从客户的要求
是否向第三方披露(向哪些第三方披露)	如果客户和 S 市场调研公司有机会开展 2B 业务，如需要子供应商参与，S 市场调研公司须在和子供应商签订客户背靠背数据传输协议和数据处理协议的前提下执行市场调研

其次，需要对消费者或受访者的个人数据进行加密。数据加密会带来计算性能的下降，企业需要根据隐私等级对个人数据加以分类，针对不同隐私等级的数据采取不同的加密策略才能实现效益的最大化。建议等级分类依据以下四个方面：

(1)按照重要性和隐私的敏感性进行分类。

(2)如果数据丢失、不当披露或处理不当，对市场调研企业和/或其客户和业务合作伙伴导致的风险大小。

（3）市场调研企业未遵守适用法律和/或合同义务导致的违法后果。

（4）对市场调研企业品牌和声誉的损害程度。

这个分级还需要参照两个原则：是否能被识别并定位到消费者个人；消费者愿意分享的程度和范围。其中"低"级别的个人数据并不能被识别并定位到消费者个人；"中"级别的个人数据可以被识别并定位到消费者个人或者涉及消费者比较敏感的通常不愿与他人分享的信息；"高"级别的个人数据可以被识别并定位到消费者个人，并且属于消费者个人非常隐私的不与公众、机构、他人分享的信息。

根据不同的隐私等级，市场调研企业所对应的数据管理流程也应区别对待和设计。其中"低"级别的个人数据并不能被识别并定位到消费者个人，指一组有关集体的数据，这组数据并不能识别出任何个体，也不能通过编辑识别个人的属性及行为。消费者的答案会被归为消费者所代表的人群，属于标签数据，此类数据无需加密传输，无需担心通过逆向工程识别个人的特征及行为。"中"级别的个人数据可以被识别并定位到消费者个人或者涉及消费者较敏感且通常不愿与他人分享，需要被定义为隐私数据加密传输，并且对登录数据的人员及其权限进行区分，例如，仅将密钥分享给项目经理和数据质控人员，数据汇总表处理者和报告撰写的研究人员无需知道消费者的隐私信息，仅需知道其代表的配额和标签即可。而"高"级别的个人数据可以被识别并定位到消费者个人，并且属于消费者个人非常隐私的不与公众、机构、他人分享的信息，此类数据一般不建议采集，市场调研企业应设置相应的"敏感话题不涉及机制"，规定凡涉及此类数据的采集和研究，须向法务部门和公司管理层报备并获得审批通过，否则应退出该涉及项目包括竞标、数据采集等一切活动。

除此以外，公司应规定不得承接有关以下主题的调查研究（无论是完整调研还是仅数据采集工作），政治、宗教、执法或涉执法活动、军事或涉军事活动、移民事务、非法行为（例如，恐怖袭击、使用违禁药物、无证贩酒、制假贩假等）、种族问题、性行为或性取向、生育权或生育健康（刘清华，2009）。除非寻求国家/地区的总经理的特批，否则应没有例外。建议特批需寻求几方的书面批准：国家/地区的研究团队和运作团队负责人；国家/地区的总裁；

相关国家/地区的法律总顾问；全球安全及政府事务部等。

(四) 合规框架四

市场调研企业在开展市场调研项目时，如果涉及处理个人信息的，应承诺遵循最小权限原则，最小化处理数据，不处理与完成项目无关的用户个人信息。市场调研企业在收集个人信息前，应告知数据主体采集数据的内容、处理方式、存储期限、是否分享给三方等基础信息，需获得消费者的明示同意。

市场调研企业应仅基于实现某单个项目合作之目的而使用采集的数据，未经数据主体及客户书面许可，市场调研企业不得将本次合作下收集的数据用于其他任何使用目的或披露给任何第三方。

(五) 合规框架五

规范数据主体修改或删除个人数据、撤销同意或授权的途径，以及市场调研企业内部的数据修改、删除操作流程。在《××市场调研企业隐私声明》中告知受访者所拥有的权利内容以及如何行使其修改或删除个人数据、撤销同意或授权的权利和途径。

市场调研企业内部对数据修改和删除的应从以下五个方面对员工加强培训：

(1)除非严格遵循数据修改流程，否则在任何情况下都不能进行数据修改。确保数据不被人为篡改，或在未经正式的、有原因说明和严格审批并存档的情况下更改。

(2)原访问已间隔一段时间之后的数据修改审批，需要特别小心并慎重考虑，消费者的行为习惯和对广告/媒体的看法或许已发生改变，这些改变将会对研究数据产生负面影响。如果可能的话，在这种情况下最优的方案是删除废卷并补卷，而不是试图去再次接触消费者并重新询问这些问题。

(3)下列三种情况下可以申请数据修改：

1)在访问进行中，已经有部分样本完成后，发现问卷编程错误，或问卷翻译导致原义被误解或被消费者曲解。

2)当复核质量时，消费者表明在原访问中他们提供了错误的回答，或访问员确实在记录问题答案时出现错误或者疏漏，需要更正原访问信息。

3)在访问进行中，已经有部分样本完成后，增加、删除或者修改问卷中的题目或逻辑。

(4)哪些情况下不可以申请数据修改？

主观性问题的答案不可更改。因为时间的间隔、消费者对题目的理解，行为的改变，被广告/媒体的曝光等，消费者的回复在原始访问中和复核时会有合理的差异。

(5)谁可以发起数据修改？

1)项目经理。每个数据修改请求需由项目经理进行检验，并确认这个数据修改不会影响到消费者其他答案的流畅和逻辑。

2)项目经理提请部门负责人审阅和批准。

3)收到批准后，项目经理发送完成包含审批通过信息的汇总表给程序员进行数据修改。

4)程序员在数据修改完成后，通知项目经理。

另外，有可能的话，寻求个人数据的存储时限和销毁方式的自动化设置和管理。"销毁"应意味着：

1)纸质拷贝必须通过粉碎、燃烧或其他永久销毁的方式全部销毁。数据/资料无法通过垃圾堆残骸或任何形式找回。纸质拷贝应在最终数据交付后的规定期限内销毁。

2)电子拷贝必须从所有应用/设备中删除从计算机的垃圾箱以及任何存在的备份文档/驱动中删除。电子拷贝、纸质拷贝应在最终数据交付后的规定期限内销毁。

(六)合规框架六

根据 GDPR 的要求，跨国市场调研企业应设立一位 DPO。EU DPO 的职责是监督并确保市场调研企业持续遵守 EU 数据保护法律法规(包括 GDPR)以及与数据安全有关的所有内部政策。中国区数据安全负责人应根据中国相关法律的规定设置，汇报给市场调研企业的全球信息安全负责人，职责范围包括信息安全、网络安全、隐私安全相关的中国区事务。

二、市场调研消费者数据采集商用矩阵

消费者数据采集合规框架应该贯穿于市场调研行业业务的始终，从业务设计即开始介入，可以使整个数据安全保护流程更加合理、顺畅和高效，同时帮助企业在风险可控的情况下，获取数据合规利用所带来的企业利润。以 S 市场调研公司为例，结合其业务实际，构建消费者数据在市场调研行业中的商用矩阵供企业参考。

（一）商用矩阵一

消费者接触成功率、数据采集成本、数据质量指数排序（由 S 市场调研公司历年项目数据总结得出，数字最小代表最优，数字最大代表最差）矩阵，如表 5-2 所示。

表 5-2　消费者接触成功率、数据采集成本、数据质量指数排序矩阵

数据采集途径	消费者来源	消费者接触成功率指数排序	数据采集成本指数排序	数据质量指数排序
		（由 S 市场调研公司历年项目数据总结，1 代表最优，16 代表最差）		
线下数据采集	入户	招募预约	14	8	2
	电话访问	品牌方提供名单	3	2	3
	定点街访	随机路人	10	7	5
	店内观察		8	4	6
	随机出口拦截访问		9	5	7
	焦点小组座谈会	招募预约	7	11	1
		品牌方提供名单	4	10	
	专家深访	招募预约	6	13	
		品牌方提供名单	2	12	
	汽车诊所	招募预约	5	15	
		品牌方提供名单	1	14	

数据采集途径	消费者来源	消费者接触成功率指数排序	数据采集成本指数排序	数据质量指数排序
		（由S市场调研公司历年项目数据总结，1代表最优，16代表最差）		
在线数据采集 在线样本库/会员库	消费者注册	12	3	7
社交媒体	消费者注册	16	1	10
众包	不限	11	9	8
全网爬虫		15	16	9
主题网络爬虫		13	6	4
增量式网络爬虫		—	—	—
深层网络爬虫		—	—	—

基于消费者接触成功率、数据采集成本、数据质量指数排序三者的评分排序，其中矩阵中的社交媒体、全网爬虫、增量式网络爬虫和深层网络爬虫，基本不被采用。虽然S市场调研公司以往并没有清晰地整理形成过该矩阵，但实际项目在设计和选择数据采集方案时，也潜移默化地受到该矩阵所体现的逻辑指引。

由该矩阵也可以看出，线下数据采集途径，在接触成功率、数据质量上，相比较在线数据采集途径，具有非常明显的优势，且应用场景多种多样。线下数据采集途径仍然是常规应用的数据采集方式，并不能被在线数据采集完全取代。事实上，从S市场调研公司的实际项目量上也可以反映出来，线下数据采集途径和在线数据采集途径，各占半壁江山。但自2020年以来，随着消费方式和营销模式向无接触、更安全的线上模式转变，在线数据采集途径的快速转变也成为市场调研公司的着力点，毕竟消费者的目光看向哪里，市场调研公司就需要在哪里开展数据采集工作。

(二) 商用矩阵二

是否能确保品牌方新产品、新概念保密性安全性的数据采集途径矩阵，如表 5-3 所示。

表 5-3　是否能确保品牌方新产品、新概念保密性安全性的数据采集途径矩阵

	数据采集途径	是否能确保品牌方新产品、新概念保密和安全
线下数据采集	入户	是
	电话访问	不适用 电话访问无法以实物或图片的形式向消费者展示新产品、新概念
	定点街访	是
	店内观察	不适用 新产品、新概念测试一般未上市销售
	随机出口拦截访问	
	焦点小组座谈会	是
	专家深访	是
	汽车诊所	是 但仅限于汽车相关的新型号、新功能、新概念等
在线数据采集	在线样本库/会员库	否
	社交媒体	否
	众包	否
	网络爬虫	不适用 新产品、新概念测试一般未上市销售，网络上没有数据

(三) 商用矩阵三

市场调研问卷编程和服务器存储要求矩阵，如表 5-4 所示。

表 5-4　市场调研问卷编程和服务器存储要求矩阵

	数据采集途径	消费者来源	问卷主要题目类型	数据记录方法	调研问卷编程和服务器存储要求
线下数据采集	入户	招募预约	封闭题	纸笔	不需要
				电脑辅助个人访问	需要
	电话访问	品牌方提供名单	封闭题	电脑辅助电话访问	
	定点街访	随机路人	封闭题	电脑辅助个人访问	
	店内观察		开放题	纸笔	不需要
	随机出口拦截访问		封闭题	电脑辅助个人访问	需要
	焦点小组座谈会	招募预约或品牌方提供名单	开放题	电脑办公软件	不需要
	专家深访				
	汽车诊所		封闭题		
在线数据采集	在线样本库/会员库	消费者注册	封闭题	网络链接	需要
	社交媒体				
	众包	不限			
	爬虫				不需要

(四)商用矩阵四

消费者数据安全策略提供方(数据控制方)和遵守方(数据处理方)矩阵，如表 5-5 所示。

表 5-5　消费者数据安全策略提供方(数据控制方)和遵守方(数据处理方)矩阵

	数据采集途径	消费者来源	数据采集方法	消费者数据安全策略	
				策略提供方/数据控制方	策略遵守方/数据处理方
线下数据采集	入户	招募预约	纸笔	S市场调研公司	数据采集供应商(如有)
			电脑辅助个人访问		
	电话访问	品牌方提供名单	电脑辅助电话访问	品牌方和S市场调研公司	

续表

数据采集途径	消费者来源	数据采集方法	消费者数据安全策略	
			策略提供方/ 数据控制方	策略遵守方/ 数据处理方
线下数据采集	定点街访	随机路人	电脑辅助网络访问	S 市场调研公司	无
	店内观察		纸笔		数据采集供应商 （如有）
	随机出口拦截访问		电脑辅助个人访问		无
	焦点小组座谈会	招募预约	电脑办公软件	S 市场调研公司	数据采集供应商 （如有）
		品牌方提供名单		品牌方和 S 市场调研公司	
	专家深访	招募预约		S 市场调研公司	
		品牌方提供名单		品牌方和 S 市场调研公司	
	汽车诊所	招募预约		S 市场调研公司	
		品牌方提供名单		品牌方和 S 市场调研公司	
在线数据采集	在线样本库/ 会员库	消费者注册	网络链接	在线样本库/ 会员库所有者	无
	社交媒体	消费者注册		社交媒体平台方	S 市场调研公司
	众包	不限		S 市场调研公司	无
	爬虫			爬虫服务供应商	无

当 S 市场调研公司作为合同订立的乙方时，应审阅消费者数据安全策略的完整性、公平性、可实施性等，同品牌方签订双方认可的书面协议 DPA，甲乙双方遵照执行。

当数据采集供应商，或在线样本库/会员库所有者，或社交媒体平台方等丙方，作为数据处理方/策略遵守方时，S 市场调研公司应同丙方签订双方认可的书面协议 DPA，监督丙方遵照执行。

当 S 市场调研公司作为消费者数据安全策略的提供方/控制方时，从事在线数据采集业务时，须在数据采集问卷的最开始位置放置"隐私声明"，获得消费者授权同意的情况下，继续访问，否则访问应即行终止。

（五）商用矩阵五

数据采集供应商适用的隐私保护合规基线。

S市场调研公司作为数据控制方的职责之一，应该对自己的下游供应商就受访者数据的处理相关流程和实际操作情况进行审计。供应商数据保护合规基线有以下14个：

（1）供应商必须签署DPA，做数据合规自检。

（2）供应商须组建数据合规团队，任命数据安全责任人，对数据安全团队有明确的职责和考核指标。

（3）供应商针对处理S市场调研公司数据的场景（包括其子处理者负责处理的数据），须做DI分析。

（4）供应商代表S市场调研公司收集个人数据时，必须遵循个人数据的最小化收集，并按照隐私声明中明示的目的使用。

（5）供应商须提供数据删除方案，满足S市场调研公司数据删除期限的要求。

（6）供应商须向S市场调研公司报告子处理者清单，并按照S市场调研公司的要求管理子处理者。

（7）未经允许，供应商不得向第三方或子处理者披露S市场调研公司的消费者数据。

（8）供应商须和子处理者签署DPA（须包含S市场调研公司要求）。

（9）涉及数据跨境转移的供应商，须签署跨境转移协议，并满足当地的数据跨境法律规定。

（10）供应商须保证数据的安全性和完整性，留存完整的数据处理记录。

（11）供应商须发布并履行数据泄露响应机制。

（12）供应商应及时通知S市场调研公司数据泄露事故，并配合S市场调研公司处理事故。

（13）供应商须建立S市场调研公司数据访问机制，并对接触S市场调研公司消费者数据的员工进行例行培训和教育。

（14）接触S市场调研公司消费者数据的供应商员工须签署"数据保护承诺函"。

第五节　研究结论

消费者态度的研究仍依靠调研，调研将长期存在。就目前而言，尽管品牌方单纯地依靠大数据能部分地了解消费者行为，但要了解消费者态度，专业的调研仍然是最实用准确的方法。其实，即使定量研究已发展得高度成熟了，仍需定性研究来补充。大数据分析的发展不会完全取代调研，对于市场调研而言，需要对各种研究需求进行区分，哪些通过单纯的大数据分析来解决更好，哪些则是未来长期仍需通过调研来解决的。例如，在做广告效果评估时，消费者浏览广告后，其互动行为的变化（访问、搜索、到店等），甚至购买行为的转化与否都可能通过大数据分析获得，但对品牌认知/喜好/忠诚的提升，仍需通过调研形式去了解，致力于将传统的线下数据采集业务和互联网大数据背景下的在线数据采集业务进行融合、互补，寻找"1+1>2"的挖掘和洞察方法。

同时要认识到，市场调研企业开展自己的大数据业务，首先需得有大数据资源。长期以来市场调研企业习惯自己采集消费者数据然后自己分析的模式。现在，需要改变思路，根据自身的业务范围，寻找合适的消费者大数据拥有者，然后发挥自己所长——分析能力。有很多大数据拥有者手握巨大价值的数据，但本身可能缺乏挖掘其价值的能力，例如，一些领域的国有垄断或寡头企业；尽管有些大数据拥有者自身数据处理和分析能力很强，但在某些业务上仍需要引入第三方合作（如媒体平台仍需引入第三方来做广告效果评估），这些都是市场调研企业的潜在合作机会。

在开拓新的大数据业务机遇以及寻求大数据合作伙伴的过程当中，消费者数据采集的合规性是非常重要的，市场调研企业可将本章研究得出的市场调研消费者数据采集合规框架及商用矩阵作为参考，在综合衡量后，选择适合自己业务需求并符合数据采集合规框架的大数据市场调研业务。

本章小结

本章从研究背景出发，阐述了大数据环境下的数据采集业务，对于市场调研企业的意义，不仅在于掌握海量的数据，也在于部署相应的安全合规框架，规范海量数据的管理，最为棘手和敏感的就是包含了消费者个人信息的数据。为进一步探索市场调研企业在数据合规方面的实践，根据现有的国内外专家学者对数据保护的理论基础和研究方法，选取了一则典型的有关互联网大数据环境下的消费者隐私保护案例，来进行 S 市场调研企业的研究设计。通过分析市场调研企业在消费者数据安全与保护方面存在的问题，并经过研究设计，得出市场调研数据业务所需要制定的消费者数据处理的六个安全框架，同时构建对消费者数据的五个合规商用矩阵，最终对跨国市场调研活动的消费者数据处理提出相应的合规建议，为市场调研行业提供一份较为翔实的，且切实可行的数据合规商用参考。

第六章
CHAPTER 6

企业数据保护成熟度模型构建

第一节 问题背景

数字化转型是数字经济时代企业运营的大势所趋，不仅互联网企业天然是数据驱动运营的企业，传统企业也逐渐向数据驱动转型升级。在数字化浪潮下，"得数据者得天下"，数据有效保护与数据高效应用同时成为企业数据资产运营的重要方面。在此背景下，数据保护这一议题已经被提升到前所未有的战略高度，数据保护日益受到产业界和学术界的关注。

最早的数据保护可从欧洲对个人信息保护的系列法规中初显端倪，2018年《通用数据保护条例》(GDPR)问世则在全球引发数据保护的广泛讨论与实践。目前学术界对于企业数据保护的研究主要从法律规制下企业的数据合规问题、企业数据面临的信息安全问题、技术与企业数据安全保护这三个角度来开展。

(1)角度一。法律规制下企业的数据合规问题。毋庸置疑，在数据保护方面，欧盟始终走在世界前沿，其GDPR为全球的数据立法树立了典范，同时也引发了学术界的研究热潮。学者们从该法规的立法、执法和司法三个层面，分析GDPR在企业数据实践操作场景中的适用范围(盛小平和杨绍彬，2020)、数据保护原则(田旭，2020)、数据处理的合法性基础(卓丽，2020)、数据主体的权利等合规问题(田广兰，2020)。GDPR特别提出的数据保护影响评估制度(Data Protection Impact Assessment，DPIA)的理念与实践也是研究的热点之一，以风险管理为路径的数据保护体系(曾丽洁，2020)，是学者们建议的以促进平台企业自证合规、配合监管的 DPIA 制度设计构思(曾丽洁，2020；崔聪聪和许智鑫，2020)。此外，学习欧美国家数据保护立法的"通过设计保护隐私机制"也是研究者所提出的我国行业数据合规的有益借鉴(华劼，2019)。

(2) 角度二。企业数据面临的信息安全问题。随着企业数据集中化和汇聚化程度的加剧，企业面临的数据安全管理也随之迎来新的挑战。这一方面的研究，学界们从终端、网络、机房、数据以及系统等方面剖析(胡能鹏和刘晓光，2020；宋芝美，2020)，提出解决以数据资产管理、数据使用共享、安全风险管控为突出问题的企业信息安全既是大数据时代决定企业成功管理的核心要素(张敏，2020；董鑫和安文强，2020)，也是企业实现自我发展的必要措施。并且随着当前市场数据垄断形势越发严峻，研究者还提出三种有效的数据治理模式，以促进数据安全共享和大数据产业合理规范发展(孟小峰，2020)。此外，企业敏感数据的安全问题也不容忽视，特别是个人隐私数据安全问题，不仅需要规制系统的法律效力和规则来保护个人信息(文艳艳和彭燕，2018)，还应与企业对大数据的应用相联系，需辩证地看待大数据的利用，通过平衡两者的利益关系，来保护企业数据隐私和公民信息安全(吴鸿川等，2016；程剑锋，2019)。

(3) 角度三。技术与企业数据安全保护。企业数据的安全保护与技术实施密不可分，但技术的发展却也使企业的数据安全面临着更易于泄露的风险。基于扭曲技术、加密技术、匿名技术以及差分隐私技术的隐私保护方法等，是现有的数据安全保护方法系统架构内常用的数据保护技术，但这些技术目前还存在显而易见的数据安全问题。在此背景下研究者提出数据保护架构升级改造的设想，将数据平台与大数据时代企业数据中心结合，使数据备份成为企业数据保护最后一道牢靠的防线(张青云等，2019；李虹和冯韶华，2020)；而基于智能合约、联盟区块链的隐私数据保护方法构思的出现也进一步提升个人与企业之间数据安全信任机制(姜楠等，2020；冯涛等，2020)；同时，针对企业间的"数据孤岛"现象，AI 技术联邦学习或是解决企业数据保护难题、实现跨企业协同治理的重要技术手段(杨强，2019)。

在企业数据安全能力成熟度模型的实践方面，也有不少学者和机构对此进行研究和探索：郑斌（2017）以大数据背景下数据安全能力框架为基础，分析数据安全保护能力的实现路径；李克鹏等（2018）基于数据安全能力成熟度模型，构建了大数据安全与隐私保护能力的提升方案。此外，也不乏以国际主流数据保护法为导向的各类成熟度模型研究，如以通用的隐私原则（GAPP）为基础的 AICPA/CICA 隐私成熟度模型、Intel 隐私成熟度模型，以及以《通用数据保护条例》为背景的 GDPR 成熟度框架等，为数据保护官（DPO）和企业组织在全球范围内了解数据保护、隐私和安全的复杂性提供了现实经验参考。

然而遗憾的是，现有研究成果主要从宏观层面分析企业数据保护面临的困难以及研究各种技术对企业数据保护的效用，即便是企业数据安全能力成熟度模型的实践案例也多停留在定性阐述阶段，对于企业数据保护能力成熟度的量化评估，相关学术研究还相对缺乏。

同时对于企业来说，数据保护成熟度的量化研究不仅是企业迫于数字时代数据治理的压力，也是企业实现战略目标的关键成功因素。相比于各国自行设立监管法案而言，作为"地缘政治对手无法比拟的全球监管霸主"，欧盟的行动从国际视角反映了大数据背景下企业数据保护的终极价值追求（Christakis，2020）。

第二节　研究设计过程

因而本章从企业实际开展业务过程中的数据监管问题出发，以隐私影响评估（PIA）为指南，以能力成熟度模型和数据安全能力成熟度模型为理论基础，借鉴 AICPA/CICA 隐私成熟度模型、GDPR 成熟度框架以及 Intel 隐私成熟度模型，构建企业数据保护成熟度评估模型，并将模型运用于国内三个典型行业：金融、保险业；信息传输、计算机服务与软件业；批发、零售业。结果表明，不仅本模型对企业数据保护成熟度评估具有适用性，也揭示出不同发展水平的企业数据保护的不足之处和需要加强的方向，从而能够更加充分地了解现阶段大数据背景下企业数据保护可能存在的风险，帮助企业更加及时、客观、准确地了解其在数据保护方面的成熟度，为数字经济背景下的企业数据运营从保护与合规角度提供了参考。

第三节　理论基础

一、隐私影响评估

隐私影响评估(Privacy Impact Assessment，PIA)被定义为一种用于在组织风险管理框架内识别、分析、消除与个人信息处理相关的活动对隐私产生的影响的制度(Wright，2012)。作为信息安全领域的常规手段，PIA 规定包括软硬件设施安全、外部非法入侵以及与员工活动等在内的系列信息安全典型威胁。PIA 不仅适用于各种类型和规模的组织机构以及信息系统，同时还确定相关的隐私防护要求、涉及的资源与人员、威胁与发生可能性等系列重要过程，成为很多标准实施过程中的必选理论(谢宗晓等，2020)。如以欧盟 GDPR 引入的数据保护影响评估(DPIA)为首的制度就是基于 PIA 理论的创新表现；此外，该理论的政府数据开放实践成效也在以美国、英国等为代表的开放政府联盟成员国发布的隐私影响评估政策中有显著体现(崔聪聪和许智鑫，2020；陈朝兵和郝文强，2019)。

二、能力成熟度模型

成熟度模型的概念始于 1986 年 Humphrey 等应美国国防部软件工程研究所(SEI)的要求，为评估政府承包人交付软件项目的能力所提出的成熟度框架简要概述(Humphrey，1988)，该框架后来在 Humphrey 的《管理软件过程》一书中又进行了扩展(L. W.，1989)；并以此为基础，经历四年的演化最终形成能力成熟度模型(CMM)(Paulk，1993)。是目前国际上最流行实用的软件生产过程标准和软件企业成熟度等级认证标准；虽然该模型来自软件开发领域，但它也被用作一般模式来辅助业务流程。

CMM 的理论内涵在于软件开发过程中的问题实际上是由组织者管理软件

过程的方法引起的，基于提高生产率和利润率的目标，组织需要建立一个有规律的、成熟的软件过程。因此，CMM 的目的正是帮助开发人员选择过程改进策略，通过确定他们当前的过程成熟度和锁定最关键的问题，来改进他们的软件质量和过程(Paulk，1993)。CMM 基于软件工程的历史经验教训，提供了一个阶梯式的改进框架，明确软件开发方面的主要工作、其中的联系以及开展工作的先后顺序，一步一步地指引组织做好这些工作并以增量方式逐步引入变化，同时将这些演化步骤划分为五个成熟度级别：初始级、可重复级、已定义级、已管理级以及优化级(Paulk，1993)，促进软件组织走向成熟。

三、数据安全能力成熟度模型(DSMM)

数据安全能力成熟度理论来源于产业实践积累沉淀，并逐渐形成国家标准《信息安全技术数据安全能力成熟度模型》，由中国国家标准化管理委员会于2019 年正式发布，作为组织机构评估自身数据安全能力的科学依据及参考。

以采集、传输、存储、处理、交换、销毁六项数据生存周期过程的安全为核心的数据安全能力成熟度模型标准为组织数据安全能力的成熟度提供了基础模型架构，主要体现在安全能力、能力成熟度等级、数据安全过程三个方面。首先，对组织建设、制度流程、技术工具以及数据安全工作的人员安全意识和相关能力均严格要求的指标是安全能力维度的四个重要衡量方面；其次，以企业数据安全过程计划程度为依据划分出五个层次成熟度作为组织的数据安全能力成熟度等级；最后，围绕数据生存周期过程和诸如数据安全策略规划、鉴别与访问控制等 11 项通用安全过程域构成的数据安全过程维度评估指标，联合形成了数据安全能力成熟度模型开展企业数据保护评估实践的理论内涵(CSDN，2019)。

综上可知，隐私影响评估注重在组织风险管理框架内有关隐私影响的各方面，致力于减轻相关威胁为隐私保护造成的不良影响，并为影响划分等级，为组织及信息系统的信息安全提供了经典的数据保护理论思路，这与能力成熟度模型及数据安全能力成熟度模型的本质是一致的。结合隐私影响评估的制度原理和成熟度模型的理论内涵，本书将构建数据保护成熟度模型来量化企业数据保护践行成效，推动企业数据资产合规运营。

第四节　企业数据保护成熟度基础模型构建

一、数据保护成熟度评估体系构建

隐私影响评估（PIA）从隐私保护实践涉及的各方重要过程角度来设计确保隐私保护过程直至项目部署完成，为后续许多信息安全风险评估标准提供了惯例参考；能力成熟度模型和数据安全能力成熟度模型从操作运营角度分别围绕组织工作过程改进、数据生存周期提出了成熟度实践的演化步骤。在企业实践层面，以《通用隐私原则》（GAPP）和《通用数据保护条例》的法律合规为导向，以企业生产实际的数据保护计划为基础的 AICPA/CICA 隐私成熟度模型、Intel 隐私成熟度模型以及 GDPR 成熟度框架，为数据保护提供了行业标准示范和全球数据保护的实践示例。因此，将数据保护的理论基础与企业实践的成熟度模型结合就可构建企业数据保护成熟度评估模型。

根据 DSMM 对鉴别与访问控制等通用安全过程域的要求，以及 PIA 的典型威胁项目组成和隐私保护过程，将软硬件安全和外部非法入侵用平台风险表示，其中针对软硬件安全，细分为信息系统缺陷、网络协议漏洞、物理环境缺陷和隐私安全设置四项基本指标；针对外部非法入侵用黑客窃取指标来表示（朱光等，2016）。

根据 PIA 强调的以员工为主体的涉及隐私影响的活动也作为一般威胁项目，CMM、DSMM 以及 Intel 隐私成熟度模型对组织建设、数据安全工作的人员安全意识和相关能力的内在要求，用企业行为维度来系统概括，并将该维度细分为以员工活动为核心的数据隐私意识、数据隐私管理制度、信息保护行为疏忽三个指标。

根据 DSMM 对数据保护的技工工具使用要求，AICPA/CICA 隐私成熟度模型、Intel 隐私成熟度模型和 GDPR 成熟度框架对相关隐私保护法律特别是数据跨境传输方面的重视程度，以及对企业敏感数据保护的主旨要求，以外部威胁维度来表示，结合一级指标知识产权破坏、政策影响、隐私保护技术代差、数据跨境传输保护四个方面来度量。

同时引入 CMM 和 DSMM 的五个成熟度等级，从整体出发，以平台风险、企业行为、外部威胁为企业数据保护的三个重要维度的协同度量，来划分企业数据保护成熟度评估等级，并使用 1~5 评分对应五个成熟度等级。基于目前在成熟度详细打分方法介绍方面的文献较少的情况，本章参考 Intel 隐私成熟度模型分值粒度划分的企业实践，将本模型打分方式的分值粒度设为 0.5，如 0.5~1 定义为初始化阶段，1~1.5 定义为第一阶段向第二阶段发展的过程当中(见表 6-1)，以便于模型计算。

表 6-1　成熟度打分(分值粒度 0.5)

评分值	0.5~1	1.5~2	2.5~3	3.5~4	4.5~5
成熟度等级	1-初始化	2-可重复	3-制度化	4-可管理	5-持续优化

从理论基础到企业数据保护成熟度模型的构建如图 6-1 所示，指标定义如图 6-2 所示，成熟度打分如表 6-1 所示。

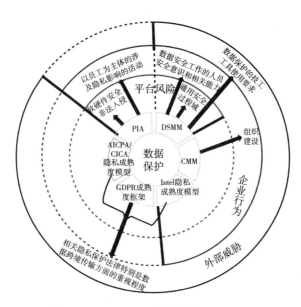

图 6-1　评价指标体系

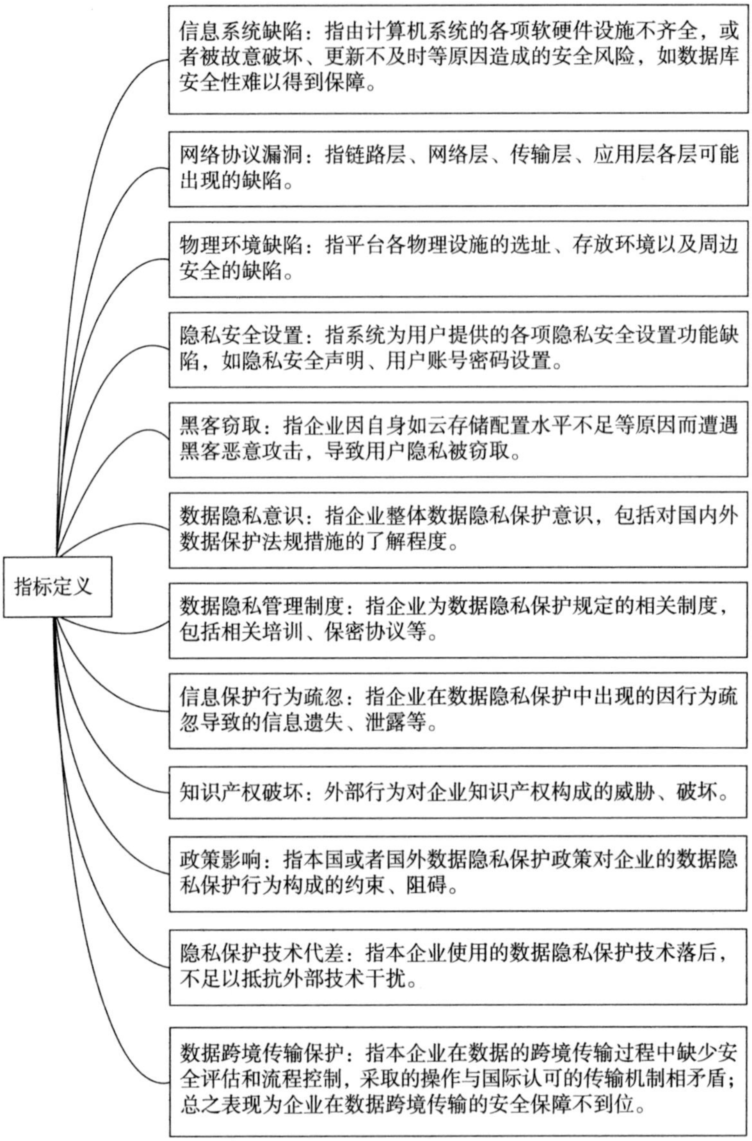

信息系统缺陷：指由计算机系统的各项软硬件设施不齐全，或者被故意破坏、更新不及时等原因造成的安全风险，如数据库安全性难以得到保障。

网络协议漏洞：指链路层、网络层、传输层、应用层各层可能出现的缺陷。

物理环境缺陷：指平台各物理设施的选址、存放环境以及周边安全的缺陷。

隐私安全设置：指系统为用户提供的各项隐私安全设置功能缺陷，如隐私安全声明、用户账号密码设置。

黑客窃取：指企业因自身如云存储配置水平不足等原因而遭遇黑客恶意攻击，导致用户隐私被窃取。

数据隐私意识：指企业整体数据隐私保护意识，包括对国内外数据保护法规措施的了解程度。

数据隐私管理制度：指企业为数据隐私保护规定的相关制度，包括相关培训、保密协议等。

信息保护行为疏忽：指企业在数据隐私保护中出现的因行为疏忽导致的信息遗失、泄露等。

知识产权破坏：外部行为对企业知识产权构成的威胁、破坏。

政策影响：指本国或者国外数据隐私保护政策对企业的数据隐私保护行为构成的约束、阻碍。

隐私保护技术代差：指本企业使用的数据隐私保护技术落后，不足以抵抗外部技术干扰。

数据跨境传输保护：指本企业在数据的跨境传输过程中缺少安全评估和流程控制，采取的操作与国际认可的传输机制相矛盾；总之表现为企业在数据跨境传输的安全保障不到位。

图 6-2　指标定义

　　结合表 6-1 给出的数据保护成熟度打分表，即可为企业实际数据保护程度进行初始评分。

二、数据保护层次模型构建及模型指标权重计算

在企业数据保护成熟度评估模型中大多数指标都是定性化的，具有一定的模糊性，因此在能力评分的初始值基础上结合指标权重，量化评估结果。为确定指标权重，将指标进行定量分析，本章采用九级标度法量化风险评估指标相对重要性（杜栋等，2008）。传统的层次分析法是确定指标权重的一般方法，但是该方法仅适用于单专家决策时使用，存在判定结果主观性较强的问题。首先，为避免单专家决策造成的主观性强以及权重系数不合理的问题，基于群决策层次分析法可以有效将各专家评分聚集的特性，采用群决策层次分析法，邀请32位专家共同参与决策，借助专家经验，更科学地测量分析评估指标权重；其次，为更进一步降低群决策层次分析法的指标权重主观性，再运用香农信息熵，计算各项评价指标的熵值，确定指标客观权重；最后，将主客观指标进行综合分析（朱光等，2016），获得最终的模型评估指标权重值。

（一）数据保护层次模型构建

群决策层析分析步骤与一般层次分析法类似，包括构建多级递阶的层次模型、构造判断矩阵、层次单排序及一致性检验、层次总排序及一致性检验四个步骤（董小婉，2016），该法仅在构造判断矩阵部分有差异，其差异表现在需将各专家单独的判断矩阵聚合成一个共识的判断矩阵。本书根据上述数据保护成熟度指标体系三大领域及十二项要素，构建如图6-3所示的数据保护层次结构模型：

首先使用群决策层次分析法计算软件 yaahp（Yet Another AHP）（董小婉，2016），构建各专家判断矩阵并计算其一致性检验，其次再聚合判断矩阵。其中均通过一致性检验的单专家判断矩阵为聚合后的专家共识判断矩阵提供有效数据支持。

（二）模型指标权重计算

模型指标权重计算方式为群决策层次分析法获得的主观权重与信息熵获

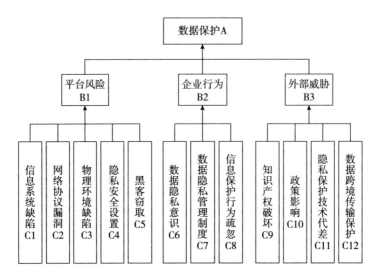

图 6-3　层次结构模型

资料来源：

得的客观权重的加权值，本章主要利用朱光等（2016）的信息熵计算公式获得综合权重：

（1）首先对由群决策层次分析法得到的初始主观指标值进行标准化。

$$x_{ij} = 1 - \frac{(a_{ij} - a_{ij\min})}{(a_{ij\max} - a_{ij\min})} \qquad (6-1)$$

其中，x_{ij} 是指标 a_{ij} 标准化后的指标，$a_{ij\min}$ 表示指标 a_{ij} 的最小值，$a_{ij\max}$ 表示 a_{ij} 的最大值。得到标准化判断矩阵 $A = (x_{ij}) m \times n$。

再对矩阵 A 中各元素归一化。

$$Q_{ij} = \frac{x_{ij}}{\sum_{i=1}^{m} x_{ij}} \quad (1 \leqslant i \leqslant m, \ 1 \leqslant j \leqslant n) \qquad (6-2)$$

（2）确定各项指标的熵值。

$$H_j = -\sum_{i=1}^{m} Q_{ij} \log_2(Q_{ij}) \ (1 \leqslant j \leqslant n) \qquad (6-3)$$

（3）各项指标变异系数的获取。

$$G_j = 1 - H_j \qquad (6-4)$$

（4）确定各项指标的客观权重。

$$B_j = \frac{G_j}{\sum\limits_{j=1}^{n} G_j} \qquad (6-5)$$

（5）主客观指标权重的加权计算。

$$E_j = \lambda \times A_j + (1-\lambda) \times B_j \qquad (6-6)$$

其中，λ 表示赋权系数，可随实际评价成效选取，A_j 表示群决策层次分析法计算获得的主观权重，B_j 表示信息熵计算所得的客观权重，因此成熟度评价模型的指标向量表示为。

$$E = (E_1, E_2, \cdots, E_n) \qquad (6-7)$$

第五节　实证研究

一、典型行业分析

为了采用上述数据保护成熟度评估方法和模型对我国大数据企业的数据保护现状进行评估，本章选择国内三个行业：金融、保险业；信息传输、计算机服务与软件业；批发、零售业，并对行业数据保护成熟度评估进行了应用，通过问卷发放的方式不仅获得三个行业数据保护的实际情况，还邀请32个涉及金融、管理、贸易、法律、信息技术、数据隐私等各领域的专家来为模型指标权重赋值（本章研究涉及的原始数据均放置于网址：https：//github. com/Chiyaqiong/Original-data-of-questionnaire. git）。根据专家问卷，考虑到问卷获得的判断矩阵中可能存在多项数据的小误差累积，以及专家在输入数据时，有可能因为某点专业知识的欠缺或理解错误，或者由于误操作给出错误的判断数据两方面因素，本书利用 yaahp 软件分别计算并修正各专家的单独判断矩阵后，所有判断矩阵均具有一致性，再集结所有专家判断矩阵，计算方式采用数值平均来降低误差，最终获得如表6-2所示的一级指标总排序。

表 6-2　一级指标总排序

系统层 一级指标层	平台风险 B1 0.5050	企业行为 B2 0.3233	外部威胁 B3 0.1717	权重总排序
信息系统缺陷 C1	0.3248			0.1640
网络协议漏洞 C2	0.2949			0.1489
物理环境缺陷 C3	0.1709			0.0863
隐私安全设置 C4	0.1323			0.0668
黑客窃取 C5	0.0773			0.0390
数据隐私意识 C6		0.3959		0.1280
数据隐私管理制度 C7		0.4665		0.1508
信息保护行为疏忽 C8		0.1376		0.0445
知识产权破坏 C9			0.3444	0.0591
政策影响 C10			0.2530	0.0434
隐私保护技术代差 C11			0.2554	0.0438
数据跨境传输保护 C12			0.1472	0.0253

在获得的一级指标总排序表的基础上，按照上述信息熵方法继续计算客观权重，并设定赋权系数 $\lambda = 0.4$，得到以下数据保护各因素权重计算汇总结果如表 6-3 所示。

表6-3 数据保护各因素权重计算汇总结果

领域	领域细分	指标主客观综合权重	领域权重
平台风险	信息系统缺陷	0.253	0.406
	网络协议漏洞	0.237	
	物理环境缺陷	0.186	
	隐私安全设置	0.172	
	黑客窃取	0.152	
企业行为	数据隐私意识	0.375	0.323
	数据隐私管理制度	0.369	
	信息保护行为疏忽	0.255	
外部威胁	知识产权破坏	0.290	0.271
	政策影响	0.249	
	隐私保护技术代差	0.250	
	数据跨境传输保护	0.210	

结合回收到的300份来自三个行业(行业比例1:1:1)的数据保护成熟度初始评分有效问卷数据(Cronbach's Alpha = 0.888,KMO = 0.932),最终得到如表6-4所示的行业对比结果。

表6-4 金融业、信息技术业、零售业数据保护成熟度最终评估情况

	金融业	信息技术业	零售业
成熟度最终得分	3.62387419	3.48818058	3.49150424
薄弱领域	外部威胁 (0.96369226)	外部威胁 (0.94931029)	外部威胁 (0.94464096)
薄弱指标	物理环境缺陷 (0.66588)	物理环境缺陷 (0.64914)	物理环境缺陷 (0.6324)

续表

	金融业	信息技术业	零售业
薄弱指标	隐私安全设置 （0.62264）	隐私安全设置 （0.60372）	隐私安全设置 （0.58996）
	黑客窃取 （0.55632）	黑客窃取 （0.5472）	黑客窃取 （0.53352）
	信息保护行为疏忽 （0.90015）	信息保护行为疏忽 （0.87975）	信息保护行为疏忽 （0.86955）
	数据跨境传输 （0.6993）	数据跨境传输 （0.6972）	数据跨境传输 （0.7077）

对比三个行业各自数据保护评估得分可发现：首先是金融业总体成熟度得分位列第一，其次是零售业，最后是信息技术业。具体分析如下：

随着数据增长新纪元的到来，全球数据积累存量正逐渐引爆新一轮的时代变迁，金融行业作为天然拥有海量数据的市场，其金融数据在全球数据总量占比极高，科技技术的落地生根更是使得金融业正孕育着百年未有之大变局。数据已经成为现代金融行业的经济命脉，数据的安全保护也成为金融行业稳健运行不可或缺的一方面。上述结果与当前金融行业积极维护数据安全这一核心竞争力的现状相符，同时也归因于国家层面相关法规在金融界的优先体现，如以《外国机构在中国境内提供金融信息服务管理规定》为代表的法规，是我国在针对金融信息服务方面较早的监管条文。

在网络安全公司 Trustwave 发布的 2019 年全球安全报告中指出，零售业以 18% 的数据泄露占比成为数据泄露事件最多的行业（Trustwave，2019）。如历来为用户诟病的电商快递企业客户信息"裸奔"问题，以及行业高度依赖第三方安全服务导致系统漏洞的忽视等，均是零售业数据保护能力成熟度弱的行业表现，而究其原根本原因就是行业的低安全标准。首先，出于行业性质，相比金融行业，零售业对数据保护的意识原本就相对薄弱；其次，许多传统零售企业都处于转型升级的阶段，零售业需要依靠数字化技术来转型，但是本身行业又无力自主提供技术保障；最后，行业内多数交易都是以合作方约定俗成的方式进行，缺乏有关数据保护的统一行业规范。

虽然信息技术行业作为数据保护的关键技术支持行业，但是据 McAfee 发布的一份报告显示，尽管安全技术不断进步，但绝大多数 IT 技术人员表示仍然难以保障企业的数据免受泄露。即使是像 Facebook 这样的科技巨头公司也无法完全避免诸如黑客的攻击和病毒木马类的数据泄露的头号杀手。纵观 IT 行业数据保护问题的来源，首先 IT 行业作为各行各业的技术依仗，频繁出现的数据泄露事件使 IT 专业人员信心缺乏，导致投资和技术始终落后于环境威胁的变化速度；其次技术差距问题是一个备受争议的问题，国际信息安全峰会（RSA Conference）副主席兼负责人 Sandra Toms 指出，大部分 IT 企业招聘团队因缺乏充分重视受聘人才的多样性，导致 IT 人才的流失，行业水准参差不齐；而技术差距会使许多企业寻求外援，那么内部人员和外包商也扩大了行业数据安全的威胁。

此外，三者最薄弱的领域均为外部威胁，具体而言，三个行业的薄弱指标均体现在物理缺陷、隐私安全设置、黑客窃取、信息保护行为疏忽、数据跨境传输方面。对于一般行业而言企业均首先在平台的搭建方面投入大量的人力、物力以及财力，作为企业发展的基石，因此各行各业的第一发展规划中应对平台风险首当其冲；那么随着社会数据安全意识的不断提高，企业开始意识到数据保护的重要性，逐渐将数据安全意识纳入企业文化当中，并施以一定的保护制度作为约束企业员工数据泄露的措施，但是企业的数据分级分类、隐私保护的量化评估始终处在开始阶段，因此在企业行为领域中疏于信息保护行为，并且企业的相关约束一直是偏向于对企业员工的约束，较少考虑到外部威胁，尤其是面对数据跨境传输的问题上，虽然 GDPR 作为最严格的数据保护法规此前对于中国企业的约束体现并不明显，但随着国际大潮流的变化，该法规终将对中国企业的贸易产生巨大影响，各行各业需引起重视。

二、典型企业分析

为验证行业评估标准，以企业数据保护研究为主旨，笔者访谈了国内的三家企业 A、B、C，分别对应于金融业、信息技术业、零售业，充分了解各企业的数据保护情况，并在访谈人员的指导下，邀请受访企业严格根据数据保护成熟度评估的三大领域和十二项指标内容，各指标成熟度阶段描述以及成熟度分值划分方式为自身企业的成熟度情况给出客观谨慎的评分。表6-5是各企业数据保护成熟度得分情况对比。

表6-5　A企业、B企业、C企业数据保护成熟度最终评估情况

	A 企业	B 企业	C 企业
成熟度最终得分	2.317101 （低于行业标准）	4.2450715 （高于行业标准）	2.67003 （低于行业标准）
薄弱领域	外部威胁 （0.484819）	外部威胁 （0.986711）	外部威胁 （0.6768225）
薄弱指标	物理环境缺陷 （0.558）	黑客窃取 （0.684）	网络协议缺陷 （0.5925）
	隐私安全设置 （0.344）		物理环境缺陷 （0.465）
	黑客窃取 （0.456）		隐私安全设置（0.43） 黑客窃取（0.38）
	信息保护行为疏忽 （0.255）	数据跨境传输 （0.63）	信息保护行为疏忽 （0.6375）
	政策影响 （0.249）		政策影响 （0.6225）
	隐私保护技术代差 （0.25）		隐私保护技术代差 （0.625）
	数据跨境传输 （0.42）		数据跨境传输 （0.525）

　　分析A企业、B企业、C企业数据保护成熟度最终评估情况可知：三个企业得分都或多或少低于或者高于行业标准，如A企业、C企业得分均明显低于所属金融行业、零售行业的一般水平，而B企业则远超出信息技术行业的平均现状，说明不同行业内不同水平的企业发展参差不齐，但值得关注的是薄弱环节与行业趋势保持一致，即外部威胁是三个企业最大的薄弱领域。对于A企业、C企业来说，薄弱指标首先均覆盖行业薄弱指标（物理环境缺

陷、隐私安全设置、黑客窃取、信息保护行为疏忽、数据跨境传输），但由于企业发展水平的差异，A 企业在政策影响和隐私保护技术代差方面也存在不足；而相比之下 C 企业新增了网络协议漏洞一项，说明这两个企业在业内表现稍逊，需多方面考虑数据保护措施，更进一步向行业标准靠近。但 B 企业仅覆盖黑客窃取和数据跨境传输两项行业薄弱指标，且成熟度得分远高于行业标准，也表明该企业为业界翘楚，该企业仅需在保持原有数据保护水平的基础上，加强上述两项指标即可向更高水准的数据保护方向发展。

本章小结

本章从企业实际开展业务过程中的数据监管问题出发，以隐私影响评估（PIA）为指南，以能力成熟度模型和数据安全能力成熟度模型为理论基础，借鉴 AICPA/CICA 隐私成熟度模型、GDPR 成熟度框架以及 Intel 隐私成熟度模型，运用群决策层析分析及信息熵构建企业数据保护成熟度评估模型，并以国内三个典型行业：金融、保险业，信息传输、计算机服务与软件业，批发、零售业及对应于三个行业的 A、B、C 企业为例。实践结果发现了企业数据保护的诸多不足之处，同时对于不同发展水平的企业而言，还存在更多的数据保护问题，表明本模型对企业数据保护成熟度评估的适用性，能够帮助企业更加及时、客观、准确地了解其在数据保护方面的成熟度，为数字经济背景下的企业数据运营从保护与合规角度提供了参考。

第七章 CHAPTER 7

面向欧盟区域的企业数据保护成熟度研究

第一节 问题背景

不同市场面向对象对企业跨境数据合规操作有着决定性的影响，因此本章尝试结合各理论基础以及企业面向欧盟区域的贸易场景，构建企业涉欧数据保护成熟度模型，并收集问卷数据开展评估体系细化工作。另外对面向美国与东盟区域的评估指标体系也进行了一定的思考，详见附录三表C。

首先，综观数据保护的历史渊源，尤以欧美走在世界前沿，其中欧盟秉持"对于公民权利的尊重"的价值主旨（邓崧等，2021），于2018年颁布的《通用数据保护条例》(GDPR)最具代表性；其次，为维护自身相对于域外世界的主体地位（忻华，2020），在冯德莱恩关于"技术主权"建设的进攻下，欧盟对数据跨境政策的把控程度在逐渐提高；并且随着Schrems Ⅱ案件的判决，欧洲数据保护委员会(EDPB)于2020年11月11日又相继发布的两份针对国际数据传输的建议草案（"建议草案"）不仅延续GDPR的执法本质，还进一步收紧控制了欧盟数据的跨境流动。作为全球最严苛的数据保护立法，GDPR自生效以来便以维护人权的超然姿态对企业跨境数据操作合规问题提出了重重考验，尤其是从2019年初的谷歌天价罚款开始（梅傲和苏建维，2021），其执法就呈现出破竹之势，此后执法机构更是不断以其雷霆手段震撼着全球数据保护合规群体。当前GDPR对企业跨境数据合规问题的处罚依据主要包括违反数据处理基本原则和未充分保障数据主体权利两个方面(European Parliament and Council of the European Union，2016；中兴通讯数据保护合规部 & 数据法盟，2021)。

处罚依据一：违反数据处理基本原则。以商业巨头谷歌违反合法、公平和透明原则为先河，由法国数据保护监管机构 CNIL 开出 5000 万欧元的天价罚单开始，到诸如英国航空公司、万豪集团、Uber 等数据泄露事件违反完整性和保密性原则，Barreiro 医院患者档案访问权限过度、法国巴黎银行个人理财公司等违反最小范围原则，再到 VODAFONE 违反准确性原则、Taxa 4×35 违反数据存储限制原则等数据违规事件都是 GDPR 为警示企业严格遵守数据处理基本原则所提供的关键合规启示(中兴通讯数据保护合规部 & 数据法盟，2021)。

处罚依据二：未充分保障数据主体权利。GDPR 赋予欧洲公民包括知情权、访问权、更正权、删除权以及拒绝权在内的数据主体权利自其生效以来也屡遭挑衅。首先，以数字营销公司 Bisnode、足球联盟 LaLiga 和数据控制者 UTTIS 未履行充分性告知义务为典型(中兴通讯数据保护合规部 & 数据法盟，2021)；其次，如 Royal President 、Nursing Care Organisatio 等公司因没有响应数据主体的访问权请求而分别被罗马尼亚和比利时相关数据监管机构处以严惩；最后，Futura Internationale、WIND 公司的电话营销对个人拒绝权的侵害等执法案例均是 GDPR 为维护数据主体权利做出的有力回击，同时也为企业深入把握 GDPR 监管脉搏提供了参考依据(中兴通讯数据保护合规部 & 数据法盟，2021)。

第二节　研究设计过程

各主体为积极应对数据跨境安全问题，纷纷因地制宜出台数据保护立法；而在数字贸易背景下，数据已然成为与资本和劳动力并驾齐驱的核心生产要素，作为身处贸易数据获取前线地位并掌握海量数据的企业也理应为数据保护问题做出努力，尤其是在涉及跨境贸易的环境下，对于数据的安全传输问题更是责无旁贷。因此，在国际繁杂的规制约束下，企业要想在全球数字化浪潮中，既确保与时俱进的数字贸易，又能保障合规的数据管理标准，市场区域化跨境数据保护能力评估就成为其跨境数据安全监管的第一要义。于此，本章在上一章研究的基础上，更进一步细分市场对象，着眼于面向欧盟区域的跨境数据流动监管要点，以数据隐私管理标准发展三阶段：公平信息实践 FIP、隐私影响评估 PIA 与隐私保护设计 PbD，以及数据出境安全评估、能力成熟度模型、数据安全能力成熟度模型等为理论基础，从企业内部数据保护及企业外部风险防控两方面探索数据跨境保护的人文价值与维护国家安全、经济利益的平衡，通过区域监管要点、欧盟关于数据跨境的最近进展及 GDPR 经典执法案例，试分析企业面向欧盟区域市场时的跨境数据保护成熟度评估因素构成，掌握引起企业跨境数据监管问题的关键要素，运用层次分析法形成成熟度评估指标，并进一步构建企业跨境数据保护成熟度评估模型，对我国企业跨境数据流动的合规监管以及企业行业自律原则的践行具有一定的现实意义。

第三节　理论与方法基础

一、相关理论

本章除了使用上一章的隐私影响评估、能力成熟度模型以及数据安全能力成熟度模型理论之外，还参考了以下理论：

（一）公平信息实践 FIP

为了从企业管理的视角出发来解决随企业发展所带来的隐私保护问题，被全球隐私法领域的权威学者保罗·施瓦茨（Paul Schwartz）誉为"现代信息隐私法的基石"的公平信息实践（Fair Information Practices）（Schwartz，1999），诞生于 1973 年，其初衷并非侧重于个人数据的保护，而是美国政府为回应日益普遍的计算机数据库处理个人信息所伴生的问题，成立一个名为"关于个人数据自动系统的建议小组"（Advisory Committee on Automated Personal Data Systems），并由小组首先发布的一份"公平信息实践准则"报告（丁晓东，2019），确立包括要求任何组织在计划使用数据时必须采取预防措施防止数据的滥用等五项处理个人数据的原则。随后又在 1977 年的"隐私保护学习委员会"报告中继续发展，不仅构建了数据保护系统的三大目标(丁晓东，2019)，还扩展五项个人数据处理原则到八项，如公开原则、个人访问原则等(The Privacy Protection Study Commission，2021)。至此，公平信息实践大致确立了个人信息保护的基本框架与原则。

(二)隐私保护设计 PbD

比隐私影响评估概念更加广泛的"隐私保护设计"(Privacy by Design，PbD)，起源于 1995 年荷兰与加拿大数据保护当局的一份报告，进而为加拿大隐私保护专员 Ann Cavoukian 推动倡导(弓永钦，2016)，随后又获得欧盟委员会的高度认同，并于 2010 年的"国际数据保护与隐私专员大会"上将其列为保护隐私的重要方法。其融合了技术因素和非技术因素，囊括了隐私加强技术、隐私影响评估和物理环境三个部分，不仅考虑到企业经济利益，更体现了现代企业运营管理和法律等综合性的问题以及尊重个人隐私的人文价值设计理念(弓永钦，2016)。

(三)数据出境安全评估

相比于美国的市场贸易利益导向和欧洲极致的人文价值追求，我国对数据跨境监管则更注重人文价值与国家安全、经济价值的平衡。从《国家安全法》首次提出"网络空间主权"，到"数据主权"的不断深入人心，我国将数据出境安全评估理论视为目前我国监管跨境数据转移最具弹性考量的法律依据(张金平，2016)，并明确作为《网络安全法》的监管标准，规定了"个人信息"和"关键信息基础设施"等数据的出境安全评估流程、评估要点、评估方法等，同时授权国家有关监管部门进行"安全评估"细则的制定，为平衡个人价值和国家价值发展留有充分的余地(齐佳音等，2022)。

二、研究方法

层次分析法(Analytical Hierarchy Process，AHP)是美国运筹学家 Saaty

为解决一些较为复杂、模糊的问题而提出的，是将相关元素分解成目标层、准则层、方案层并结合定性和定量分析方法进行决策的系统性分析方法（Saaty，1985；吕梦倩等，2012）。层次分析法是确定指标权重的一般方法，但是传统的层次分析法是仅适用于单专家决策，存在主观性较强以及判定权重系数不合理的问题，而基于群决策的层次分析法可以有效合理聚集多专家决策。

本章首先采用群决策层次分析法及其计算软件 yaahp（Yet Another AHP）（董小婉，2016），构建各专家判断矩阵并进行其一致性检验；其次再聚合判断矩阵，对企业跨境数据保护成熟度评估指标赋权，从而为企业最终的成熟度得分提供数据计算支持。

第四节　企业数据保护成熟度涉欧模型构建

一、企业跨境数据保护成熟度评价体系的设计思路

依据前文对企业跨境数据保护的现状梳理不难发现，企业跨境数据保护成熟度不仅涉及企业内部自发的数据保护，还与企业积极应对外部风险信息相关。因此本书将从内部和外部两个方面来设计企业跨境数据保护成熟度评价体系。

(一) 内部数据保护的设计思路

企业内部数据保护主要通过软硬件层面的安全设计与管理层面的合规治理两方面来体现。基于此，将企业内部数据保护划分为平台风险与企业行为两个维度。

平台风险是指企业在软硬件设计上的数据风险把控，参考 DSMM 中通用安全过程域和对数据保护工具的相关规定，隐私影响评估的过程及其关键风险内容，将平台风险划分为信息系统层面的安全性、网络协议层面的安全程

度、设施各方面的物理环境安全性、网站用户隐私安全设置水平、抵御黑客窃取的安全水平(朱光等，2016)。企业行为是指企业在管理意识、规章制度、行为表现上的数据保护合规治理，依据 CMM、DSMM 对组织架构及制度的构建、数据安全从业者的数据保护意识和专业技能的强调，将数据隐私意识程度、数据隐私管理制度水平和信息保护行为水平作为企业行为的评价维度(池雅琼等，2021)。

(二)外部风险防控的设计思路

借鉴以国际隐私保护法的合规为核心导向的企业隐私保护实践：Intel 隐私成熟度模型、AICPA/CICA 隐私成熟度模型和 GDPR 成熟度框架的重点内涵，将境内外有关法规的合规要求作为企业的相对数据保护外部风控依据，如知识产权保护、境内外国家政策影响、隐私保护技术代差和数据跨境传输保护是企业面对外部风险的主要防控措施(池雅琼等，2021)。

二、企业跨境数据保护成熟度评价体系的指标提取

首先如表 7-1 欧盟区域跨境数据监管要点及数据出境最新建议示例所示，从欧盟跨境数据监管要点及数据出境最新建议(European Data Protection Board，2021)的具体内容出发，综合考量欧盟的数据处理基本原则与数据主体权利的高度人文价值追求(齐佳音等，2022)，如根据最小范围原则、责任原则的有关详细要求抽离相应的数据保护要点，形成表 7-3 中的最小化原则设置水平，数据处、控双方职责践行水平两项指标的依据来源；根据 GDPR 要求保障数据主体的知情权、访问权、删除权、拒绝权等有关说明，分别构成表 7-3 中的用户数据管理透明度、用户数据访问权限程度、用户数据删除权意识程度、用户数据拒绝权意识程度几项指标的内容范畴，同时对这些个人权利的保障也是我国最新出台的《个人信息保护法》用以更加清晰、准确和便于理解的规则来进行的企业数据监管。此外，欧盟针对数据出境最新建议不仅为企业评估第三国的数据保护水平提供了"六步走"的指导(European Data Protection Board，2021)，还额外补充了包括技术、合同、组织方面的一系列补充措施(Fennessy，2021)，均成为表 7-3 中外部风

险管控体系水平、数据安全基本技术保障水平、其他保障措施水平、员工数据隐私意识培训程度、数据保护影响评估制度水平、保密协议签订制度水平、隐私评估流程践行水平等指标的重要方面，其中特别针对诸如标准合同条款、公司约束性规则、例外情况以及自欧盟法院（CJEU）判决"隐私盾协议"无效之后提出的数据跨境"个案审查"的原则（洪延青，2021）等作为其他保障措施水平该项指标的关键内涵，并将其设为本研究模型的一个弹性考量因素以应对未来国际形势的变化。并根据中兴通讯数据保护合规部、数据法盟联合发布的两份有关 GDPR 执法案例的白皮书，如表 7-2 所示（示例 19 起），欧盟的 GDPR 处罚主要集中在缺乏数据处理合法性基础、缺乏保障信息安全的技术和组织措施、违反数据处理基本原则、未满足数据主体权利的实现、未履行充分性告知义务、违反 DPO 任命义务以及未签署数据处理协议/与监管机构的合作不足九项内容上（见表 7-2），并将区域监管要点、欧盟关于数据跨境的最新进展和 GDPR 执法要点纳入软硬件层面、合规治理层面以及外部风险防控层面，来拓展企业跨境数据保护成熟度评价的三级指标体系，如 GDPR 的数据处理基本原则和数据主体权利可在平台风险和企业行为中充分展现，而各区域执法要点，尤其是跨境执法规则则可在外部风险防控中具体展示。此外，添加计算机硬件安全性、数据库安全性、网络协议安全性的四项具体表现、物理环境安全性的三项具体表现、黑客窃取安全水平的五项具体表现、员工数据隐私意识培训程度、隐私评估流程践行水平、知识产权保护水平的三项具体表现、外部风险管控体系水平、数据安全基本技术保障水平、跨境金融欺诈防控水平，来与上述内容共同构成表 7-3 所示的 12 项二级指标、41 项三级指标。

表 7-1　欧盟区域跨境数据监管要点及数据出境最新建议示例

欧盟区域跨境数据监管要点及数据出境最新建议具体内容	监管要点
（1）GDPR 建议企业清晰地定义数据的生命周期；并记录与之相关的系列活动	数据生命周期活动记录
（2）GDPR 要求数据控制者保障数据主体有关其个人数据被收集的类型、保存时间、处理目的以及救济途径等内容的知情权	数据主体知情权

欧盟区域跨境数据监管要点及数据出境最新建议具体内容	监管要点
(3)欧盟委员会认为在"充分性认定"白名单以外的国家组织需要使用如标准合同条款(SCC)、公司约束性规则(BCR)等充分性保障措施来达到 GDPR 所要求的跨境数据合规操作；在缺乏"充分性认定"与适当的保障措施的情况下，需遵守例外原则；并且在"隐私盾协议"被判决无效之后欧盟法院又创新性提出了"个案审查"原则	充分性保障措施、例外原则以及"个案审查"原则
(4)数据出境最新建议提供了在技术方面的额外保障措施，如对加密技术、分割或多方处理等内容提高要求	技术保障措施
(5)数据出境最新建议提供了有关合同方面的额外保障措施，如对合同义务提出使用具体技术措施的要求、增强第三国公共当局获取数据的透明度等	合同保障措施
(6)数据出境最新建议提供有关组织方面的额外保障措施，如数据转移治理政策的适当性、数据转移职责的明确以及根据欧盟有关规定制定更加严格的组织内部数据监管政策等	组织保障措施
(7)数据出境最新建议为企业对第三国的数据保护水平评估提供"六步走"的指导：数据映射、跨境数据转移依据、第三国法律及实践的影响、必要的补充措施以及相应的程序步骤、定期重新评估	数据保护水平评估指导
(8)GDPR 要求保障数据主体可以无限制访问其在数据控制者手中的个人数据以及要求数据控制者更正其个人信息的权利；有义务为数据主体提供如具有访问、修正其数据功能的操作接口；有权根据个人情况拒绝数据控制者进行任何有关个人数据处理的行为	数据主体访问、更正权、拒绝权
(9)GDPR 要求企业收集用户数据时需遵守最小化原则：收集、处理个人数据应与目的相符合，不得过分收集多余的数据，如其网站、服务或应用程序运行所需要的数据量应为最小限度的数据集……	最小化原则
(10)GDPR 规定数据处理者与数据控制人需保持一定的配合程度，如数据外泄时需相互配合调查的程度，以及双方签订的合同中应设有明确合理的数据处理时长的声明等	数据处控双方的职责

资料来源：《通用数据保护条例》《关于补充传输机制以确保符合欧盟个人数据保护标准的建议》(Recommendations 01/2020 on Measures That Supplement Transfer Tools to Ensure Compliance with The EU Level of Protection of Personal Data)和《针对监控措施的关于欧盟重要保障的建议》(Recommendations 02/2020 on the European Essential Guarantees for Surveillance Measures)。

表7-2　GDPR 自生效至今处罚案例及处罚内容示例

编号及事件	所对应的处罚依据内容	Art. 5 GDPR 违反数据处理基本原则	Art. 6 GDPR 缺乏数据处理合法性基础	Art. 12,13,14 GDPR 未履行充分性告知义务	Art. 15,16,17,21 GDPR 未满足数据主体权利的实现	Art. 28 GDPR 未签署数据处理协议	Art. 31,58 GDPR 与监管机构的合作不足	Art. 32 GDPR 缺乏保障信息安全的技术和组织措施	Art. 33,34 GDPR 违反数据泄露响应义务	Art. 37,38 GDPR 违反DPO任命义务
1	英国航空公司数据泄露事件							√		
2	万豪集团数据泄露事件							√		
3	Google 定向广告推送事件	√	√	√(13, 14)				√		
4	Uber 数据泄露事件	√						√		
5	Barreiro 医院患者档案访问权限过度事件	√						√		
6	VODAFONE 数据泄露系列事件	√	√		√(17)		√(58)	√	√	
7	瑞典国家政府服务数据泄露事件	√				√		√		
8	Vis Consulting Sp. z o. o. 不合规事件						√		√	
9	Rapidata GmbH 未任命数据保护官事件									√(37)

续表

编号及事件	高频执法依据条款 所对应的处罚依据内容	Art. 5 GDPR 违反数据处理基本原则	Art. 6 GDPR 缺乏数据处理合法性基础	Art. 12,13,14 GDPR 未履行充分性告知义务	Art. 15,16,17,21 GDPR 未满足数据主体权利的实现	Art. 28 GDPR 未签署数据处理协议	Art. 31,58 GDPR 与监管机构的合作不足	Art. 32 GDPR 缺乏保障信息安全的技术和组织措施	Art. 33,34 GDPR 违反数据泄露响应义务	Art. 37,38 GDPR 违反DPO任命义务
10	Banco Bilbao Vizcaya Argentaria S. L. 数据违规事件	√	√		√(21)					
11	Mymoviles 数据违规事件			√(13)						
12	西班牙第四大移动网络运营商 Xfera Moviles S. A. 数据违规事件						√(58)			
13	Delivery Hero 数据违规事件				√(15, 17, 21)					
14	PWC 处理员工个人数据违规事件	√	√	√(13, 14)						
15	WIND 公司的电话营销数据违规事件		√		√(21)					
16	爱琴海石油集团数据违规事件	√						√		
17	LEGAL COMPANY & TAX HUB SRL 数据泄露事件							√		

续表

编号及事件	高频执法依据条款 / 所对应的处罚依据内容	Art. 5 GDPR 违反数据处理基本原则	Art. 6 GDPR 缺乏数据处理合法性基础	Art. 12,13,14 GDPR 未履行充分性告知义务	Art. 15,16,17,21 GDPR 未满足数据主体权利的实现	Art. 28 GDPR 未签署数据处理协议	Art. 31,58 GDPR 与监管机构的合作不足	Art. 32 GDPR 缺乏保障信息安全的技术和组织措施	Art. 33,34 GDPR 违反数据泄露响应义务	Art. 37,38 GDPR 违反DPO任命义务
18	Inteligo Media 公司运营的网站个人数据处理违规事件	√	√							
19	Proximus SA 的数据保护官任命不合规事件						√(31)			√
……	……									

资料来源：中兴通讯数据保护合规部、数据法盟联合发布的《GDPR 执法案例精选白皮书》《GDPR 执法案例全景白皮书 2019.5—2020.5》。

表 7-3　二级指标及三级指标

二级指标	二级指标概念内容	三级指标
信息系统安全性	硬件设备配套的齐全性以及设备运行的指令代码的安全性	计算机硬件安全性
	数据库系统安全特性	数据库安全性
	数据生命周期活动记录	数据活动安全性
数据隐私意识程度	对员工有关数据隐私意识培训的规划及实践	员工数据隐私意识培训程度
	数据主体删除权	用户数据删除权(被遗忘权)意识程度
	数据主体限制处理权	用户数据限制处理权意识程度
	数据主体持续控制权	用户数据持续控制权意识程度
	数据主体拒绝权	用户数据拒绝权意识程度
网络协议安全性	数据在物理介质(如以太网、令牌环等)中安全传输(CSDN, 2021)	链路层安全性
	数据在 IP 协议与 ARP 协议中进行数据包的安全选路和转发(CSDN, 2021)	网络层安全性
	在 TCP 协议与 UDP 协议中实现主机间的应用程序端到端的通信安全性(柴争义和李亚伦, 2006)	传输层安全性
	在基于 TCP 协议的 FTP 文件传输协议、HTTP 超文本传输协议中处理应用程序的逻辑安全性(谢钧和谢希仁, 2014)	应用层安全性
物理环境安全性	所选择的物理区域的安全性,如预防自然灾害、保障供水供电、规避社会不良动机等的安全水平(中华人民共和国住房和城乡建设部, 2021)	选址安全性
	防水防潮、防静电、火灾预警、通风散热调节系统、电磁防护、环境温湿度等的安全性(FREEBUF, 2021)	环境安全性
	物理设施或设备防盗防破坏、人员的物理访问控制等的安全程度(FREEBUF, 2021)	边界安全性

二级指标	二级指标概念内容	三级指标
知识产权保护水平	应对外部竞争对手销售伪冒本企业注册商标等行为（杨辉，2008）	商标权保护水平
	应对外部竞争对手未经许可使用本企业的专利号等行为（杨辉，2008）	专利权保护水平
	应对外部竞争对手以不正当手段获取本企业的商业秘密等行为（杨辉，2008）	商业秘密保护水平（商业信息窃密）
隐私安全设置水平	数据主体知情权	用户数据管理透明度（知情权）
	数据主体访问、更正权	用户数据访问权限程度（访问权）
	最小化原则	最小化原则设置水平
黑客窃取安全水平	为团队提供基础设施配置培训水平，组织范围内的云安全策略水平，运行公共云存储的问题发现能力等（The Hacker News，2019）	云存储配置安全水平
	公司资源中密码策略的一致性，高危暗网攻击手段、钓鱼链接和恶意插件的识别能力等	暗网攻击安全水平
	保护开发人员废弃的网站及演示和测试版本网站的安全性（The Hacker News，2019）	已废弃及未受保护的网站保护水平
	保护移动应用后端的测试、风险评估等	移动应用后端安全水平
	公开可访问的代码存储库中，内部源代码、登录凭证和机密访问密钥等的存储安全性	公共代码存储库安全水平
数据隐私管理制度水平	数据保护影响评估	数据保护影响评估制度水平
	保密条款担责	保密协议签订制度水平
	设立数据保护官	数据保护官设立制度水平
	报告数据泄露事件	数据泄露事件报告制度水平
数据跨境传输保护水平	应对外部欺诈风险信息交流、风险预警通报等跨境金融欺诈	跨境金融欺诈防控水平
	"标准合同文本"机制（SCC）①、BCR 认证、GDPR 例外情况及其他（如"个案审查"）	其他保障措施水平
信息保护行为水平	进行隐私评估流程；修复安全和隐私问题；数据的分级分类	隐私评估流程践行水平
	信义义务	用户信义义务践行水平
	数据处、控双方职责	数据处、控双方职责践行水平

---

① 模型指标相关的 SCCs 版本为 2021 年 6 月之前的旧版本。

二级指标	二级指标概念内容	三级指标
隐私保护技术代差水平	自身外部欺诈风险防控技术水平	外部风险管控体系水平
	保障数据生命周期过程中对数据脱敏技术、完整性技术、访问控制技术、备份技术以及恢复和响应技术等基本技术数据应用	数据安全基本技术保障水平
政策影响程度	国内数据传输类型限制	受国内数据传输类型限制影响程度
	欧盟数据传输类型限制	受欧盟数据传输类型限制影响程度
	欧盟境外管辖权(刘宏松和程海烨,2020)	境外管辖权影响程度
	欧盟数字服务税(刘宏松和程海烨,2020)	欧盟数字服务税影响程度

最终获得如表7-4所示的企业跨境数据保护成熟度评估指标和如图7-1所示的企业跨境数据保护成熟度评估体系。

表 7-4　企业跨境数据保护成熟度评估指标

一级指标	二级指标		三级指标
企业跨境数据保护成熟度评估指标体系	B1平台风险	C1 信息系统安全性	D1 计算机硬件安全性
			D2 数据库安全性
			D3 数据活动安全性
		C2 网络协议安全性	D4 链路层安全性
			D5 网络层安全性
			D6 传输层安全性
			D7 应用层安全性
		C3 物理环境安全性	D8 选址安全性
			D9 环境安全性
			D10 边界安全性
		C4 隐私安全设置水平	D11 用户数据管理透明度(知情权)
			D12 用户数据访问权限程度(访问权)
			D13 最小化原则设置水平

一级指标	二级指标	三级指标
		D14 云存储配置安全水平
		D15 暗网攻击安全水平
	C5 黑客窃取安全水平	D16 已废弃及未受保护的网站保护水平
		D17 移动应用后端安全水平
		D18 公共代码存储库安全水平
		D19 员工数据隐私意识培训程度
		D20 用户数据删除权(被遗忘权)意识程度
	C6 数据隐私意识程度	D21 用户数据限制处理权意识程度
		D22 用户数据持续控制权意识程度
		D23 用户数据拒绝权意识程度
		D24 数据保护影响评估制度水平
	C7 数据隐私管理制度水平	D25 保密协议签订制度水平
		D26 数据保护官设立制度水平
		D27 数据泄露事件报告制度水平
		D28 隐私评估流程践行水平
	C8 信息保护行为水平	D29 用户信义义务践行水平
		D30 数据处、控双方职责践行水平
		D31 商标权保护水平
	C9 知识产权保护水平	D32 专利权保护水平
		D33 商业秘密保护水平
		D34 受国内数据传输类型限制影响程度
	C10 政策影响程度	D35 受欧盟数据传输类型限制影响程度
		D36 境外管辖权影响程度
		D37 欧盟数字服务税影响程度
	C11 隐私保护技术代差水平	D38 外部风险管控体系水平
		D39 数据安全基本技术保障水平
	C12 数据跨境传输保护水平	D40 跨境金融欺诈防控水平
		D41 其他保障措施水平

一级指标（从上到下跨行）：企业跨境数据保护成熟度评估指标体系

二级指标栏（B列）：
- B1 平台风险（对应C5）
- B2 企业行为（对应C6、C7、C8、C9）
- B3 外部威胁（对应C10、C11、C12）

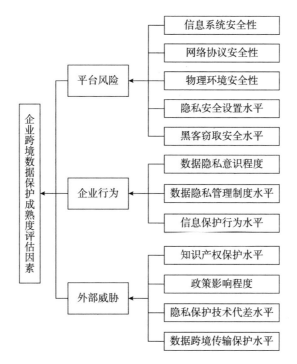

图 7-1　企业跨境数据保护成熟度评估体系

三、企业跨境数据保护成熟度评估因素评价

（一）构建企业跨境数据保护成熟度评估模型

根据上述成熟度评估指标总览表及指标体系图，运用 AHP 来构建企业跨境数据保护成熟度评估层次模型，如图 7-2 所示，其中 A 层为目标层，目标定位企业跨境数据保护成熟度因素评价。B1-B3 是一级指标层，C1-C12 是二级指标层，D1—D41 是在企业跨境数据保护成熟度评估过程中的具体表现，视为方案层即三级指标层。

同时沿用能力成熟度模型的五个成熟度等级划分，但目前少有文献详细介绍了成熟度的打分方法，仅有部分企业实践中有所涉及。因此，本章参考 Intel 隐私成熟度模型的评分方式，设置分值下限为 0.5、上限为 5，分值粒度

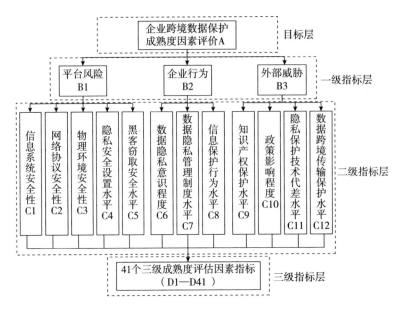

图7-2　企业跨境数据保护成熟度评估层次模型

为0.5，以便于模型计算，具体如表6-1所示(齐佳音等，2022)。

(二)相对权重计算

本节采用九级标度法确定指标的相对权重(杜栋等，2008)，而作为确定指标的一般方法，传统的层次分析法局限于单专家决策使用，使判定结果极具主观性，因此为降低单专家决策对指标权重的影响，采用群决策层次分析法(董小婉，2016)，邀请43位涉及金融、管理、跨境贸易、数据法、信息技术、信息安全、数据隐私等各领域的专家共同参与测量模型指标权重。再使用群决策层次分析法计算软件 yaahp(Yet Another AHP)(董小婉，2016)矫正专家数据的误差累积。在分别计算并修正各专家的单独判断矩阵使所有判断矩阵均具有一致性的基础上，采用数值平均的计算方式集结所有专家判断矩阵，以此来降低误差。再通过香农信息熵方法确定各项评估指标的熵值以获得指标的客观权重值，最后进行主客观指标权重值的综合计算(朱光等，2016)，以此来平衡群决策分析法的主观性，获取最终的指标权重值。

第五节　实证研究

一、GDPR 案例应用

首先将面向欧盟的评估体系应用于上文 19 个欧盟 GDPR 案例可获得表7-5，各案例不仅均覆盖对应的 GDPR 执法依据，还违反了评估体系的其他指标，其中尤以案例 6 沃达丰系列数据违规事件表现最为突出，共违反信息系统安全性、网络协议安全性、隐私安全设置水平、黑客窃取安全水平、数据隐私意识程度、数据隐私管理制度水平、信息保护行为水平等二级指标，与其数次违反 GDPR 诸如将个人数据发送给非授权第三人、数据处理的法律依据不足、违反数据安全保障义务等多项处罚内容被处以严惩事实相符，用以初步验证评估体系的有效性。

表7-5　19 个 GDPR 案例及对应违反的指标

指标	编号及事件																			
	1	2	3	4	5	6	7	8	9	10	11	12	13	14	15	16	17	18	19	……
D1																				
D2	√	√		√	√	√	√									√	√			
D3					√	√	√									√	√			
D4	√	√				√	√										√			
D5	√	√				√	√										√			
D6	√	√				√	√										√			
D7	√	√				√	√										√			
D8																				
D9																				
D10																				
D11			√			√	√				√	√	√	√		√		√		
D12			√		√	√	√					√	√	√				√		

指标	编号及事件																			
	1	2	3	4	5	6	7	8	9	10	11	12	13	14	15	16	17	18	19	……
D13			√			√														
D14	√	√			√	√	√										√			
D15	√	√																		
D16	√	√																		
D17	√	√			√	√	√										√			
D18				√	√	√	√										√			
D19				√	√	√	√	√	√			√	√	√		√				
D20						√						√	√	√				√		
D21			√			√				√		√	√	√				√		
D22			√			√						√	√	√						
D23			√			√				√		√	√	√				√		
D24	√	√			√	√	√	√	√		√	√	√	√		√	√		√	
D25					√	√	√				√	√	√			√				
D26									√									√		
D27	√	√		√		√	√													
D28	√	√		√	√	√	√	√			√	√	√	√		√	√	√	√	
D29			√		√	√	√					√	√			√				
D30	√	√	√	√	√	√	√				√	√	√	√		√		√		
D31																				
D32																				
D33																				
D34																				
D35																				
D36																				
D37																				
D38	√	√																		
D39	√	√		√		√	√									√	√			
D40																				
D41																				

二、区域问卷数据收集应用

为了对模型进行应用，本书首先以金融、保险业，信息传输、计算机服务与软件业，批发、零售业为选择，并对针对有对欧业务的跨境企业进行了问卷发放（回收问卷总数 450 份），以获取三个行业中拥有欧盟区域跨境业务的企业跨境数据保护实际情况。同时邀请了国内 43 位有关金融、管理、跨境贸易、数据法、信息技术、信息安全、数据隐私等各领域的专家共同对模型指标赋权（本书研究涉及的原始数据均放置于网址：https://github.com/CHIYAQIONG/Enterprise‐cross‐border‐data‐protection‐questionnaire）。首先使用群决策层次分析法计算软件 yaahp 计算同时修正每一位专家的判断矩阵，使其通过一致性检验；其次再集结全部判断矩阵；最后使用信息熵综合计算模型指标权重，最终获得如表 7-6 所示的一级指标总排序。

表 7-6 一级指标总排序

二级指标层 \ 一级指标层			B1 平台风险 0.41770	B2 企业行为 0.30938	B3 外部威胁 0.27292	权重总排序（群决策计算结果）
C1 信息系统安全性	D1	0.387978654	0.299077537			0.1031
	D2	0.356607585				0.1020
	D3	0.255373762				0.0323
C2 网络协议安全性	D4	0.30058482	0.203481177			0.0418
	D5	0.281274704				0.0379
	D6	0.220636991				0.0205
	D7	0.197503485				0.0131
C3 物理环境安全性	D8	0.418423464	0.162651989			0.0291
	D9	0.335134112				0.0237
	D10	0.246442423				0.0066
C4 隐私安全设置水平	D11	0.428391195	0.185017345			0.0462
	D12	0.333498349				0.0336
	D13	0.238150456				0.0080

续表

一级指标层 二级指标层			B1 平台风险 0.41770	B2 企业行为 0.30938	B3 外部威胁 0.27292	权重总排序 （群决策 计算结果）
C5 黑客窃取 安全水平	D14	0.274430162	0.149771953			0.0143
	D15	0.221183254				0.0097
	D16	0.154870316				0.0036
	D17	0.182252054				0.0055
	D18	0.167304214				0.0039
C6 数据隐私 意识程度	D19	0.268847524		0.392922045		0.0531
	D20	0.188960881				0.0207
	D21	0.19893333				0.0281
	D22	0.178053857				0.0172
	D23	0.165164408				0.0120
C7 数据隐私管理 制度水平	D24	0.337030016		0.35909734		0.0575
	D25	0.252521635				0.0328
	D26	0.216605707				0.0215
	D27	0.193842643				0.0130
C8 信息保护 行为水平	D28	0.315294946		0.247980615		0.0112
	D29	0.253322307				0.0042
	D30	0.431382747				0.0187
C9 知识产权 保护水平	D31	0.372689508			0.344236767	0.0353
	D32	0.352765637				0.0334
	D33	0.274544854				0.0155
C10 政策影响程度	D34	0.31214306			0.244400822	0.0169
	D35	0.270900372				0.0131
	D36	0.217030958				0.0075
	D37	0.199925609				0.0051
C11 隐私保护技术 代差水平	D38	0.37928			0.209297065	0.0047
	D39	0.62988				0.0222
C12 数据跨境 传输保护水平	D40	0.47966			0.202025346	0.0042
	D41	0.41982				0.0172

　　结合所收集的450份目标行业(行业问卷数量比例1∶1∶1)的企业跨境数据保护成熟度初始评分的有效问卷数据进一步分析,得到如表7-7所示的三个行业的最终评估情况。

表7-7　金融业、信息技术业、零售业数据保护成熟度最终评估情况

	金融业	信息技术业	零售业
成熟度最终得分	3.673013556	3.74828518	3.644081191
薄弱领域	外部威胁 (1.033984768)	外部威胁 (1.033002747)	外部威胁 (1.012048132)
薄弱二级指标 (6项)	黑客窃取安全水平 (0.538257712)	黑客窃取安全水平 (0.556102643)	黑客窃取安全水平 (0.528870211)
	物理环境安全性 (0.582260242)	物理环境安全性 (0.603479473)	物理环境安全性 (0.571521823)
	隐私安全设置水平 (0.655685382)	隐私安全设置水平 (0.682302385)	隐私安全设置水平 (0.66514426)
	数据跨境传输保护水平 (0.704340815)	数据跨境传输保护水平 (0.695456414)	数据跨境传输保护水平 (0.690609341)
	网络协议安全性 (0.732855983)	网络协议安全性 (0.758960886)	网络协议安全性 (0.747326996)
	隐私保护技术代差水平 (0.826542239)	隐私保护技术代差水平 (0.82742112)	隐私保护技术代差水平 (0.784299394)
薄弱三级指标 (15项)	已废弃及未受保护的 网站保护水平 (0.517266856)	已废弃及未受保护的 网站保护水平 (0.520364263)	已废弃及未受保护的 网站保护水平 (0.528624013)
	用户数据拒绝权意识程度 (0.592389676)	用户数据拒绝权意识程度 (0.605602829)	公共代码存储库安全水平 (0.574411134)
	公共代码存储库安全水平 (0.612333423)	公共代码存储库安全水平 (0.630179206)	用户数据拒绝权意识程度 (0.593490772)
	用户数据删除权 (被遗忘权)意识程度 (0.636168299490596)	用户数据持续控制权 意识程度 (0.651677116)	用户数据删除权 (被遗忘权)意识程度 (0.641207256)

	金融业	信息技术业	零售业
薄弱三级指标 （15项）	用户数据持续控制权 意识程度 （0.649303065）	用户数据删除权 （被遗忘权）意识程度 （0.675220215）	用户数据持续控制权 意识程度 （0.642180911）
	移动应用后端安全水平 （0.671902573）	欧盟数字服务税影响程度 （0.699739633）	移动应用后端安全水平 （0.677977641）
	应用层安全性 （0.684678747）	用户数据限制处理权 意识程度 （0.700245323）	应用层安全性 （0.697845646）
	用户数据限制处理权 意识程度 （0.697592878302384）	移动应用后端安全水平 （0.70713797）	用户数据限制处理权 意识程度 （0.700245323）
	欧盟数字服务税影响程度 （0.705070982754828）	应用层安全性 （0.725496134）	欧盟数字服务税影响程度 （0.707736658）
	数据泄露事件报告制度水平 （0.736602043）	境外管辖权影响程度 （0.755267735）	数据泄露事件报告制度水平 （0.745648033）
	境外管辖权影响程度 （0.776970831）	数据泄露事件报告制度水平 （0.770201434）	境外管辖权影响程度 （0.771183339）
	传输层安全性 （0.795764081）	数据保护官设立制度水平 （0.805773229）	暗网攻击安全水平 （0.793310604）
	暗网攻击安全水平 （0.808056154）	暗网攻击安全水平 （0.812479819）	数据保护官设立制度水平 （0.815881495）
	数据保护官设立制度水平 （0.824545723）	传输层安全性 （0.81341504）	传输层安全性 （0.816356867）
	最小化原则设置水平 （0.855753973）	最小化原则设置水平 （0.876393679）	最小化原则设置水平 （0.862104651）

对比三个目标行业面向欧盟区域的跨境数据保护成熟度评估情况可得：信息技术行业总体成熟度得分位居第一，金融业第二，零售业第三。具体分析如下：

　　且不说历来欧洲的行业标准始终都行走在世界前沿，其严格的市场准入规定也令众多企业望而生畏，而后又有诸如将人工智能等信息技术行业囊括于外国对欧投资的敏感行业这样的规定，更加使各国有关涉欧行业对此保持高度警惕。并且随着 GDPR 执法与 IT 部门的关系日渐紧密，我国涉欧信息技术行业为极力保住欧洲市场，很大一部分跨境企业早早就开始为 GDPR 合规做准备，将数据隐私安全保护纳入企业对欧的发展战略当中；而与信息技术行业同样归属于服务业的金融、保险行业始终处于欧盟规定的敏感领域，并且根据一份欧盟文件指示，欧盟拟实施更严厉的金融市场准入规则，迫使各金融机构不得不重视包括数据等全方面安全在内的对欧标准；虽然我国零售行业相对信息技术及金融行业的数据保护意识较为薄弱，其行业数据泄露事件也在各类数据泄露事件报告中占据榜首，但因为新冠肺炎疫情对零售行业的巨大冲击，使各国零售业处于低迷状态，再加上欧盟本地的竞争对手极有可能在过去几年里已经投入了 GDPR 合规成本等竞争优势，均迫使我国与欧盟境内个人信息紧密关联的零售业不仅要遵守欧盟市场监管新规（EU）2019/1020，还应更加积极践行 GDPR 的有关监管条例。

　　首先，三个行业最薄弱的领域均为外部威胁；其次，成熟度得分最差的二级指标均包括黑客窃取安全水平、物理环境安全性、隐私安全设置水平、数据跨境传输保护水平、网络协议安全性、隐私保护技术代差水平六项；最后，虽然各行业在三级指标维度的薄弱顺序有所不同，但涵括的指标均相同，其中尤其是数据主体权利及最小化原则等指标也赫然在列。基于硬件等基础架构设施是企业发展的先决条件，因此，应对平台风险就成为了企业正常运转的基本保障。随着目标市场的特殊性凸显，对接欧盟 GDPR 等准则对企业的市场战略产生了重大的影响，其中尤其是在进行数据处理时更加注重遵守数据处理的基本原则，但数据主体的各项权利依旧是企业管理的弱势环节。然而，不仅以保护人权著称的 GDPR 在未来终将不断加大执法力度，所有涉欧行业需审慎对待；同时鉴于我国近年来，根据民众强烈反映的 APP 非法、超范围收集个人信息等现状再出重拳整治的强势态度下，无独有偶，各行各业均需拉响警钟，应在维持正常业务运作下合理合规、最小化范围收集用户数据。

本章小结

　　本章以面向欧盟区域的跨境数据流动保护问题为出发点，根据数据隐私管理标准发展三阶段以及数据出境安全评估、能力成熟度模型、数据安全能力成熟度模型等理论基础，从企业内部数据保护及企业外部风险防控两方面探索数据跨境保护的人文价值与维护国家安全、经济利益的平衡，通过区域监管要点、欧盟关于数据跨境的最近进展及 GDPR 经典执法案例，运用群决策层次分析及信息熵方法构建面向欧盟区域的企业跨境数据保护成熟度评估模型，并以 GDPR 经典 19 个案例及国内三个典型行业：金融、保险业，信息传输、计算机服务与软件业，批发、零售业中涉欧企业进行模型运用。结果发现在面向欧盟区域时，企业跨境数据保护的突出区域性监管缺陷，有利于客观、准确地掌握我国企业对欧跨境数据保护方面的成熟度评估，对我国企业未来的 GDPR 合规践行以及企业行业自律具有一定的现实意义。

第八章
CHAPTER 8

个性化场景下的企业数据保护成熟度研究

第一节　问题背景

一、数字化转型进程加快

首先，自"数字贸易"一词出现以来，企业开始大刀阔斧地开展数字化转型。企业当前的数字化变革无论是在适应性、创新性还是联通性等各方面都存在严重不足，这促使它们为了在变局中存活下来，紧急加快自身的数字化进程。

其次，对当前仍高度依赖实体纸质材料的金融服务行业来说，如何在优化日常运营、改善服务客户方式中开展数字化变革势在必行。《数字银行报告》调研发现，有75%的金融机构认为数字化技术的使用将有益于采取下一步最佳行动；在遇到疫情危机时，利用一切诸如智能自动化、虚拟代理等数字渠道大幅度提升客户体验显得尤为重要，因此金融服务业正加快执行数据驱动的方法，了解来自竞争对手及客户的挑战与需求，从而以更具成本效益的服务方式进行企业发展的长远规划。据埃森哲行业调查报告显示，约68%的银行高管和66%的保险业高管表示企业的数字化转型在快速发展中，93%的银行高管认为组织应发展新的目标感，同时大多数银行高级管理人员计划将以两到三年的冲刺速度来最大限度地压缩原本长达10年的组织转型议程，而

80%的保险业高管承认企业的业务与技术战略正变得密不可分。

最后，零售行业关闭了许多实体商店，行业经营受到严重打击，但与此同时，基于大数据及前沿技术的数字化变革又给零售业带来新的希望。为了跟上瞬息万变的消费者行为、市场动向以及竞争趋势，零售商加速以数据为导向，不断探索数字化对线上线下销售渠道的融合赋能（艾瑞咨询，2021）。例如，自2020年以来，包括永辉、家乐福等在内的国内零售商超就表现出优秀数字化实践，如表8-1所示。

表8-1　国内零售商超的数字化实践

商超	数字化实践
永辉超市	卫星仓缩短接单流程和配送流程；三大数据精准服务：优品、优客、优Mall；疫情期间紧急启动"田间寻货源""田间现采"的方案组织采购
家乐福	与苏宁易购的优化打通，支付可使用云钻；介入苏宁易购平台、苏宁推客、第三方平台等拓深消费市场多渠道；在PP体育、苏宁榴莲社区上直播构建私域流量池；"店+"系统、微仓系统、慧眼系统进行业务流程的监管把控
华润万家	自建"华润万家APP"；与京东到家、美团外卖、饿了么等合作推广；推出万家City等新业态；数字商显屏幕进行顾客交互体验
沃尔玛中国	全套"智慧互动屏"；在京东上线多家旗舰店、最后一公里及沃尔玛云仓项目、腾讯小程序
朴朴超市	采用"前置仓+纯线上运营+自有配送团队"的模式；APP下单，在居民区附近设置货仓，1.5公里范围内可配送到家

资料来源：环球网、腾讯网等新闻网。

数字化转型已势不可当，技术正凭借其劈波斩浪之势为人类引领未来。而在数字化这场大变革中，信息技术行业作为数字经济的技术支持行业已渗透进传统的、非传统的各行各业，催生出更多的新业态新模式。对于各大公司来说，疫情为其带来了巨大的商业机遇，同时也带来了更多数据控制者及处理者相应的责任重担。

二、网络安全威胁活动激增

随之而来的网络安全威胁也成为行业数字化转型过程中最为关键的制约瓶颈。越来越多企业的上云规模在大幅扩张，网络安全威胁事件也同步激增。据埃森哲的调查结果表示，2021 年上半年全球网络安全威胁总活动量同期增长 125%，其中最具调整和扩展规模压力的行业：提供基本生活必需品的零售行业、提供疫情应急物资和援助的制造业和政府部门的网络安全威胁事件分别增长 402%、230% 和 205%（Paloalto，2021）。在总体网络安全威胁事件中，首先最常被攻击的目标是消费品和服务行业，占总量的 21%；其次是制造业、银行业和旅游与酒店业，分别占 16%、10% 和 9%。此外，也有企业自发造成的数据安全监管问题，如存在敏感数据在网上被公开暴露的现象。派拓网络威胁情报团队发现 30% 的企业个人身份信息、企业知识产权、客户医疗保健和财务等数据暴露在互联网上（Paloalto，2021）。表 8-2 总结了 2021 年网络安全威胁的主要趋势。

表 8-2　2021 年网络安全威胁的主要趋势

趋势	具体表现	占比（%）
1. 威胁来源扩大	勒索软件数量最多	38
	其次是后门软件	33
2. 勒索软件变体增加	最大勒索软件变体是 REvil/Sodinokibi	25
3. 勒索软件攻击目标行业变化	首先最常针对保险行业	23
	其次是消费品和服务行业和电信行业	17、16
4. 勒索软件攻击目标规模变化	攻击年收入在 10 亿~99 亿美元的公司	54
	攻击年收入在 100 亿~200 亿美元的公司	20
5. 勒索软件攻击测试勒索方法更新	策略越来越强硬：支付赎金后也阻止了数据的检索	—
	敲诈勒索转向针对个人：增加了个人声誉损失风险	—
	战术、技术和程序（TTP）更加先进：使用工具和键盘操作禁用端点防御的显著防御规避策略	—

续表

趋势	具体表现	占比(%)
6. Cobalt Strike 工具受欢迎程度上升	版本升级	-
	攻击者可自定义加载器来提供 Cobalt Strike	-
	恶意软件 EvilGrab 和 Cobalt Strike Beacon 正在合并	-
7. 恶意软件实现从 IT 领域入侵 OT 领域	恶意软件支持在端点部署更多恶意软件	-
	增加蔓延到 OT 资产的风险	-
8. IT 和 OT 网络暗网攻击挑战增加	游戏规则即将被 CLOP 和 Hades 的使用者改变	-
	恶意软件日志不仅易于购买，还易于使用	-

资料来源：埃森哲：《2021 Cyber Threat Intelligence Report》。

第二节　研究设计过程

本章将企业数据保护问题落实到一个实体企业内进行，深化实体企业的数据保护场景，探索式单案例研究方法适合回答此类问题，理由有以下两个：一是本章旨在根据企业所处的行业特点、主营业务特征、市场面向区域性质以及企业现有的数据保护流程来还原场景，并为企业构建具有企业个性化特征的数据保护成熟度评估模型，适合采用单案例研究方法；二是对于大部分企业来说，数据保护问题始终是一片模糊，任重而道远，并且该问题是具有情景化特征的构念，需要在具体情景中进行深入研究，因此单案例研究方法既可以更清晰地展示一个企业的数据保护全场景，又能拓宽企业数据保护的场景化研究问题。

在样本选择上，本章将选择 Z 信息技术公司为企业数据保护场景深化实践的研究对象，核心理由有两个：一是 Z 企业所处的信息技术与软件服务行业为众多客户群体提供 IT 数字化转型技术及咨询服务，其业务特征就使其成为了数据控制者或数据处理者的关键主体，对数据保护具有不可推卸的责任；二是 Z 企业自创建以来不断优化的管理体系使企业信息安全实践成为业内的最佳实践之一，选择 Z 企业进行单案例研究对其他企业的数据保护措施落地具有极大的借鉴意义。

因此基于本章研究问题，Z 企业案例具有重要的启发性，是本案例研究的合适对象。本章将论述数字浪潮为 Z 企业所带来的机遇和挑战，通过企业调研与数据收集分析 Z 信息企业在互联网大数据环境下的信息安全工作，来复原 Z 企业数据保护场景，为 Z 企业构建个性化数据保护成熟度评估模型，从而在推进企业业务进展的同时做好本企业的数据保护工作，并为其他企业未来数据保护有关措施提供最佳实践参考。

第三节　企业调研及数据保护场景复现

一、企业调研及数据保护场景复现

(一) 调研方法及数据来源

本章主要通过企业调研的方式来了解 Z 企业数据保护的总体情况，其中访谈提纲主要关注企业数据保护过程中所涉及的维度因素，不同部门对企业信息安全工作的影响程度。因此，我们针对信息安全部门、IT 技术部门、法务部门、人力资源部门(HR) 及其他业务部门有关人员设计相关的研究问题，结合各工作职能的核心关注点整合企业整体的数据保护范畴。同时在调研过程中，根据企业实际情况动态调整访谈提纲，同步增补调研问题，确保数据的完整性和准确性。此外，田野观察也是本研究数据的重要来源。研究人员于 2021 年 6 月进驻调研企业的信息安全部门实习，随后开始田野观察。调研了解本部门的信息安全工作之余，在不打扰调研目标人群日常工作的前提下，以观察日记的形式记录下有关部门、人员主要的数据保护行为。调研集中在 2021 年 8~9 月，最后整合半结构访谈与田野观察数据资料来加深对调研对象的数据保护场景研究。

本研究主要采取以下四种渠道作为案例研究的数据来源：一是半结构访谈，通过围绕企业数据保护主题开展目标受访群体在不同角度、思路以及构念的调研访谈，降低调研数据的结构化，确保不同信息对调研主题新问题的启发，并且结合不同部门之间的交叉点，可以更加全面地了解企业数据保护场景的全貌。二是田野观察日记，通过进驻企业实地近距离接触企业各相关部门以及企业信息安全工作日常事务安排，以日记的方式记录实践经历，使场景更贴近现实情况。三是企业相关无涉密文档，包括企业官方网站推文、公开隐私政策、宣传手册、企业刊物、员工培训材料等。四是外界材料，Z企业是IT行业知名企业，现阶段在各大网站、新闻报道均有相关信息检索，可为本研究提供客观的信息资料。此外，通过在调研期间参与、收集的外界公开数据如保护主题论坛活动材料也是本研究的数据来源。

(二)企业信息安全保护现状

在信息安全技术层面，Z企业的最佳实践不仅体现在源源不断地为客户提供最先进的软件创新技术，还体现在企业自身拥有安全系统防御体系。首先，作为拥有高级技术含量的信息技术公司，Z企业使用的大部分软件为自主或者与行业优秀运营实体合作共同开发，通过设计安全的应用程序并将安全性嵌入工具、流程和培训中；其次，在整个应用程序开发生命周期(构建、测试和部署期间)整合安全性；最后，自动评估应用程序的漏洞，加速修复并持续监控环境中的威胁，使其在整个软件开发生命周期和供应链中提高整个应用程序组合的安全性。

对内，与微软合作在企业专用邮箱软件Outlook内共同开发插件"Report Phishing"，使其成为企业员工在收到可疑钓鱼邮件时最便捷的钓鱼报告渠道；在Teams内插入Z企业专属机器人插件，使其成为员工咨询信息安全相关问题等的渠道；企业办公设施系统中也对适用的软件进行了特定的认证程序，禁止非认证的可疑应用程序的安装与使用；此外，不仅在系统登录过程中设置层层确认端口，还与Authenticator及VIP Access等软件合作，进一步确保系统的多重身份安全验证。

对外，为抵御高级攻击做好准备，减少面临针对应用程序、硬件和企业资产的威胁的风险；通过网络调查、检测、取证和响应一切可能影响业务运营的威胁和漏洞并从中恢复；从长远规划来看，通过可操作的相关威胁情报支持决策，以提高长期的安全成熟度。一旦攻击发生，将实施追踪攻击，全面了解入侵和影响；然后与合作方协作、报告，确保履行法定义务；从经验中学习，评估当前和剩余风险并应用风险缓解策略；最后掌握战术，加强防御姿势。

而近期的一起勒索软件攻击事件则很好地诠释了 Z 企业对外高强度的防御姿势：Lockbit 团伙在其数据泄露网站发布 Z 企业已遭受 Lockbit2.0 的勒索攻击，不仅加密了 Z 企业 2500 台设备，还从内网窃取了 6TB 数据，并发布警告：如果不在指定时间内支付 5000 万美元(约 3.2 亿元人民币)赎金，将公开发布窃取到的全部数据。然而 Z 企业在受到攻击后迅速声明，在事件发生后立即控制并隔离了受影响的服务器，并根据数据备份操作完全恢复了受影响的系统。完善的系统备份与充分的风险检测，使 Z 企业在面对黑客勒索时拥有足够的底气以不支付赎金为应，随后证明了勒索组织发布的数据确实显示其中不含有任何 Z 公司的敏感信息。此次企业数据遭窃事件再次给各行各业敲响警钟：网络攻击依旧防不胜防，企业切忌存有侥幸心理。事实上，完善的数据备份及风险评估防范方案，也是行业公认的防御外部袭击的首要防线。

1. 在信息安全管理层面

研究表明，数据安全问题发生的原因除了来自外部恶意攻击以外，人为失误是第二大隐患，于是，在信息安全中，规范的管理体系也成为技术手段之外最为关键的环节之一。那么拥有国际级的数据隐私标准认证不仅可以增强企业的信息安全管理系统以帮助企业达到卓越的国际标准，还能使企业的客户更加安全。Z 企业的本地分支机构最早于 2005 年在交付中心和 BPO 认证获得 Z 企业中国办公室的 ISO27001 标准，随后于 2013 年获得该企业全球分支机构统一的 ISO27001 认证，据此认证，定期改进政策、重组安全框架以及数据隐私和信息安全工作；并且在 GDPR 实施后，为更好地保护个人身份信息并维护国际数据隐私法规，于 2020 年 3 月又获得英国标准协会(BSI)的企业和客户服务业务 ISO27701 认证。这两项国际双重标准认证对 Z 企业保护客户和公司信息的流程环境和安全控制展开了进一步验证。

（1）从员工管理角度来看，Z企业极其重视员工的信息安全能力培训与考核，保卫企业整体信息安全的责任不仅依赖于信息安全部门，更是需要企业内的所有员工一起努力。因此，企业不仅积极部署全球及片区的信息安全团队建设，全程参加监控并处理企业大大小小的信息安全事件，还基于部门属性及业务场景需求，为不同部门的员工制定集个性化、可视化和多元化的信息安全培训，并且不断由企业总部信息安全团队推陈出新符合信息时代变迁的前沿课程，同时将该培训课程作为一个硬性指标，强制员工认真参与并成功通过。同时，企业为进一步强化员工信息安全意识，致力于将其转化为日常知识与自主反应能力，不仅定期由信息安全团队为企业员工发送主题邮件，还采取了对员工的钓鱼识别能力进行阶段性的检验与惩罚警示等一系列卓越实践措施。

（2）从客户信息保护角度来看，Z企业的信息安全团队为快速识别和减轻客户项目生命周期中的安全风险，开创性地开展了全球客户数据保护（CDP）计划来满足不同客户独特的安全期望并实施动态的安全监管。计划包括划定责任承担的商定的信息安全问责制；用以在数据生命周期过程中保护客户数据的安全控制措施，以及应对潜在高风险工作分配的控制补救措施；提供数据加密、防丢失等技术支持；为客户团队进行独特的培训并分享领域实践内领先的专业知识；定期审查客户团队流程及控制安全性效能。同时联动企业内部的安全运营中心，实时监控、洞察客户项目的风险合规性和潜在威胁，确保帮助客户推动改进的业务范围的合规性。

2. 在隐私政策及跨境合规层面

首先在隐私政策层面，与其他网站类似，Z企业的官方网站首页设置有信息记录程序（Cookie）及隐私声明弹跳窗口。但不同于大多数网站仅以"接受Cookie""OK"等简单的表述供用户选择，Z企业为用户提供细化的Cookies Policy说明，包括Cookies的内涵、使用目的、提供Cookies的第三方供应商等，以及为用户提供便捷的Cookie设置，表8-3为Z企业所使用的Cookies类型的介绍，用户有权根据自身偏好进行选择，并有权撤回同意或者重新设置调整、Cookies的性能与功能介绍等。此外，还留有"联系公司"入口以便于更进一步的问题咨询与解决。

表 8-3　Cookies 类型

类别	说明	举例
严格必要 Cookies	该类型 Cookies 为用户便捷使用移动网站及其功能提供必要的帮助，如访问网站的安全区域；缺乏该类型 Cookies 网站服务无法提供	为每位注册访问者赋予唯一识别符号的 Cookies，用于访问网站和返回网站时识别用户
性能 Cookies	该类型 Cookies 虽然收集用户访问和使用本网站的有关信息，如用户经常访问的页面，以及用户是否从这些页面获得错误信息，但是并不识别用户身份信息，即收集匿名化信息，用以改善网站的工作方式	(1)追踪用户浏览该网站的路径：引用内部网页的 URL 用于存储前一页访问的 URL；外部网页的 URL，用于存储指向该网站访问者的 URL；URL 历史记录，用于存储用户访问的网页； (2)为每位未注册的访问者赋予唯一识别符号的 Cookies，用于分析未注册的访问者使用该网站的情况； (3)临时创建会话管理 Cookies，用于在浏览器会话期间追踪用户在该网站上的动作。关闭浏览器的同时，会话管理 Cookies 也会被删除
功能 Cookies	该类型 Cookies 允许网站记录用户所做的选择，如用户名、语言或所在地，并提供更多增强的、个性化的功能。但该类型 Cookies 无法跟踪用户在其他网站上的浏览活动	为每位注册访问者赋予唯一识别符号的 Cookies，用于根据用户个人资料为他们提供内容和服务；也用于偏好分析和营销目的
有针对性的 Cookies	该类型 Cookies 用于发送与用户及其兴趣高度相关的广告；限制用户看到广告的次数；用于衡量广告活动的效果；用于了解用户观看广告后的行为	Z 企业的官方网站上不使用第三方广告，但使用这些 Cookies 用于收集关于网站的分析和情报

　　除了 Cookies Policy 说明，Z 企业的隐私声明也随着国际形势变化定期更新，确保用户在与 Z 企业开展业务时的安全放心，确信个人数据得到了最好的保护。Z 企业在其隐私声明中简洁但又不失详尽地罗列出企业的数据隐私保护方案，包括如何保护个人数据、在用户访问 Z 企业网站和访问企业办事处时，企业如何使用个人数据、Z 企业将个人数据用于营销目的的方法等内

容。其中，在保护个人数据中提供了如何处理个人数据的具体详情，如声明网站收集的个人数据的对象、处理个人数据的措施、使用目的、法律依据、与第三方共享情况、敏感数据处理方式、处理个人数据的场所、个人数据保留期限以及个人数据处理享有的权利等方面；介绍在访问企业网站时使用个人数据的方式包括收集个人数据的类别、是否包含第三方网站和链接以及企业如何使用从官网收集到的个人数据。此外，隐私声明中还特别说明如何将个人数据用于营销目的，如营销数据的来源、是否发送针对性电子邮件、是否维护客户关系管理数据库、是否整合并分析个人数据、用户对营销传播拥有的权利等方面。表8-4为Z企业隐私声明中部分具体细节示例。

表 8-4　Z 企业隐私声明中部分细节示例

专项	细节				
收集对象	员工、潜在员工、客户、供应商、业务联系人、股东和网站用户				
收集类别	收集对象的基本信息	其他个人信息，如联系方式和个人身份识别信息	受教育情况和与职业或工作有关的信息	用于照片的敏感数据	用于工资/福利的财务信息 ………
使用目的	管理双方的合同或雇佣关系	招聘	应急沟通	业务运营需要	遵守法律要求 ………
法律依据	履行合同所需	招聘合适的人才	确保组织正常沟通和应急处置	确保业务正常运作	遵守相关法定义务所需 ………
敏感数据的处理	通常不会通过本网站或其他方式收集敏感数据。在极少数情况下，如果需要收集这些数据，企业将严格按照数据隐私法律要求和/或征得用户同意后进行操作；"敏感数据"包括种族或出身、政治观点、宗教、哲学或其他类似信仰、工会会员身份、身体或心理健康状况、生物特征或基因数据、性生活或性取向或刑事判决和犯罪情况（包括涉嫌犯罪活动的信息）				

在跨境合规层面，欧盟的 GDPR 和美国的 CCPA 条款对大多数跨国企业的数据跨境合规要求具有普遍的适用性。其中尤以 GDPR 的 SCC 标准合同条款为大部分企业的跨境合规提供了便捷的保障措施。而 Z 企业除了使用该标

准合同条款进行各子公司之间的"联盟间数据处理协议"，确保数据在 Z 企业全球实体和分支机构间的安全转移外，还早在 2009 年就开始实施"约束性企业规则（BCR）"，经过欧盟数据隐私监管机构的批准后，于 2018 年根据GDPR 再次更新，以反映欧盟通用数据保护条例下的新要求，严格遵守适用的数据隐私法律以及企业的"BCR"，并每年进行审查。

基于企业的行业性质，个人数据成为了企业主要收集与处理的核心数据类型，且此处 Z 企业的数据仅指员工、客户及供应商的非敏感个人信息数据。而"敏感数据"是指数据隐私法确定需要特殊处理的各类个人数据，如种族或民族血统、政治观点、宗教、哲学或其他类似信仰，工会成员身份、身体或心理健康、生物特征或基因数据、性生活或性取向、刑事定罪和犯罪（包括有关涉嫌犯罪活动的信息）等。全球各经济主体均对"个人数据"的收集、传输等操作设立了不同等级的严格规定，一旦触及，将对企业造成难以估量的损伤，因此 Z 企业首先以欧盟高度保护人权要求为准则，对涉及个人信息的任何操作都进行了 GDPR 控制；其次严格按照各国出台的有关法规，如根据中国《网络安全法》《个人信息和重要数据出境安全评估办法（征求意见稿）》等规定，将"个人数据"处理遵循本地化存储原则，还对相关数据出境进行规定的安全评估，做到跨境合规。同时，对待敏感数据，Z 企业则更加审慎：通常不会通过企业官方网站或其他方式收集，如果确实需要此类数据的少数情况下，那么企业将根据数据隐私法要求进行收集并且需要获得个人的明确同意。

二、企业数据保护场景复现

CI 理论将具体情景脉络中的资讯流动规范作为评估个人隐私是否被侵害的重要衡量手段，来构建隐私的动态框架。其核心在于保护"个人信息合乎时宜地进行传递"的权利（牛静和翁林，2014），与当下各企业对由自身组织机构控制和处理的海量数据进行有效的保护主旨不谋而合。因此，借用情境脉络完整性理论来复原企业诗句保护场景，可以在最大程度上清晰地展示在现实场景中的资讯主体、信息类型及传播原则，用以更好地把握数据保护过程中涉及的各方利益主体与关键环节，为企业构建个性化数据保护成熟度模型提供强有力的证据支持，同时也为调研企业未来的优化方向提供了至关重要的现实启发意义。

调研企业的数据类型主要涉及个人信息，因此本场景展示了资讯主体以应聘人、供应商、客户作为主要的信息发送方，而调研企业整体作为信息的接收方、数据控制者及数据处理者；以应聘者个人信息、客户及供应商的个人信息作为主要涉及的信息类型，并且在企业公开的隐私政策的指引下，从数据采集阶段开始，在数据生命周期发展过程中根据情景不同不断发生信息属性、类别等方面的演化；同时，在情景脉络过程中，以个人意愿以及企业根据中国及国际法规规制构建的数据传输机制来进行数据的传播及相关处理等各项操作，系统梳理调研企业的数据保护场景。

如图8-1所示，以数据生命周期为情景全过程的阶段指示，以本地与境外的地理区域为划分，来开展调研企业的个人信息保护场景复现。

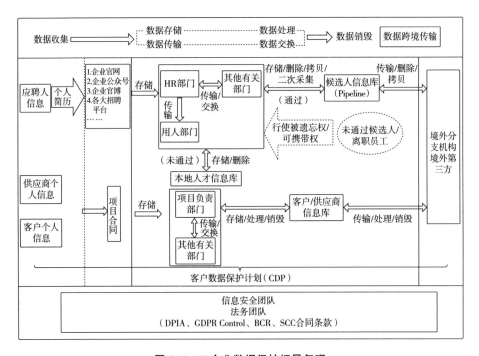

图8-1　Z企业数据保护场景复现

（1）场景一。在数据收集阶段，调研企业通过企业官网、微信公众号、官方微博账号以及各大招聘平台等渠道获取应聘者个人简历及有关信息；当数据流入调研企业的同时，企业自然而然成为应聘者个人数据的接收方、控制者与处理者的角色，并承担起相应的数据保护责任。在本场景中，应聘者个人信息首先将存储在招聘部门的办公设备及系统中（据调研，为安全起见，Z企业鼓励 HR 尽量不将应聘者简历存留纸质材料，均使用线上材料），然后由该部门将数据传输到各用人部门及其他有关部门的办公系统中进行筛选与面试等系列操作。而后，面试结果分为通过与不通过，当应聘人通过并有望成为企业的储备员工时，对应的个人信息便会存储在本地候选人信息库（Pipeline）中，并根据企业需要对候选人进行二次信息补充采集与存储，同时还需要根据 BCR 规则传输到境外分支机构。当应聘者未通过企业面试时，则将对应的个人信息存储在本地企业人才信息库中，但在该场景下还可能发生两种情况：一是未通过的应聘人请求 Z 企业删除其全部个人信息时，企业将及时响应并在本地人才库中全面删除有关的个人信息，并将结果通过邮件告知对方；二是企业离职员工向企业提出删除其个人信息或者要求行使个人数据可携带权时，企业不仅要在本地候选人信息库中拷贝其个人所有的信息并以直观、通用的形式交付给申请人外，还需要在境外分支机构或者第三方进行同等操作，再通过 BCR 规则进行跨境传输至申请人。

（2）场景二。企业主要通过项目合同的方式采集供应商及客户的个人信息，将数据存储在对应项目负责部门以及其他有关部门的办公设备、系统上，然后再系统上传至客户/供应商信息库中存储，同时依据 BCR 规则与 SCC 标准合同条款进行跨境传输操作；此外，企业还为客户专门制定一个客户数据保护计划（CDP），并由计划的负责团队全程为客数据保护保驾护航，进行一系列的客户、企业、第三方间的客户数据的存储、传输、处理、交换、销毁行为。同时，企业信息安全团队、法务团队等将全程密切监督企业数据保护的各个场景活动，不仅以企业针对用户的公开隐私政策、ISO 国际认证来及时对各数据进行 DPIA 评估和 GDPR 控制，还以企业内部员工信息安全保护政策、贯彻落实员工的数据隐私意识程度衡量及行为规范来为企业数据的安全问题负责，并高度配合企业 BCR 规则和 SCC 条款助力企业数据的合规跨境传输，以保持企业数据保护工作的最佳实践标准。

第四节　企业个性化数据保护成熟度评价体系设计

基于调研企业 2/3 的市场来自欧盟区域，而第四章的企业跨境数据保护成熟度模型以面向欧盟区域为例，对调研企业同样具有普遍适用性。因此，本章将在该区域化模型的基础上，根据调研企业的信息安全现状及数据保护场景活动，先提取相关的成熟度评价指标，再构建完整的成熟度评估模型，以此来进一步构建具有个性化特征的 Z 企业数据保护成熟度评价体系。

一、企业个性化数据保护成熟度评价指标提取

依照前一章的指标体系设计，本章模型指标依旧采纳划分为一级指标、二级指标和三级指标，并且沿用前两个层级的指标因素，同时细化提取部分第三层级指标：

首先，以数据保护场景针对不同个人信息类型设定的不同信息数据库做法为启发，同时依据调研企业在信息安全技术层面的对内与对外两个层面上的强硬技术手段与具有前瞻性的网络舆情监控防范措施以及完善的数据备份及风险评估防范方案等方面的突出表现，可将数据库安全性依照其指标内涵及企业现状细分为内部数据库安全性、系统日志安全性、欺诈风险数据库安全水平；将数据活动安全性中的数据生命周期记录能力与数据流图设置水平作为进一步细化的指标体系；并以企业特色多重身份验证关卡设置为由，将用户多重身份验证水平补充添加为隐私安全设置水平的三级指标之一；暗网攻击安全水平将从钓鱼攻击防御安全、恶意插件防御安全及安全漏洞管理修补水平三个方面来具体体现。

其次，根据调研企业独树一帜的在信息安全的表现，如获得 BSI 双重国际标准认证 ISO21001 与 ISO27701、企业全球信息安全组织部署情况、数据

保护场景中全程参与的监控团队设置现状、员工信息安全能力的重视程度以及独创性地为客户创建 CDP 计划举措，可将 BSI 国际权威认证水平纳入数据隐私管理制度水平指标的又一体现；以数据保护部门架构设置水平、数据保护人员职责践行水平两方面构成数据保护官设立制度水平；并以隐私安全问题应急修复能力、其他部门人员信息安全保护能力水平补充作为信息保护行为水平的衡量标准；同时员工数据隐私意识培训程度也同样进一步细化，分为员工数据隐私基本培训课程设置水平、员工数据隐私基本培训课程完成度、员工数据隐私培训项目多元化程度三个因素。

最后，结合调研企业严格遵守 GDPR 等国际法规对人权高度保护的主旨以及我国系列数据保护法及出境安全评估方案，来构建的对外公开隐私政策、BCR 规则及 SCC 条款措施，特别地，按照数据保护场景内企业划分所涉及的三种主要数据类型，并为不同情景另外情况设立便捷的维权申诉响应机制，因此，将最小化原则设置水平以必要用户数据收集、使用程度来表示，同时提取用户数据权维权途径设置水平指标、数据分级分类践行水平、受国内数据保护法其他要求影响程度分别设为隐私安全设置水平、信息保护行为水平以及政策影响程度的另外补充三级指标；另外，当前调研企业在跨境数据传输层面上已满足欧盟的 BCR 规则与 SCC 标准合同条款这两项充分性保障措施，因此将其剥离原有的"其他保障措施水平"指标，作为充分性保障措施水平指标与其他保障措施水平指标共同作为数据跨境传输保护水平的两项衡量因素。

此外，调研企业的其余各项数据保护措施不仅与企业面向欧盟区域时的数据保护成熟度评估方向保持一致，其个体做法也严格符合权威的 GDPR 的核心价值，尤其在数据保护情景中任命信息安全团队与法务团队来监控把关全程，并对过程中将数据列为企业资产进行 DPIA 及 GDPR 控制，因此该调研企业数据保护评估的其余指标也沿用企业跨境数据保护成熟度的剩余指标，共同构成表 8-5 所示的企业个性化数据保护成熟度评估指标总览表。至此，本章最终构建 3 项一级指标、12 项二级指标、58 项三级指标。

表 8-5　Z 企业个性化数据保护成熟度评估指标

一级指标	二级指标		三级指标
企业跨境数据保护成熟度评估指标体系	B1 平台风险	C1 信息系统安全性	D1 计算机硬件安全性
			D2 内部数据库安全性
			D3 系统日志安全性
			D4 欺诈风险数据库安全水平
			D5 数据生命周期记录能力
			D6 数据流图设置水平
		C2 网络协议安全性	D7 链路层安全性
			D8 网络层安全性
			D9 传输层安全性
			D10 应用层安全性
		C3 物理环境安全性	D11 选址安全性
			D12 环境安全性
			D13 边界安全性
		C4 隐私安全设置水平	D14 用户数据管理透明度（知情权）
			D15 用户数据访问权限程度（访问权）
			D16 必要用户数据收集程度
			D17 必要用户数据使用程度
			D18 用户数据权维权途径设置水平
			D19 用户多重身份验证水平
			D20 云存储配置安全水平
		C5 黑客窃取安全水平	D21 钓鱼攻击防御安全水平
			D22 恶意插件防御安全水平
			D23 安全漏洞管理修补水平
			D24 已废弃及未受保护的网站保护水平
			D25 移动应用后端安全水平
			D26 公共代码存储库安全水平

一级指标	二级指标	三级指标
企业跨境数据保护成熟度评估指标体系	B2 企业行为	C6 数据隐私意识程度	D27 员工数据隐私基本培训课程设置水平
		D28 员工数据隐私基本培训课程完成度
		D29 员工数据隐私培训项目多元化程度
		D30 用户数据删除权(被遗忘权)意识程度
		D31 用户数据限制处理权意识程度
		D32 用户数据持续控制权意识程度
		D33 用户数据拒绝权意识程度
		C7 数据隐私管理制度水平	D34 数据保护影响评估制度水平
		D35 保密协议签订制度水平
		D36 BSI 国际权威认证水平
		D37 数据保护部门架构设置水平
		D38 数据保护人员职责践行水平
		D39 数据泄露事件报告制度水平
		C8 信息保护行为水平	D40 隐私评估流程践行水平
		D41 数据分级分类践行水平
		D42 隐私安全问题应急修复能力
		D43 用户信义义务践行水平
		D44 数据处、控双方职责践行水平
		D45 其他部门人员信息安全保护能力水平
	B3 外部威胁	C9 知识产权保护水平	D46 商标权保护水平
		D47 专利权保护水平
		D48 商业秘密保护水平(商业信息窃密)
		C10 政策影响程度	D49 受国内数据传输类型限制影响程度
		D50 受国内数据保护法其他要求影响程度
		D51 受欧盟数据传输类型限制影响程度
		D52 境外管辖权影响程度
		D53 欧盟数字服务税影响程度

续表

	一级指标	二级指标	三级指标
成熟度评估指标体系	企业跨境数据保护 B3 外部威胁	C11 隐私保护技术代差水平	D54 外部风险管控体系水平
			D55 数据安全基本技术保障水平
		C12 数据跨境传输保护水平	D56 跨境金融欺诈防控水平
			D57 充分性保障措施水平
			D58 其他保障措施水平

二、企业个性化数据保护成熟度评价模型构建

运用 AHP 将上述成熟度评估指标总览表（见表 8-5）各层级指标转化成企业个性化跨境数据保护成熟度评估层次模型，如图 8-2 所示，以衡量企业个性化数据保护成熟度因素评价为最终目标，设为目标层 A 层，B1—B3 是一级指标层，C1—C12 是二级指标层，D1—D58 是三级指标层。

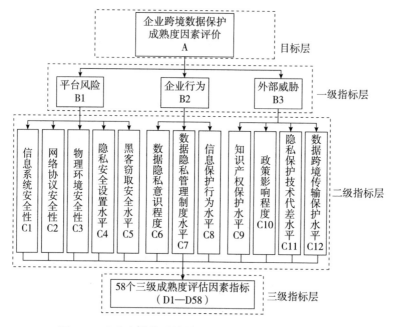

图 8-2 企业个性化跨境数据保护成熟度评估层次模型

隐私成熟度模型分值粒度划分同样沿用第三章的表3-2成熟度打分标准，各项三级指标成熟度阶段描述详见附录三表B。

第五节 应用意义

该模型的评估指标体系从技术、管理以及国内外政策法律层面大致全面覆盖了Z企业的信息安全实践全貌，为评估Z企业的数据保护成熟度提供了量化方法，对于Z企业在日常工作中以及财年审计中涉及的问题给予了解决思路。Z企业利用该模型不仅对技术团队、信息安全团队以及法务团队的责任践行起到很好的职责划分作用还能以该模型的各项指标为未来持续优化和改进的方向，以及构建企业全体员工的数据保护共同友好协作关系，促进企业内人与人之间的互相理解与团结互助。如Z企业在保障数据保护技术领先的同时可以更关注数据的流动全景，在全景中进行各个环节的防守把关，与外界网络安全威胁与时共进，有针对性地提高防范意识；信息安全团队可以更加了解企业其他部门的工作场景、人员对数据保护的能力以及通过敦促大家共同加强信息安全工作的不足方面来使企业进一步更新完善相关项目的培训内容、形式等，以及在当前我国个保法即将施行的情况下，与各方团队共同努力，寻求企业在新规制下的企业数据保护新路径。

本章小结

本章为开展企业个性化数据保护场景复现工作，选择以Z信息技术公司为调研对象。从分析企业当前的大环境及行业现状开始，采取访谈调研与田野观察的方法，将所得的材料作为本研究的数据来源，深入探讨调研企业在信息技术安全层面、信息安全管理层面、隐私政策及跨境合规层面的企业信息安全保护现状，再以情景脉络完整性理论为指引复现企业有关应聘人个人信息、供应商与客户个人信息的保护场景，最后为调研企业细分、构建拥有58 项三级指标的个性化企业数据保护成熟度评估模型，不仅为其他企业提供了 Z 企业作为行业最佳实践的示例典范操作剖析，还为 Z 企业未来更进一步优化自身的数据保护方案提供了新思路。

第九章
CHAPTER 9

企业数据跨境合规保护的发展趋势探究

第一节　法律视角的企业数据跨境合规保护发展探究

一、从法律视角看待企业数据保护

数据作为一种依托于一定技术和时代背景的特殊产物，相较于传统的生产要素有着不确定性强但潜力巨大的升值空间。在第三章中提到，数据可根据其所属主体的不同分为个人数据、商业数据和特殊行业数据。在这三种数据中，虽然商业数据不是监管力度最强的一类数据，但它所涵盖的范围以及主体的数量都远远超过特殊行业数据。从宏观层面来看，商业数据代表性和重要程度是可见一斑的，而企业数据作为商业数据的主体，也有着举足轻重的地位。企业数据的范围可分为原生数据和衍生数据(应赵毓之，2020)，对应数据原本的特性，企业数据的价值也往往大于其本身，故而将企业通过正当渠道收集、存储并非由企业现有数据产生的大量的数据称为原生数据；将通过对原生数据进行清洗、预处理、筛选和加工得到的可以满足企业目的并带来收益的数据定义为衍生数据，如通过原生数据得到的目标群体的购买偏好、行业的发展趋势等。由此可见，相较于原生数据，衍生数据往往和企业的实际利益直接相关，虽然是从原生数据中得到，但它的价值远远超过数据本身。

企业数据的形成依赖于个人数据向企业转移的过程，这一过程受个人数据保护法规制，数据处理行为人有义务进行数据保护并承担相关的责任。欧盟对数据处理行为人的界定依据的是获取的数据权力的不同，分为处理者(受委托处理数据)和控制者(数据的拥有者)。欧盟《通用数据保护条例》中对数据"处理者""控制者"做出明确厘定，该条例规定，有权决定个人数据处理路径和结果的自然人、法人、公共机构、规制机构或其他实体为数据的"控制者"；与控制者产生服务关系的即为其或代其进行个人数据处理的自然人、法人等则为数据的"处理者"。欧盟采取的数据双主体模式对很多国家的数据保护法中的相关概念设定都起到了一定的借鉴意义，在沿用欧盟基本概念的基础上，多数国家采用数据处理主体加处理活动外第三人的立法模式，如美国《加州隐私权法案》中的"企业"与日本《个人信息保护法》中数据处理的主要主体都强调了提供服务的属性(王腾和汪金兰，2021)，但仍以欧盟强调的"决定数据处理目的和方法"为落脚点。除此之外，还有一些国家实施的是单主体模式。我国《个人信息保护法》实行双主体模式即个人数据处理者加受托方。其中，个人信息处理者与欧盟"控制者"概念相似，都强调对处理目的和路径的决定权是否掌握在组织、个人手中。受托方则与"处理者"概念相似，强调存在与个人信息控制者存在的处理个人信息的委托关系。

企业数据财产权和个人信息隐私权是密不可分的，企业数据财产权的保护也逃不开协调个人信息隐私权和财产权。因此，企业数据财产权的保护模式往往要以平衡这两者作为出发点即平衡个人信息和企业数据利益。每个国家的数据保护立法都与该国的社会环境和社会意识有关，例如，美国采取的是较为宽松的行业自律模式在很大程度上是由于市场自由竞争意识强，除了宪法做出了原则性规定以及一些分散的法规外，更倾向于用"自律"的方式来保护数据，较有代表性的行业自律模式是1998年成立的在线隐私联盟(OPA)，其发布关于企业在收集个人信息时应履行的告知义务，包括使用目的、领域和最终去向。尽管在如此宽松的模式下极大地促进了美国网络技术、高新数字产业的发展，但缺乏强制力也是其先天的一大短板，近年来美国频频爆出重大数据安全隐患问题，互联网行业巨头在巨大利益面前已经将自律抛之脑后，行业自律模式并没有为个人信息保护创造出良好的环境，许多企业都存在落实不到位的情况；相比之下欧盟采取严格保护模式，要求所有成员国都必须指定数据保护法。其中，最具代表性的首先提出个人信息保护概念和原则的是 1995 年出台的《数据保护指令》(以下简称《指令》)，该《指令》规定一系列涉及数据主权的问题包括获取数据、救济以及跨区域国家的数据流动问题。除此之外，欧盟多次在前法令的基础上弥补空缺领域的数据立法空白如《隐私与电子通信指令》《数据留存指令》等弥补一些特定和新兴领域的规则界定。但立法的严格并没有能弥补司法无力的缺陷，欧盟境内的数据保护规定并没有对其成员国起到直接的约束效果，还需要落实到各国的内部法律才能发挥法律效力。从企业数据流通的角度来看，行业自律能够在大数据时代下充分发挥数据的价值，但也更容易发生企业数据财产权被侵犯的问题；欧盟着力于保护数据隐私权，关注数据用户的人格利益，但有可能会因为过于严格的数据管控政策从而影响数据的流动。

我国《数据安全法》于 2021 年 9 月正式出台，在充分和借吸取鉴其他国家和组织的经验之后，将数据保护落实到两大主体上，实际上可以看作是美国和欧盟的一种结合，一方面企业作为关键基础信息设施的处理者应履行一系列的保护数据安全的义务，另一方面相关部门如国务院、网信部等有责任对数据安全进行监管保证我国数据安全。在这样的"双保险"模式下可以在保证我国数据安全的同时促进行业规范的发展，加强了个人信息的保护和企业数据财产权的保障。

跨境数据主要通过监管的手段进行保护，各国也从维护国家和产业安全、保障个人信息权力、保障企业数据财产权的角度出发制定了相应的数据跨境监管体制。欧盟《通用数据保护条例》明确了数据跨境流动的四条途径：基于"充分保护决议"；基于"标准数据保护条款"；基于"约束性企业原则"；基于特定情形。2013 年美国在微软侵权案之后迅速发布的"云法案"致力于确保美国在数据跨境流动方面的优势，主要基于"数据控制者标准"和"符合资格的外国政府"认定。"控制者标准"赋予了美国政府调取存储与美国公司域外服务器数据的权力，"符合资格的外国政府"是指如果外国政府想要从美国获取个人信息，必须符合相应条件。欧盟为了与美国进行"数据抗衡"，公布了《电子证据提案》以赋予欧盟执法机构调取欧洲运营企业在境外存储的数据的权力。此外还有部分国家通过双边协定推动跨境数据流动，主要的监管机制基于双边或多边协定如《美墨加三国协议》、"跨境隐私规则体系"、《区域全面经济伙伴关系协定》。我国在明确"境内存储"和"安全评估"两大原则的基础上，遵照《中华人民共和国数据安全法》《中华人民共和国保守国家秘密法》《中华人民共和国数据安全法》《网络安全法》《个人信息保护法》等法律进行跨境数据监管。

二、企业数据的法律界定

从权利的角度来看，关于企业数据的法律界定现在还没有统一的观点。一种观点认为，企业数据在我国现行的法律体系中接近数据库，是一种智力成果（崔雨宸和温宇晨，2021），除了本身具有"无形性"和"无体性"的特征之外，还具有创造和创新的广泛空间，符合知识产权客体的要求。因此可以被当作知识产权受商标权、著作权、专利权等的保护。但与此同时，知识产权的保护范围是有限的，只能将企业数据中被认定为知识产权部分的数据进行保护，除了一些特例外，大部分数据并不能够满足知识产权的高门槛要求，也无法得到有效保护。另一种观点则认为，企业数据是一种网络虚拟财产，其经济价值可以被完全支配，企业数据的所有者可以对其拥有的数据实现支配、占有、处置和收益。因此它应当被看成一种"物"来保护。但数据的特征并不能够满足我国现行的《中华人民共和国物权法》和《中华人民共和国民法典》中"有体物"的条件，无法保证物的占有，也无法进行物的公示，因此是否可以对数据实现物权和知识产权的双重保护现在还有较大争议。最后一种观点是"新型数据财产权"（龙卫球，2020），这种观点充分考虑了数据资产化的必然趋势，但由于其过于强调数据财产权的排他性和绝对性，不利于数据的流动。具体的体系构建还有待商榷。

企业数据可以带来商业利益，从这一点来看，企业数据可以被看成是一种法益，受到合同法、竞争法、侵权法的保护。合同法保护的具体路径是将企业数据当作债权的客体，企业数据的获取、利用一般会反映到和个人或企业签订的合同中，例如，各大平台用户在注册时都会被要求同意用户须知和个人隐私条款。这个合同规定数据权利和义务，此类的数据交易都是在《合同法》的保护下进行的，同时《合同法》也保护其他数据活动。现行的《中华人民共和国民法典》中明确侵权责任编保护的是"民事权益"，考虑到绝对化的权利保护不利于数据的流通和共享，所以一般采取行为规范模式，实现对利益所有方的有限保护。最后商业数据已经成为一种竞争资源，企业之间的"数据战"也进入白热化阶段，大众点评诉百度、淘宝诉美景案皆以不正当竞争为由。商业数据往往可以衡量一家企业的市场竞争力，但如果由其产生的纠纷破坏了市场原有的正常运转秩序，此时商业数据可以受《反不正当竞争法》的保护（甄风琳，2021）。除了可以通过司法方式解决之外，商业数据纠纷还可以通过行政机关协调解决，例如，2017年8月华为与腾讯的数据之争有工信部协调解决，顺丰菜鸟裹裹数据断交由国家邮政局介入调停。

三、企业数据跨境流动中的博弈

数据蕴藏着价值，价值带来利益，利益就一定会带来冲突。如果企业数据处于自由流动的状态一旦流失，企业将面临直接损失，势必要将自己的市场份额划分给别人。随后也会被迫进行一系列的市场调整，产品设计，目标设定，消耗企业更多的资源和成本。我国是始终高举联合国多边主义旗帜的国家，开放意味着将不断有国外投资者和竞争者进入中国市场，保护好企业数据是企业能够在时代的洪流中站稳脚跟的保障。亚马逊作为美国最大的电商平台早在很多年前就已经进入中国市场，但中国消费者主要使用的电子交易平台还是淘宝、拼多多、京东等本土平台。究其原因，一方面是中国电商领域的市场已经呈现区域饱和的状态，需要具备有别于其他平台的核心特质才能获得一席之地，例如，京东主打电子产品，以及构建自身完备的物流仓储，拼多多在价格方面表现出更强的竞争力。另一方面也得益于企业数据的保护，中国境内的客户数据并没有自由流动到其他国家，而国家和国家之间的消费理念，消费行为往往有着很大差异，对于进入中国市场两眼一抹黑的亚马逊来说，无法拥有像阿里巴巴一样的庞大用户数据也是其受限的主要原因。与此同时，由于数据的跨境，数据保护的司法行使权也开始出现扩张的情况（张继红，2021），如涉及知识产权侵权的加拿大公司Equustek Solutions Inc 诉谷歌案，ESI公司要求谷歌删除侵权的网站链接，但谷歌只删除了在加拿大境内的链接，并未对其他区域的网站链接做出改动，此案最后以加拿大法院裁定谷歌应该在全世界范围内禁止发布该链接而结束，也标志着开创了法院域外管辖的先例，这让我们看到了随着数据的全球化，司法行使权也呈现全球化的趋势，那么企业数据将得到更为有效和全面的保护。

数据除了"安全收益"之外的天然属性是"经济收益"，企业数据的形成原本就是个人数据向企业流动的过程，企业对数据控制的强弱影响着数据的流通程度，数据的价值在"利用"而不在"占有"，数据的价值往往体现在多维度中（杨惟钦，2021），例如，构建资源分配系统，进行数据协作实现不同效能不同架构数据的联合价值，最大化发挥数据的积极性。例如，当企业缺乏相关技术时，需要在境外寻求外包数据服务商获取技术支持，或是出于成本考量，使用境外的基础设施成本可能低于境内数据服务商或自行建立相关基础设施成本，尤其在一些特定领域，核心技术通常掌握在少数几家行业巨头手中。2019年，亚马逊、微软的云计算服务平台在云计算领域的市场份额分别是32.3%、16.9%（孙方江，2021），很多中小型企业需要获得技术支撑，会主动寻求云技术供应商的服务，从而带动跨境数据的传输。我国作为RCEP等区域合作组织或项目的成员国，在平等互利的前提下为"一带一路"沿线国家以及RCEP其他成员国提供技术支持，对推动区域经济协调发展，构建良好的数据跨境体系，发挥数据流动的价值来说有着非比寻常的意义。

企业数据控制利益和全球数据共享利益之间的博弈一直是饱受关注的议题，其关键问题在于如何在"安全收益"和"经济收益"中取舍（胡冰洋，2019），在这两者中美国无疑是选择后者为重以稳固自己的数据主权地位，欧盟则更倾向于前者，我国目前首先强调的还是保护为先，在保障"安全收益"的基础上最大化"经济收益"。

四、从法律视角看待企业数据跨境流动

首先，从法律视角看待企业跨境数据，实际关注的目标是数据所有权的转移。数据受让方所享有的权利可以通过约定许可制度来进行限定，根据限定程度不同可分为独占许可使用、独家许可使用和普通许可使用（高磊等，2021）。独占许可使用顾名思义是指获得这一权利的数据受让方享有唯一对数

据的使用权，唯一是指数据所有权主体也不能使用该数据。独家许可使用在前者的基础上允许数据所有权主体使用数据。普通许可使用即不仅是数据受让方和数据所有权主体可以使用数据，获得所有权主体授权的两个及两个以上的其他主体也可以使用数据。普通许可使用是数据所有权形式最广泛的途径，利用数据本身可复制性的特点扩大数据的价值，适应数字经济的普遍发展要求。

其次，数据所有权的转让制度是指数据所有权主体转让其享有的部分或全部数据权利，转让人和受让人之间具备特定的权利和义务关系。区别于数据许可使用制度，转让制度意味着数据所有权的更新换代，由一个主体彻底替代另一个主体，受让方享有对数据的控制、使用、收益、共享。而如果只是转让这四种权利中的部分，其实也就等同于是一种许可使用。核心的差异是数据出让方是否需要履行法人义务，当发生侵权行为时，哪一方应承担相应的法人义务。

现行的《中华人民共和国数据安全法》规定，要本着"安全""自由"的原则对数据进行分级分类管理，企业数据包括管理数据、技术数据以及合法收集的个人信息数据汇总等。企业数据所可能涉及的有重要数据、其他数据、个人数据。企业所可能拥有的重要数据主要有企业在境内产生的不涉及国家秘密的，与经济运行和公众利益密切相关的数据；个人数据是指企业所收集的大量的可识别的与自然人有关的各种信息（这里指的是未经过匿名处理的）；其他数据是指除重要数据和个人数据之外的不影响国家安全的数据。接下来需要通过对影响对象、广度和深度进行评估划定重要等级，并决定某些数据是否可以自由出境。企业数据一经泄露、篡改、非法获取、非法利用所影响的对象涉及公共利益、个人合法权益、组织合法权益也即对公众的经济利益、自然人的私人活动、组织的公信力和生产运营造成影响（魏远山，2021）。不同数据的影响广度和深度也各有不同（见图9-1），根据这些标准可以得到这些数据是否被限制出境，对那些不被限制出境的数据，在本着《中华人民共和国数据安全法》指导原则即实现数据本地存储的前提下，企业可选择让渡部分的使用权和收益权也即实现数据许可使用中的独家许可使用或普通许可使用，激发数据在流动中产生更大价值的同时，保护本国数据安全。

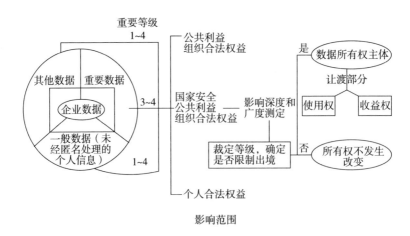

图9-1　数据分级分类及影响范围关系

五、我国企业数据跨境流动的法律保护相关条款研究

我国现行的与数据安全相关的全国性法律法规规章943条，地方法规规章4042条，政策纪律52条，行业标准规范79条(北大法意数据库)。我国的企业跨境数据流动监管和保护主要依托于《中华人民共和国数据安全法》《中华人民共和国网络安全法》《中华人民共和国国家安全法》《中华人民共和国保守国家秘密法》《个人信息保护法》等。首先这些法规从概念上给予了数据、数据流动清晰的概念，其次给出了数据流动的原则性指示，《中华人民共和国数据安全法》第十一条、第二十五条明确以数据"安全""自由"为指导，依法对属于管制物项的数据实施出口管制。表明了我国积极开展数据安全治理、数据开发利用等领域的国际交流与合作的立场，促进数据跨境安全、自由流动的决心。其中第二十五条明确指出，国家对与维护国家安全和利益、履行国际义务相关的属于管制物项的数据依法实施出口管制。我国现在实行的是对数据跨境的分级分类监管体制。

前文中提到过我国数据保护采取的是双主体履行责任义务的模式，即处理者和相关部门。首先数据处理者应履行合法收集数据的义务，收集数据必须符合法律规定即任何组织、个人应当采取合法、正当的方式收集数据，必须在法律、行政法规规定的目的和范围内收集和使用数据。《中华人民共和国数据安全法》第二十七条、第三十条、第三十一条，《中华人民共和国网络安全法》第二节对组织和重要数据处理者、关键信息基础设施的运营者在数据流动中应履行的数据安全保护义务做出明确指示。《中华人民共和国数据安全法》第二十七条指出组织在利用互联网等信息网络开展数据处理活动时，应当在网络安全等级保护制度的基础上履行数据安全保护义务。且重要数据的处理者应当明确数据安全负责人和管理机构，落实数据安全保护责任。第三十条明确指出，重要数据的处理者应当按照规定对其数据处理活动定期开展风险评估，并向有关主管部门报送风险评估报告，风险评估报告应包含重要数据的种类、数量、具体的处理情况、可能面临的数据安全风险和应对措施等。第三十一条明确各项数据的出境管理方案适用规定，特别指出其他数据处理者在中华人民共和国境内运营中收集和产生的重要数据的出境安全管理办法，由国家网信部门会同国务院有关部门制定(《中华人民共和国数据安全法》)。《中华人民共和国网络安全法》第三十四条更加细化了关键信息基础设施的运营者应当履行的安全保护义务，例如，设立安全管理人以及对其和关键岗位的人员进行安全背景调查，定期开展安全教育，对重要数据进行容灾备份，制定及演练应急预案(《中华人民共和国网络安全法》)。

除了重要数据的处理者需要履行数据保护义务意外，国家和相关部门还需要建立健全数据安全风险预警机制、应急处理机制和安全审查制度。《中华人民共和国数据安全法》第二十二条规定，国家建立统一、高效权威的数据安全风险评估、报告、信息共享、监测预警机制。从这四个步骤来看，评估是预警的前提，评估需要有时效性，及时、准确的风险评估是进行高效预警的前提。国家互联网信息办公室出台的《个人信息和重要数据出境安全评估办法(征求意见稿)》构建了个人信息和重要数据出境安全评估的基本框架，规定了自评估和监管评估两种评估方法以及安全评估的内容。自评估即重要数据的处理者应建立合适本行业和领域的数据安全评估体制，并检测具体的指标如点击率、木马类型、非法爬虫类型和数量、攻击频率等，该评估办法明确了数据出境安全评估应重点评估数据出境的必要性(如涉及重要数据需要明确重要数据的数量、范围、类型、敏感程度)、数据接收方的安全保护能力、数据出境带来的综合风险包括被泄露、损毁、篡改滥用以及可能对国家安全、社会公共利益、个人合法利益带来的风险。除此之外还给出应进行安全评估的数据类型以及限制出境的数据特征。其第九条规定对于涉及超过 50 万人及以上的数据、超 1000GB 的数据量、特定领域和敏感数据、关键信息基础设施运营者提供的个人信息和重要数据等运营者应报备行业主管或监管部门组织安全评估，并且安全评估原则上不得超过六十个工作日《个人信息和重要数据出境安全评估办法》（以下简称《评估办法》）。全国信息安全标准化技术委员会发布的《信息技术数据出境安全评估指南》在《评估办法》的基础上进一步明确了数据出境安全评估流程，从自评估启动、制订数据出境计划、评估数据出境计划的合法政党和风险可控、评估要点及方法、评估报告、检查修正六个方面对流程进行了规范（《信息技术数据出境安全评估指南》），其中将评估要点进一步细化为对合法正当和风险可控两方面的综合考虑将《评估办法》第十一条限制出境的数据规定转化为数据出境的合法性之一。《中华人民共和国网络安全法》中也对相关部门应采取的数据安全保护措施给出明确指示，其第三十二条规定按照国务院规定的职责分工，负责关键信息基础设施安全保护工作的部门分别编制并组织实施本行业、本领域的关键信息基础设施安全规划，指导和监督关键信息基础设施运行安全保护工作。第五十二条着重强调了行业、领域的网络安全监测预警和信息通报制度，规定定时报送网络安全监测预警信息，最大限度地保证预警信息的时效性，只有及时的预警才是有价值的。由此可见，数据安全预警风险机制主要涉及安全风险评估和报告、信息共享和风险预警等环境。

应急处理机制的建立有助于快速处理数据安全突发问题，减小损失，应《中华人民共和国数据安全法》规定，相关部门主管应在数据安全事故发生时启动应急预案，采取处置措施，消除安全隐患，并且及时向公众发布警示信息。

最后关于数据安全的审查制度《中华人民共和国数据安全法》第二十四条明确规定国家建立数据安全审查制度，对影响或可能影响国家安全的数据处理活动进行安全审查并依法做出安全审查决定。根据 2021 年 7 月国家互联网信息办公室会同有关部门起草的《网络安全审查办法》第十条的规定，安全审查应综合考虑数据窃取、泄露、损毁、非法利用、出境和数据处理者在国外上市带来的可能被别国政府控制和影响的风险。具体的审查环节包括预判、申报、预审、初步审查、征求意见与审查结论、特别程序与审查结论。2021年 7 月 2 日，网络安全审查办公室发布公告（邵晶晶和韩晓峰，2021），对"滴滴出行"施行安全审查，这也是《网络安全审查办法》自正式实施以来的第一案。这起案件始于滴滴在美股上市的流程审查所耗费的时间只用了短短 20 天，美国证券交易所的一路绿灯放行让人难免怀疑其动机，滴滴出行作为一款打车软件，其存储的自然人可识别信息如地址、联系方式等部分属于敏感数据，滴滴赴美上市所带来的数据跨境流动风险非常值得关注。所以仅在其纳斯达克上市的第二天，网信办就发布审查公告，第三天就暂停了新用户注册，随后又下架了 APP。这一系列迅速的反应，说明了国家对数据跨境安全审查的力度之大，以及应急制度等其他安全保护制度的完备。

此外，《中华人民共和国国家安全法》《中华人民共和国保守国家秘密法》以及《个人信息保护法》在两大原则的基础上增加了对涉及国家层面的数据安全保护和个人信息保护认证、合同认证做出了相关规定。《网上商业数据保护指导办法》《汽车数据安全管理若干规定（试行）》则对特定领域的数据流动做出具体规定，弥补了基本法的个别边界模糊的弱点，为数据安全提供更加全面的保护。如《网上商业数据保护指导办法》对商业数据的境外转移明确其还应遵循《涉外调查管理办法》等国家有关网络和信息安全的各项规定。

除了以上法规对企业数据跨境进行预后性的审查机制保护之外，企业数据作为一种知识产权和新型物权以及其享有的法益还受到知识产权、合同法、侵权法、反不正当竞争法等的保护（见图 9-2）。

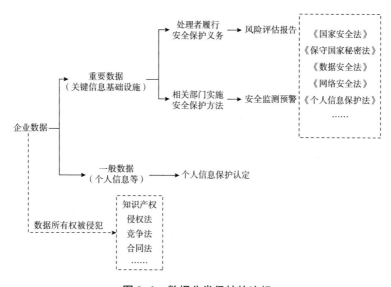

图 9-2　数据分类保护的法规

第二节　技术视角的企业数据跨境
合规保护发展探究

对以商业为目的的大数据企业来说，国家机构对数据主权的持续高度关注意味着进入该市场将面临更多的壁垒和法务风险。与其持续性地投入大量人力、物力，并且被动地去研究浩如烟海的潜在壁垒和不断更新出台的数据主权法规，美国大数据企业更愿意从技术升级和科技创新的角度保障用户的数据安全和隐私安全，以期获得较长时期内相对稳定和持久的方案。

Snapchat 是一款照片分享应用软件，由美国斯坦福大学的两位学生开发，在全球范围内拥有超过 2.5 亿每日活跃用户数。相较于其他社交应用，Snapchat 的最大特点是所有文件的生命周期仅为 1~10 秒，用户将照片发送给好友后，照片文件将到期自动销毁——阅后即焚。如果接收方在此期间尝试保存截图，发送方将获得通知。在线隐私和声誉管理公司 Reputation. com 的 CEO 迈克尔·佛迪克（Michael Fertik）在《纽约时报》撰文表示，Snapchat 满足了用户在数字隐私保护方面的需求，称这种保护机制是一种防止隐私泄露和隐私分享的强大工具。设置极短的文件生命周期和截图告知提醒功能，能最大限度地增加隐私泄露的阻力，同时也将释放软件服务提供商的服务器存储空间，使企业在数据存储上的成本最小化——这对跨国大数据企业应用数据本地化存储战略，避免产生数据跨境问题，意义重大。

iOS 相比于 Android 系统，其更高的安全性众所周知——这里的"安全性"是对于其用户而言的，而非国家安全、社会安全的范畴，在某些情况下，这两种安全可能会处于相互对立的位置。例如，美国 FBI 曾要求苹果公司协助其解锁他国恐怖分子的 iPhone 手机，苹果的答复是，苹果所运用的加密技术甚至苹果自己也无法解密，如果用暴力破解，所需要的时间比宇宙的历史还漫长。为此 FBI 提出在 iOS 系统中设置后门以便执法人员进行远程监控的要求，但是被苹果拒绝了。FBI 找到了一家位于以色列的法证公司 Cellebrite，支付 100 万美元的高价破解并提取出了 iPhone 中的相关数据。接着，一家名为

Grayshift 的移动取证公司推出一个名为 GrayKey 的小工具，帮助执法人员以更加便宜的成本来破解 iPhone 手机。很快苹果意识到漏洞的存在，并在 iOS11.4.1 中加入 USB 限制模式，使破解设备无法为 iPhone 植入解密软件。紧接着 GrayKey 再一次推出全新的 Hide UI 软件破解方式。

面对上述数据问题，跨国科技巨头苹果也希望通过科技的加持，避免自己在数据主权和数据跨境规制中左右为难。因此在科技层面，毫无疑问，苹果和 FBI 等政府机构的"攻防战"围绕着加密和解密的技术升级加码，将一直持续下去。这也进一步说明各国企业的数据跨境保护在技术方面还有待提升。下面我们针对企业数据跨境流动中面临的问题、数据隐私安全保护技术以及数据跨境合规保护采取的措施三个方面，从技术角度对企业数据跨境合规保护进行探讨。

一、企业数据跨境流动中的问题

企业在跨境数据流动各种法律规则的构建基础上，既要吸收现有法律成果，又要结合自身的产业发展情况和风险防范能力，在数据的共享和控制之间达到平衡状态。但目前在企业跨境数据流动上，我国还未形成成熟的体系化管理策略，数据流动仍面临诸如隐私保护技术实施与企业运作的矛盾、企业合规成本相应增加、技术漏洞问题凸显等问题，应当在结合自身国情的基础上，提升技术，稳步推进数据的跨境流动。

(一)隐私保护技术实施与企业运作的矛盾

大数据时代，对海量数据进行采集和分析，才能挖掘到我们需要的信息，这个过程中，数据大规模共享就显得尤为重要。如何在数据共享下保护数据隐私也就显得极其迫切。2021 年 5 月，由于富士通 ProjectWEB 信息共享工具被黑，攻击者未授权访问了被多个日本政府单位广泛使用的 ProjectWEB 工具，国土、基础设施、交通和旅游部、外务省以及成田国际机场等多个日本政府部门的敏感数据泄露。日本国土交通省及外务省(外交部)发布消息称：至少约 76000 个国土交通省职员的电子邮箱地址以及专家会议成员等省外相关人员的邮箱地址遭到泄露，外务省(外交部)的旨在实现数字政府的讨论资料遭到泄露，其中也包括部分个人信息。成田国际机场公司也表示：与机场运航信息管理系统相关的信息遭到泄露，攻击者已经窃取了空中交通管制数据、航班时刻表和商业运作文件等。敏感数据遭到大幅泄露，给政府网络安全敲响了警钟，应尽可能避免大面积使用产业垄断巨头产品，避免带来被一锅端的网络安全风险，给政府机构以及国家的利益造成巨大损失。

我们在网络上的任何行为都可能会被记录下来用于分析，甚至在现实当中，手机里面的定位服务会时刻记录我们什么时间到了什么地方，供应商们可以清楚地知道我们所有的行踪。在最新的苹果隐私政策中，苹果要求所有的 APP 只有在获得用户允许的情况下，才能跟踪用户的个人数据。很多人都有这样的经历，在某个 APP 上看了一种商品，进入其他 APP 也会收到该商品的广告推送，这都是设备广告标识符（IDFA）发挥的作用。苹果隐私政策的施行意味着，只有用户同意，应用才能获取 IDFA，才能使用 IDFA 用于广告精准投放，遭到多家企业的强烈反对。据中国广告协会主办的刊物《现代广告》公布的数据显示，因苹果隐私新政的推行，预估中国有将近 2000 亿元的互联网广告业务受到影响。找到保护数据隐私和实现企业发展之间的平衡点，仍需要整个社会的不断探索（张雅婷和郭美婷，2021）。

(二)企业合规成本相应增加

企业是受个人信息保护法影响最大的群体和主要的监管对象，个人信息保护法对企业如何处理和保护个人信息设定了明确的操作指南，这就需要企业调整其原有的业务模式，企业的合规成本也相应增加。但从长期来看，保护用户个人信息，对企业的自身业务发展具有重要的作用，行业环境也将得到清理和整治。

针对"美原油""链工宝""快输入法"等移动应用程序存在违法收集使用个人信息问题，依法对其采取下架处置措施。由于新浪微博及其平台账号屡次发布法律、法规禁止发布或者传输的信息的问题，国家网信办负责人依法约谈新浪微博主要负责人，责令其立即整改相应问题，并严肃处理相关责任人。北京市网信办对新浪微博依法予以罚款的新政处罚。在当前互联网高速发展的时代，网站平台应该切实履行主体责任，加强对用户发布的信息的管理，健全信息发布审核、公共信息巡查、应急处置等信息安全管理制度，坚决不能为违法违规信息的传播提供平台。此外，国家相关部门也应进一步加强监督管理执法，切实保障人民群众合法权益，维护网络空间的可靠性，禁止非法信息的传播。同时，国家依法重点查处严重违反违规的平台，也有助于对各企业形成有效震慑。

(三) 技术漏洞问题凸显

随着信息科技的飞速发展，隐私泄露、信息滥用等由先进技术带来的信息保护问题逐渐凸显，从技术层面强化安全合规监管的呼声也日益高涨。当下随着移动互联网技术和智能手机的发展，采集用户数据的能力变得空前强大，在手机上的浏览、交易等行为数据，就具有极高的分析价值。一旦拥有这些数据之后全行业的个性化推荐技术就变得更加容易实现，今日头条、淘宝、美团等软件无疑是这个时代的最大受益者，可以根据用户的浏览、搜索记录等，对用户进行相应产品的推荐。同时，"算法杀熟"现象愈演愈烈，商家的常客反而在网络交易中受到不合理的差别待遇，个人信息权益、隐私容易被侵犯。2021 年 8 月 27 日由中央网信办发布的《互联网信息服务算法推荐管理规定(征求意见稿)》要求对特殊的算法推荐服务的提供者进行备案管理和安全评估，着力于解决算法推荐领域的混乱现象，有利于进一步规范互联网平台算法推荐行为，会对目前算法推荐的混乱现象有一定改善。

在数据流动中，不仅个人信息隐私会受到侵犯，也会对国家安全带来挑战。2020 年 1 月，多家某航空公司信息系统遭到网络武器攻击出现异常，多台重要服务器和网络设备被植入特种木马程序，部分乘客出行记录等数据被窃取。经国家安全机关深入调查，确认相关攻击活动是由某境外间谍情报机关利用多个技术漏洞进行秘密实施攻击，并利用多个网络设备进行跳转，以隐匿踪迹。国家安全机关及时协助有关公司全面清除被植入的木马程序，调整技术数据安全防范策略、强化防范措施，防止了危害的持续发生。"棱镜门"事件已经证实美国通过入侵他国网络系统，非法获取他国境内的数据并进行跨境转移，对他国的国家安全造成了侵害和威胁。除此之外，基于商业目的的数据跨境流动也引起了国家安全的担忧。一个典型的例子是，在华为公司对外扩张 5G 业务时，遭到以美国为首的发达国家的严格业务审查，甚至于，美国以国家安全问题禁止华为参与其 5G 建设。经探究发现其原因是，华为作为一个跨国通讯科技公司，在业务开展过程中需要收集大量的用户数据，部分数据需要跨境传输至公司总部或者研发中心所在国进行数据处理或分析，这引发美国等国家的安全担忧。从根本上说，数据跨境流动带来的国家安全担忧也有一定道理。大数据技术不断进步，通过自由的数据跨境流动，一国可能对他国的社会状况进行精准画像，并有针对性地开展情报收集工作，进而对他国国家安全造成威胁。因此，各国必须对本国领土内的数据收集、传输、使用采取限制或禁止的态度，以保护国家主权不受侵害，同时，国家安全挑战也将成为各国制定数据跨境流动规则的重要考虑因素。隐私保护涉及每个公民的自身利益，如何在保护数据安全与隐私的前提下发展大数据与人工智能技术，成为当下亟待解决的问题。

发达国家的数据行业发展水平，以及利用云计算、区块链等的大数据技术的能力远远超过发展中国家，由于许多发展中国家在关键信息基础设施防护、网络安全保护等方面存在技术上的不足，如果无限制地进行跨境数据流动，则本国的相关设施和保护措施可能会受到攻击，进而引发经济、政治等领域的安全风险问题，网络安全和国家安全可能会受到数据跨境流动的威胁。当前的信息安全技术还不足以应对数据应用过程中可能产生的诸如隐私泄露等问题，需要对现有技术进行完善，或者开发新的数据安全技术（全国信息安全标准化技术委员会，2018），在技术层面加强对数据安全的保护，通过构建高效能的数据风险监测和适配的处置机制及时弥补可能出现的技术漏洞。

二、数据隐私安全保护技术

(一) 数据加密技术

数据加密技术是网络安全技术的基石。数据加密是将一个明文信息经过加密钥匙及加密函数转换，变成无意义的密文，接收方再将此密文经过解密钥匙还原成明文。密钥是指，只有指定的用户才能解除密码获得原先的真实数据，这就需信息发送方和接收方通过一些指定的特色信息进行解密（成卫青和龚俭，2003）。数据加密被公认为是保护数据传输安全唯一实用的方法和保护存储数据安全的有效方法，它是数据保护在技术上最重要的防线。例如，加密技术在虚拟专用网络上的应用，在数据离开发送者专用网络时，信息会由进行硬件加密，在达到接收方时，信息再自动解密，以此达到保障数据传输中的安全问题。

（二）联邦机器学习技术

联邦学习（Federated Learning）技术是一种新兴的人工智能基础技术，最早是谷歌在 2016 年提出，其设计目标是有效帮助多个机构在满足用户隐私保护、数据安全和政府法规的监管要求前提下，进行跨组织数据使用（联邦学习）。联邦学习技术是分布式机器学习，可解决数据孤岛问题，各个数据提供方的数据是不公开状态，只丰富数据集的样本量在数据不共享、加密机制下进行数据建模，模型可供多个数据提供方使用，将存储在多个设备中的数据进行训练，可提高模型效果，也极大地保护了数据的安全性和隐私性（刘悦，2021）。

联邦学习技术在医疗方面也有一定的应用。IBM 的超级电脑沃森是人工智能在医疗领域最出名的应用之一，被美国等多个国家的医疗机构用于自动诊断，主攻对多种癌症疾病的确诊以及提供医疗建议。但沃森在一次模拟诊断中出现诊断错误，造成了极大影响。沃森使用的训练数据本包括病症、基因序列、病理报告、检测结果、医学论文等数据特征，但是在实际中，这些数据的来源远远不够，并且大量数据具有标注缺失问题。训练数据的不足和标签的缺少，造成了模型不精确，是人工智能在医疗领域的瓶颈所在。如果所有的医疗机构都贡献出各自的数据，将会汇集成为一份足够庞大的数据，得到的对应机器学习模型的训练效果也将有很大的突破。各个医疗机构的数据具有很大的隐私性，不可能直接进行数据交换，然而联邦学习能够保证在不进行数据交换的情况下进行模型训练。因此，可以使用联邦机器学习对这一医疗问题做出相应改善。

频频曝光的企业大规模泄露用户数据事件，使人们对隐私保护越来越重视，企业对数据价值的保护也日趋谨慎，现实中想将不同地区的企业的数据进行整合，所需要的成本是相当巨大的，使数据孤岛现象越来越严重。数据的孤岛分布以及对数据隐私监管力度的加强成为人工智能面临的巨大挑战。联邦学习技术的产生为人工智能打破数据屏障和进一步发展提供了新的思路。

它能够在保护本地数据的前提下，让多个数据拥有方联合建立共有模型，从而实现了以保护隐私和数据安全为前提的互利共赢。在不久的将来，联邦学习能够在保护数据隐私和安全的前提下形成一个数据共享的共同体，为企业数据跨境提供技术保障。

(三)区块链技术

区块链是一个分布式的共享账本和数据库，具有去中心化、不可篡改、全程留痕、可以追溯、集体维护、公开透明等特点。区块链把数据重复复制在各个节点实现共识机制，所有上链数据是公开的(李拯，2019)。区块链与联邦学习可以很好地结合互补。联邦学习可以用区块链的分布式记账等功能实现参与各方价值互换，也可以用区块链去中心化的属性来实现参与联邦学习计算的中心节点的替代。

2017年，天猫国际聚焦启动全球原产地溯源，该计划利用区块链技术以及大数据跟踪，汇集生产、运输、通关、报检、第三方检验等信息，精确区分、追踪每个商品。2017年3月，阿里巴巴又先后与普华永道、新西兰邮政、澳大利亚邮政、澳佳宝、恒天然等澳新合作方分别签署全球跨境食品溯源的互信框架合作协议，共同宣布将应用"区块链"等创新技术，率先在澳新等推动透明可追溯的跨境食品供应链。

此外，顺丰物流由于自身的业务发展诉求，目前也已经实现了区块链技术在跨境商品等物资供应和运输领域进行溯源的应用，从源头保证品质安全，对物流的每个信息都实时监控，实现信息溯源和数据公开透明。基于区块链技术的透明性和不变性，可以对出现问题的各个环节进行验证，每个环节都可以溯源，无论是监管部门还是跨境出口企业，都能找到出现问题的节点。信息溯源和存证可以提高信息伪造的壁垒，由链上信息可以进行信息验证，信息不可篡改，打通各个企业的信任壁垒，可以真正构建一个可信、透视的供应链端到端生态体系。

(四)隐私计算

隐私计算技术是指在保护数据本身不对外泄露的前提下实现数据分析计算的技术集合，达到对数据"可用、不可见"的目的；在充分保护数据和隐私安全的前提下，实现数据价值的转化和释放（付丽丽，2021）。与传统数据使用方式相比，隐私计算的加密机制能够增强对于数据的保护、降低数据泄露风险。同时，传统数据安全手段，例如，数据脱敏或匿名化处理，都要以牺牲部分数据维度为代价，从而导致数据信息无法有效被利用，而隐私计算则采用另外的方式，保证在安全的前提下尽可能使数据价值最大化（黄秋霞，2021）。

隐私计算一般是基于特定的算法使用数据，虽然可以通过密码学技术等方式对数据进行保护，但是由于算法、模型的复杂程度越来越高，仍旧存在一定的安全隐患，例如，多次重复地使用相同的数据生成特定关系的结果可能会导致原始数据的泄露，因此还需要对数据进行安全性评估，确保数据泄露的风险可以被控制在可接受的范围之内。

隐私计算在数据流通过程中的监管合规和安全保护中发挥的作用得到越来越多行业的关注，并在政务、金融、营销等行业都有广泛应用。其中，广告营销是隐私计算应用的一大热门场景，在广告的交易平台上，将隐私计算技术运用于联合建模和数据流转的流程当中，优化广告投放策略，最终实现降低合规风险和提升广告投放效果的作用（林立可，2021）。

（五）数据脱敏技术

数据脱敏，指对某些敏感信息通过脱敏规则进行数据的变形，实现敏感隐私数据的可靠保护，是数据库安全技术之一。这样就可以在应用时安全地使用脱敏后的真实数据集。在涉及一些企业商业敏感数据的情况下，在不违反系统规则的前提下，可对真实数据进行一定的改造并提供测试使用，例如，姓名、地址、身份证号码、银行卡号、手机号、密码等信息都需要进行数据脱敏处理。数据脱敏通过对敏感信息采用脱敏方式进行匿名化，防止数据库中的重要信息因为以明文方式显示在测试系统中，导致的数据泄露而造成损失。通过数据脱敏技术，可以有效防止隐私数据以真实数据从企业流出，满足企业既要保护隐私数据，又要保持数据监管合规的需要。数据脱敏技术分为静态脱敏与动态脱敏。静态脱敏可以按照脱敏规则一次性完成大批量数据的脱敏处理，将数据从数据库中抽取进行脱敏处理后，交给开发、测试人员使用，可以随意取用和读写，满足业务需求的同时，也保护了数据库的安全。

动态数据脱敏，在访问敏感数据的同时实时进行脱敏处理，根据不同情况对同一敏感数据读取时执行不同的脱敏方案，从而确保返回的数据可用而安全（王晓周等，2019）。

数据脱敏后的数据不是真实数据，但看起来像是真实的，与原数据的类型相同，例如身份证号码脱敏后依旧符合身份证的格式规范，电话号码脱敏后也仍然是为 11 位数字，但与原先的真实数字不同。

积极发展数据加密、联邦机器学习、区块链、隐私计算、数据脱敏等技术，争取实现原始数据不出本地，只交换计算结果，做到数据共享的"可用不可见"，解决数据信任和隐私保护、溯源等难题。

三、数据跨境合规保护措施

在面临复杂的国际形势背景下，很多跨国交易由于企业合规冲突和不确定性，在内部酝酿时就被一票否决。发挥超大规模国内市场和海量数据优势，形成国际竞争创新新优势，是目前一个亟须解决的问题。

2021 年，随着《中华人民共和国数据安全法》《中华人民共和国个人信息保护法》《关键信息基础设施安全保护条例》等法律法规的相继出台，中国跨境数据治理进入历史新阶段。政府应时刻保持对海外政策前沿的追踪，把握数据治理大趋势，使中国的数据治理与世界接轨。面对全球各种各样的数据治理方案，全球各国正立足于本身的核心价值诉求，积极出台对应的数据治理战略政策以及法律规范，争取在国际竞争与合作中取得理想的博弈地位。当下最典型的是欧盟与美国的数据治理方案，鲜明地反映了他们各自的数据治理立场，全面理解欧盟与美国的数据治理路径，并加以借鉴研究有助于找出我国在数据治理领域的合规方案。

2018 年欧盟发布实施了《通用数据保护条例》，针对近年来用户隐私被泄露造成的一系列问题，条例要求欧盟成员国的相关企业和组织在对数据进行收集、存储、处理及转移时必须要遵守该条例，采取一定的技术和管理手段对隐私数据进行保护；不属于欧盟成员国的组织，只要所提供的商品或服务以及相关的项目涉及欧盟成员国的数据也必须要严格遵守该规则。欧盟正式实施条例以来，全球掀起了数据安全与隐私的立法热潮，对企业提出更高的安全合规性要求。自条例正式实施以来，数据保护的风险和惩罚，企业进行数据跨境传输有了更多的责任和义务，企业也积极采用技术手段进行数据保护。

《通用数据保护条例》要求进行跨境数据传输时，在欧盟委员会未作出充分性认定时，数据处理者只有在提供了适当的保障措施和法律措施下，才可将数据转移到第三国。2020 年 7 月，Schrems Ⅱ 一案中欧盟法院判决已经实施了四年的欧盟与美国之间的数据传输协议（隐私盾）无效。法院认为，在该数据传输协议下，美国情报机关仍然有可能获取相关数据信息，欧盟的数据无法得到保护。"隐私盾"被判失效对欧美甚至全球的跨境数据流动产生剧烈影响效应，在"隐私盾"框架下获得认证的 5384 家公司需重新考虑跨境数据传输机制。

2021 年 6 月，为确保国际数据转移提供适当的数据保障措施欧盟委员会发布终版"将个人数据从欧盟转移到第三国的新标准合同条款"（新版 SCCs）。根据最新版 SCCs 的规定，企业在应对政府调取数据的要求时，应当通知欧盟数据提供方并对政府的要求作出合法性评估，这就增加了企业的合规成本与守约难度（欧盟跨境数据传输新规）。2020 年，欧洲数据保护委员会（"EDPB"）发布了针对国际数据传输的建议草案（"建议草案"），其中在建议草案的《关于补充传输机制以确保遵守欧盟个人数据保护标准的建议》中，EDPB 要求从欧盟向第三国跨境传输个人数据的机构应做到：数据提供方应通过记录和梳理以了解掌握它们的数据传输情况；数据传输方要明确数据传输所使用的传输机制；在采取与 SCC 相冲突的补充措施前，数据提供方应当从有关欧盟监管机构处获得授权；数据提供方应与数据接收方合作以按照适当的时间间隔重新评估接收数据的第三国的情况变化；如果数据接收方违反 GDPR 的传输机制或者数据接收方无法履行相关义务，或补充措施在该第三国无效时，数据传输应当立即暂停或终止。在建议草案的另一文件《针对监控措施的关于欧盟重要保障的建议》中明确四项"欧盟重要保障"：数据处理要遵循清晰、准确、公开的规则；需要说明采取的措施的必要性和适当性，而且措施必须是适当的且要为了达到必要的目的；应该具有独立的监督机制；数据主体应该有有效的救济（European Data Protection Board，2021）。

上述两项建议生效后，由于我国企业向政府报送个人数据的实践很难满足上述四项"欧盟重要保障"的要求，欧盟向我国基于"标准合同条款"（SCCs）的数据传输会面临重大挑战。

首先，我国企业数据报送所依据的法律位阶有待提升。与欧盟不同，在我国，经常有通过行政法规、部门规章等向企业调取数据的情形。例如，交通运输部《网络预约出租汽车监管信息交互平台运行管理办法》要求网约车平台公司，应向部级平台传输驾驶员相关许可信息、订单信息、经营信息、定位信息、服务质量信息等运营数据。

其次，我国企业数据报送并未规定非法使用或传输、防止滥用的保障措施、对数据主体权利和自由产生的风险以及数据主体被告知限制的权利。此外，我国缺乏统一的个人信息保护机构和独立的监督机制。

2020 年 12 月，由于 Google LLC 和 Google Ireland Limited 在未经用户允许情况下，通过搜索引擎 google.fr 在用户电脑中放置广告，被法国数据监管机构（CNIL）下属负责实施制裁的限制委员会分别处以 6000 万欧元和 4000 万欧元的罚款。西班牙数据保护机构由于 BBVA 未经合法授权就处理客户的个人数据，违反了 GDPR 的相关规定，对其进行 200 万欧元的罚款。

随着经济全球化的发展，业务遍布全球已经成为很多企业的常态。数据只有在流动中才能创出价值，然而数据在流动过程中的非安全使用，也会为企业带来核心数据泄露的风险。面对相关法律法规的监管，企业在数据流动时既要保证业务正常开展，又要满足政策的合规要求，因此安全有力的信息防范技术也是相当重要的。在对数据安全进行技术攻防中，技术是有一定底线的，有其合法性。技术常常领先于法律，法律应该在新的技术出现之后，及时进行调整，便于法律和技术并驾齐驱，更好地发挥它们保护隐私数据安全的作用。

第三节　国际规则制定视角的企业数据跨境合规保护发展探究

从整体国际实践经验来看，几个主要经济体都在完善本国、本地区规制体系，并在此基础上积极参与国际规则的制定，过程和基本方法有一定差异，但目的都是在实现本国利益最大化的基础上向国际社会推行自身的数据跨境流动规则。

一、企业数据跨境合规保护发展的国际格局探究

首先，对于中国来说，近两年来我国数字市场上出现了勒索攻击、数据被违规违法收集和滥用等问题，非法买卖个人信息等恶劣行径逐渐产业化。为应对这种局面，从 2015 年颁布的《中华人民共和国国家安全法》（以下简称《国家安全法》）中明确将数据安全纳入国家安全范围内开始，到 2016 年颁布的《中华人民共和国网络安全法》（以下简称《网络安全法》）将关注点拓展到维护网络空间主权，我国出台的基础性、专项性的法律法规越来越丰富（曹开研，2021）。2021 年更是我国网络安全和数据保护立法突飞猛进的一年，于 9 月 1 日正式实行的《中华人民共和国数据安全法》（以下简称《数据安全法》）与 11 月 1 日施行的《中华人民共和国个人信息保护法》（以下简称《个人信息保护法》）是两部至关重要的法规。自此，《数据安全法》《网络安全法》以及《个人信息保护法》三部法规成为我国数据安全监管保驾护航的"三驾马车"。三部法规在数据安全与发展、开放与共享等框架上一脉相承、紧密衔接，紧跟全球对人工智能的监管已经步入实际立法和执法阶段的潮流趋势，我国着重关注对面部识别数据的监管，严格限制使用民众的数据画像、监管定向推送和自动化决策等相关规制，进一步细化针对汽车数据的处理规则，深入对公民个人征信数据的严格处理模式以及数据跨境流动中一些特殊领域的处理规制，都为我国开展数据安全保护工作提供了法律依据和高效能的企业跨境数据监管路径。此外，APP 领域和对虚拟货币的严厉管制也成为我国现阶段及未来明确重点整治和治理机制的领域。

其次，就欧洲来说，其数据监管重点始终是对个人数据隐私权的保护，通过严格控制在数据生命周期的数据合法采集与使用来保障个人数据安全，并协调"个人利益"与"公众利益"之间的矛盾关系（李梦宇，2021）。2021 年 3 月，欧盟委员会陆续发布《2021 年管理计划：通信网络、内容和技术》和《欧盟数字指南针》，明确了欧盟通信网络、内容和管理计划，并以 2020 年欧盟

数字战略为基础，提出包括打造安全、可持续流通的基础设施框架以促进企业组织和公共服务的数字化转型等内容在内的、欧盟未来十年内的数字计划。此外，欧盟委员会于2020年公布的《数字服务法案》提案与《数字市场法案》提案针对数字服务制定，旨在改变美国跨国巨头在欧盟的监管方式以遏制其"长臂管辖"的扩张方案，两项法案的举措皆有利于建立一个安全负责、公平开放的数字市场环境（吴沈括和胡然，2021）。另外，作为欧盟成员国之一的德国政府也批准新的数据战略，以数据基础设施效率的提高、网络安全数字框架的构建、信息安全人员的广泛培育等行动，促使德国成为欧洲应用新一代数字技术和共享数据的先驱。同样，法国也为发展数据保护技术与加大对网络安全专业人才的培训力度，来共同推进国家的网络安全建设而斥资10亿欧元。

对于美国而言，如今网络空间安全领域的内外局势极其复杂，大国之间的数据网络空间竞争趋势也在不断加强，"太阳风"（SolarWinds）供应链攻击事件和克罗尼尔（Colonial Pipeline）网络勒索攻击事件对美国带来的影响仍在持续发酵，对此美国迫切需要出台更有效的数字战略来维护其在国际上的霸权地位。2021年3月拜登政府颁布《临时国家安全战略指南》，强调网络安全的重要性，提出应深化与合作伙伴以及盟国在维护数据主权与建设数据安全体系方面的广泛合作，并以拉拢欧盟，与日本开展多领域合作来修复国际战略合作伙伴关系等举措来改变美国的战略部署（王天禅，2021），对俄罗斯围绕网络空间间谍活动进行协商，采取接触与遏制结合的外交政策，对中国继续实行知识产权问题污名化等对华政策（肖杰，2021）。此外，特朗普政府时期，美国就在关注和应对高风险敏感数据带来的风险，在《外国投资风险审查现代化法》（FIRRMA）外资安全审查之中加入了敏感个人数据风险，强调提出会对国家信息安全体系带来风险隐患的敏感数据被界定为"敏感个人数据"（刘金瑞，2021）。另外，为进一步消除于2018年加州立法者匆忙通过的《加州消费者隐私法》（CCPA）的难以遵守问题，2020年11月3日，加州选民批准了一项投票倡议，颁布了2023年即将生效的《加州隐私权利法》（CPRA），同时设立了新的执法机构——加州隐私保护局来实施并执行CCPA和CPRA，对受影响的企业范畴进行了新的解释，创新敏感个人信息类别，还扩大并新增CCPA为加州居民赋予的消费者隐私权。依据GDPR的立法理念，将推动着美国对数据安全监管与保护的世界格局带来全新的力量。

新加坡是亚洲数字产业比较发达的国家之一。早期，新加坡计划在数据隐私保护方面构建监管沙盒机制，随后与个人信息保护委员会、信息通信媒体开发局进行合作，正式启动监管沙盒。如今，新加坡的数据治理重心则放在探索更加包容高效的数据监管机制。新加坡将数据分类治理策略纳入本国的数据监管重点，通过构建"开源数据库"此类项目，开放公共数据，来鼓励和推动对数字经济发展有利的数据流动，而对于可能存在风险的个人隐私数据和国家安全数据，新加坡正在进行试点创新（李梦宇，2021）。

此外，俄罗斯也在积极开展数据保护的相关措施。2019年6月，俄罗斯批准了《国家数据治理体系创建及运行构想》（以下简称《构想》）（刘刚，2021），明确其国家数据治理机制的构建涉及法律法规、数字技术以及人力资源等因素，并以提高国家数据产生、采集和利用的效益为主要目标。在法律法规层面，俄罗斯试图建成一套完备的数据治理体系以及与之相辅相成的数据治理法律，搭建信息平台连接各系统，并对数据的管理、统计制定标准程序，以确保统一的数据治理规范，在整个数据治理体系上保证全流程的安全管理，同时建立数据管理组织机构进行专门的人才培养，同时引进专家从事数据工作与研究，致力于建设由上而下可循环高效率的体系（刘刚，2021）。

面对世界信息产业的蓬勃发展，非洲也提出了数字贸易和企业的数字化转型的需求，当地和欧洲的资本对非洲的数字基础设施注入了大量技术和资金，使得非洲的数据中心行业呈现出由南部北部向西部东部转移的趋势，形成了新的分布结构。例如，2021年，肯尼亚数据中心运营商宣布开始对本国数字经济发展进行投资，旨在建设技术领先的数字贸易可持续园区，而非洲数据中心服务商（Africa Data Centres，ADC）和巨头亚马逊也分别计划在尼日利亚拉各斯和南非建立和启用数据中心。此外，IBM是首家在非洲建立数据中心基础架构的主要云服务提供商；微软也曾于2017年在南非建立它的首批数据中心（朱源，2021）。中国也在积极争取非洲市场，对非洲数据产业进行注资，如华为公司早在2018年就宣布华为云将是全世界首个在非洲本地提供云服务的产品，并于当年12月在南非正式上线。

以保护个人数据隐私为立场的日本，其数据保护监管发展路径与欧盟相似，都旨在寻求数据使用与消费者个人隐私保护的平衡。目前，日本已经采取对数据权利进行立法保护、对原有数据相关法律进行改革等手段改变国内的数据保护机制，积极推广其他数据标准，包括经济合作与发展组织（OECD）的《隐私保护与个人数据跨境流动准则》、亚太经济合作组织（APEC）的《隐私保护框架》等，并通过与欧盟签订双边承诺晋级 GDPR 的白名单来降低日本国内的金融机构风险负担（李梦宇，2021）。此外，日本在二十国集团（G20）大阪峰会上提出以国际、各区域、各个国家现有法律框架和数据隐私和数据保护法规为基础，积极推动跨境数据自由流动的构想，得到广泛认可（嵇叶楠等，2021）。

澳大利亚积极与各方进行合作，如和东盟加强网络安全合作、共同抵制国际恐怖主义。2020 年澳大利亚战略政策研究所、外交贸易部与英国进行合作，整理并公布联合国网络规范资源集合。如今恶意网络攻击频发，互联网传播违法视频图片也越发频繁，跨国电子邮件诈骗等网络犯罪行为活动导致的损失逐年增加。澳大利亚与中国也积极开展网络安全领域合作。2017 年中澳两国展开高级别安全对话，并表明今后将致力于应用新的信息共享机制建设更加安全、开放的数据流动环境，联合打击跨国网络犯罪行为（汪丽，2021）。

虽然东盟各国网络安全发展水平极度参差不齐，但也始终致力于网络安全和数据保护的框架构建。东盟发布的《东盟数据管理框架》（DMF）和《东盟跨境数据流动示范合同条款》（MCCs）分别明确了各成员国内企业建立规范化的数据管理体系和数据跨境治理方面的条款，但并不具有强制性。此外，当前东盟涉及的数据规则包括美国主推的跨境隐私规则体系（CBPR）、欧盟的 GDPR 以及日本的数据自由流动（DFFT），这些规则都在以各自的作用对东盟产生不同的影响，引导东盟构建属于自己的规则体系，抢占主导全球的数据治理规则体系的主导权。目前，东盟成员国中的新加坡和菲律宾已加入由美国主导的 CBPR 规则体系；近年来欧盟利用其"国际规范引导者"的角色加强 GDPR 的规范塑造力，使"欧式方案"影响范围逐渐扩大，目前东盟许多国家纷纷以 GDPR 相关条例为蓝本修改国内成法或新修立法，以适配 GDPR 的高标准、严要求。与此同时，日益加剧的大国地缘政治、经济博弈也在扩大东盟数据跨境规则形成中的复杂性。美国对中国采取政治施压与经济诱导双管齐下的方式削弱中国与东盟间的关系，不断加大与东盟的数字经济合作力度，同时，日本也在各类与东盟合作的场合积极向东盟推荐 DFFT 和 CBPR 体系，进而稳固美国的区域数字霸权地位。最后，尽管中国已多次与东盟开展合作，但彼此之间的信任问题还需要双方保持足够的耐心，用时间来解决（蒋旭栋，2021）。

以 RCEP 为代表，过去的一段时间里，我国在"一带一路"数据安全治理、数字经贸合作、数字规则构建方面，已经取得了一系列积极进展，秉持合作共赢的基本底线，推动《中国—东盟关于建立数字经济合作伙伴关系的倡议》《中国柬埔寨自贸协定》等一系列协议的签订与推进，与我国"一带一路"倡议发展相结合，逐步扩大与东盟各国之间的经贸合作范围，深化与各国的战略合作，避免数字经济过快发展所导致的合作风险；以《中国欧盟全面投资协定》《全面与进步跨太平洋伙伴关系协定》等协定为基础，共创制造业、金融和健康等领域的公平市场（李雅文，2021）。在"一带一路"的合作中，中国与不同数据技术发展水平的国家有不同的合作倾向。中国与新加坡、马来西亚的对接重点在共同提高数字技术优化数据产业、打造智慧城市等方面；而对于泰国、菲律宾、柬埔寨等数字技术发展水平滞后的国家，合作领域则是加强数字基础设施建设和加快各行各业的数字化转型方面（汪丽，2021）。

综上所述，各国均围绕着以国际数字贸易中拥有绝对影响力的跨国企业，对于数据监管与保护都有着较为明确的政策方向，主要在于以下四个方面：一是完善数据保护和利用机制，以立法明确数据主体权益、健全数据利用规则、强化数据侵权违法责任的强度以及对数据安全保护要求进行仔细分类，构建完整立法结构；二是健全数据开放共享体系，推动基础部门采集公共信息数据并进行有序开放，联合各个部门共同打造统一、开放、共享、包容的公共平台，鼓励互联网公司和大型研究机构与基础部门合作，加强数据流通，与数据共享公共平台进行合作，使数据主体能够平等共享公共数据；三是强化数据监管能力，严格按照国家的相关法规科学构建统一高效的数据监管体制，重点加强数据流动重点领域的监管；四是推动数据行业协同共治，推动企业合规、守法，推动行业协会加强自律自治教育，要求媒体行业及时进行舆论监督，共同打造多方合作的共治格局（周辉，2021）。

二、国际数据跨境制定路径探究

目前国际上出现了两条路径：一是加强对国际上现有的数据监管标准实践中效果最佳、认可度最佳的标准。如今相关没有国际统一标准，很多企业会主动选择目前公认的国际最佳实践标准来辅助精简流程、降低跨境数据流动所带来的安全风险，如目前国际上认可度较高的信息系统和技术控制目标（COBIT）（樊赛尔，2020）；中国政府发起的数据安全领域首份全球倡议《全球数据安全倡议》，以"网络主权+网络空间命运共同体"为关键，围绕数据安全领域内的全球热点问题提出共同构建网络空间数字命运共同体的倡议，积极倡导国际社会参与并达成国际协议（稽叶楠，2021）。二是在各国建立与完善跨境数据流动的行业自律制度上，更多参与国际上诸如银行业 SEWIFT 的行业内部自律监督执行联盟（樊赛尔，2020）。政府规制在一定程度上起到有效的行业控制，此外，各国也都试图引入行业协会和企业的自律规制，推动跨境数据流动自由化和国际数字市场的发展。例如，美国倾向于使用其擅长的规则制定让企业加入协会并接受自律规则，用精细的合同条款和交易机制设计产生比较强的约束力，来对行业内部形成自我约束和事后追责（许多奇，2020）。

如今，复杂的国际格局和国际局势与开放的网络空间相互交织融合逐渐增大数据的域外管辖和执法的难度，尽快建立能够适应经济、技术发展趋势的法律规范体系，完善行业自律制度，促进数字经济健康良性的发展是亟待解决的问题。进行科学立法，建立科学的法律规范体系，有利于推动跨境数据流动的双向合规，建立完备的数据跨境流动法不单能够保障个人数据权利，站在企业的立场上，规范的法律体系能够促进数字经济的发展、提高企业的核心竞争力，也正因如此，美国一直致力于推动数据的跨境自由流动，同时从国家安全的角度来讲能够维护国家的数字主权，对国家公共安全提供保障。如今在大数据时代下，大量数据暴露在各大网络平台上，网络新型犯罪层出不穷，通过大数据技术对海量的各领域数据进行分析就能得到大量的个人信息和企业信息，因此，许多国家如俄罗斯、中国出台了数据本地化存储政策，这种举措能够在一定程度上保护数据免受外部的监听监视，提高隐私保护，但其缺点在于可能会加强各个经济体之间的壁垒。综上来看，数据跨境流动与国家安全、公共安全处于一种动态平衡，一方失去平衡另一方也将脱离控制，即跨境数据立法的价值选择必须要在两者之间寻找一个平衡点，既不能两边一碗水端平，也不能顾此失彼，要有主有次，坚持两点论与重点论相结合（许多奇，2020）。

数据的价值在于流动和共享，但如今数据正以指数量级爆发式增长，而数据中隐藏着拥有无限潜在利益的个人隐私数据、商业隐私数据、国家隐私数据，这些数据的流动与处理将直接关乎个人、社会和国家的安全与利益。对数据的治理同自然一样必须坚持开放与管理并重，构建完善完备的数字规则推动发展与规范管理相统一，打造出开放、健康、可持续的数字治理共同体。因此，保障数据安全，是促进数据开发利用，保护个人、组织的合法权益，维护国家主权、安全和发展利益的前提。国力差距与国际通行数据制度缺失对国际经济发展所产生的影响日趋显著，通过不断加强各国自身的跨境数据流动治理，充分保障企业跨境数据合规，更多参与国际制度的协商与议定，早日建成企业数据跨境合规体系，才能减少企业的数据国际纠纷，更好地维护企业的权益与各国的数字主权。在世界各国加速数据立法，力图在数据监管的全球博弈中抢占先机的环境下（梅傲、侯之帅，2021），国际数据治理是跨国企业所面临的一道难题也是一个机遇，企业应当增强自主性，以应对可能产生的数据合规风险，在这场变革中抓住机会，不断审视自查跨境数据合规体系，推动产业结构升级，保护贸易往来，打通国际贸易壁垒，实现保护国家利益与数据跨境流动与分享之间的平衡，推动国际数据保护水平提升和相关数字产业链可持续发展。

在这样众彩纷呈的数据管理局面中，《网络安全法》《数据安全法》和《个人信息保护法》等相关法律的出台与实施，加上由中国主导的《全球数据安全倡议》的提出，都彰显了我国监管数据、维护数据安全的决心和中国在数据安全与治理国际规则方面的努力，为我国打破被以美国为中心的"小多变"模式所针对的不利局面迈出关键一步，为打开崭新国际数字贸易合作带来重要契机。就国内层面来讲，中国将打造数据分类分级保护制度，融合数据安全风险评估报告、统计报告、信息共享的集中统一、高效权威的监测预警机制、数据安全应急处置以及数据安全审查制度。全方位加强的数据监管机制体制能够加强数据安全风险信息的获取、分析以及预警能力，维护数据流动过程的普遍安全。在国际层面上也有着重要意义，在当前数字和网络空间区域发展水平不平衡、数据治理与处理理念不一致、数据安全保护规则不健全、全球数据跨境流动秩序不合理的突出矛盾下，中国积极开展数据领域国际交流与合作，参与数据安全相关国际规则和标准的制定，不断推动各方凝聚数据保护重要性的共识，增进彼此合作的信任感与参与度，携手各伙伴国合作共同建立全新的、包容的、开放的、健康的国际规则框架，推动全球数字经济健康可持续发展（嵇叶楠，2021）。

第十章
CHAPTER 10

总结与展望

第一节　研究工作的总结

自2011年"大数据"成为各行各业的热门话题以来，人们激烈讨论有关大数据的前沿概念，享受着大数据的便利生活。但为人们提供如此便捷的生活方式的大数据这柄双刃剑也存在着各种数据安全隐患问题。当前更是有诸如"数据主权"这样的世界难题为大众所津津乐道，但对于该问题的解决路径，目前全球内还暂时无法达成共识，因此平衡大数据与隐私保护的矛盾关系也成为产学研探寻数据安全的主要议题之一。因此，本书从政策、实践、理论三个层面结构性研究了企业跨境数据的合规与应用。

在政策层面，本书列举了以欧盟、美国、东盟、中国以及以"一带一路"合作倡议、CPTTP、RCEP 为代表的各区域经济主体对数据跨境的立法监管现状，总结了其在数据保护问题上的立场与态度。作为颁布最严格的 GDPR 的欧盟以及早在国际贸易协定中就考虑到跨境数据流动的主要国家美国对于数据隐私保护始终走在国际前沿。而 GDPR 的影响力之大不言而喻，它极大地启发了包括美国和中国在内的各国紧随其后的数据保护立法理念，一如美国对 CCPA 的修订所颁布的 CPRA 以及中国的个保法均参考了 GDPR 的有关立法内容。随着国际政策的不断出台，各方都更加明白了数据隐私保护的法律与技术密不可分的关系。因此以欧盟提出的《欧洲议会和理事会关于制定人工智能统一规制(〈人工智能法〉)和修正某些欧盟立法的条例》的提案为标志性事件，2021年在全球范围内开展了人工智能的立法和执法的监管，而2022年世界各地将有更多的现代隐私法在逐渐生效，数据隐私的国际政策议题也将持续升温。与此同时，我国也频出法律加以限制，旨在争取数据跨境监管的国际话语权，在通过与各合作经济体联合倡议，增强国际友谊及实现互利共赢的局面的同时也力求扎扎实实做好市场往来数据的安全监管以确切维护国家安全和国民数据隐私。

在实践层面，基于在国家法规的制约下，围绕数据产生、收集、处理、流通、存储的重要运营主体之一的企业，自然有法律义务和社会责任对自身所掌握的海量数据进行安全合规使用。本书以两个企业数据合规实践为例来探索如何合理使用用户数据。首先以银行信用卡业务为研究主体，尝试运用责任创新理论来规范并优化银行信用卡大数据营销策略，为银行业探求符合信用卡用户的真正需求、个人隐私保护和社会公平性的大数据合规应用道路做了一次实践示范研究。其次以市场调研企业为例，构建了企业数据业务所需要制定的消费者数据处理的六个安全框架和五个合规商用矩阵，为市场调研企业应对未来日益复杂的市场机遇与挑战形势下的数据合规和商用之法提供了实践探究的案例借鉴。

在理论层面，本书根据隐私管理标准发展三阶段内容以及能力成熟度等理论基础，以递进式的研究思路分析大数据背景下涉及跨境贸易的企业数据保护能力的成熟度情况，进一步发展隐私管理的相关理论，形成了三类企业数据保护成熟度评估模型。首先构建了具有普遍意义的企业数据保护成熟度基础评估模型，以国内三个典型行业为应用，为相关行业的企业数据保护提供针对性建议；其次针对我国企业面向欧盟市场的数据应用服务关键，改进基础模型，构建了以 GDPR 合规及区域监管要点为核心内涵的企业涉欧跨境数据保护成熟度评估模型，运用该模型到 GDPR 19 个经典案例及国内 3 个典型行业，为我国企业的涉欧跨境数据保护提供了有效的帮助；最后以 Z 企业作为案例研究对象，根据情境脉络完整性理论复现企业数据保护场景，在涉欧跨境模型的基础上，进一步为 Z 企业构建了个性化的数据保护成熟度评估模型，从而在推进调研企业数据保护工作进展的同时也为其他企业未来数据保护措施提供最佳实践参考。

第二节　研究的不足与展望

一、研究不足

到目前为止，企业跨境数据应用的合规与保护依旧是国际政策制定、企业运作实践以及跨学科研究的重点和难点之一，因此本书的研究工作所存在的局限性也同样不言而喻：

首先，虽然本书大致梳理了截至书稿完成之日的国际主流经济主体的主要数据保护立法现状，但面对当前越来越多国家都在加紧出台数据隐私和保护法的形势，未来将有更多人口的个人数据受到现代隐私法规的保护，随之而来的全球数据隐私立法的格局也将不断涌现出新的变化与力量，因此本书研究所覆盖的政策内容范围不免有所不足。同时，笔者作为非法学专业的跨学科研究人员，对于法律法规的内涵理解可能会呈现出一定程度的领域差异。另外，虽然着重参考了国际最具代表性的数据保护法 GDPR，但不可否认的是，自 1871 年以来始终保持世界第一大经济体的美国有关数据保护的法规对世界各企业也产生了不容忽视的限制，并且像德国、日本等国家的数据保护法的优先践行也同样需要倍加关注。因此，有关企业数据保护合规监管的国际混合多因素的共同制衡也还需进一步多加思考。

其次，本书的两例企业案例实践中也存在一定的局限性，主要体现在以下两个方面：一是作为负责任研究与创新理论在中国银行业的一次尝试，迫于来自理论的社会接纳度及政策重视度的挑战以及企业对利润考量的压力，所有利益相关者的决策机制难以让银行决策层全然接受，仅能作为小范围的试点，因此企业实践层面的总体成效还需后续的进一步扩大实践范围与延长试点时效。二是在本书有关市场调研企业的案例实践中，出于专业的局限性，主要从相对狭义的政府政策和企业流程的角度作为切入点，但有关市场调研企业的消费者数据采集合规论述范围应该更广泛地包括数据采集技术和工具、政府政策和企业流程、社会文化和认知等方面的内容。以及专家邀约部分，仅邀请了 S 市场调研公司的专家，并不能完全代表整个市场调研行业的专家看法。

最后，本书有关企业数据保护成熟度方面的理论研究，为大数据背景下企业数据保护成熟度提供了可量化的评价工具，深化了企业数据安全的理论研究，推进了大数据企业数据安全监管的实践应用，但本书有关章节内容还存在不足之处：指标的覆盖范围、权重的赋值，以及数据保护成熟度初始分值的客观性都可能有所欠缺，其中评估指标及权重的确定主要通过参考文献、企业调研和邀请专家问卷打分、专家群决策等方式确定，尽管采用信息熵来实践主客观权重的加权计算，但依然存在主观偏差，且问卷填写人员、访谈人员和企业对访谈问题存在着不同的理解程度；邀请的专家也仅限于国内有关领域的专家，缺乏国际专家的建议，尤其是缺乏拥有最佳实践的调研企业其全球信息安全团队的专业建议，其见解将对本书模型的改进具有巨大的促进作用；此外，针对通过调研企业场景复现的数据保护成熟度评估模型需进一步在企业内收集数据进行实证，因此本书有关章节的企业数据保护成熟度模型分析方法的适用性还有待提高。

二、未来展望

在本书的成文过程中，我国的《个人信息保护法》已于 2021 年 8 月 20 日通过，并于 2021 年 11 月 1 日起施行。近年来国家对信息安全的重视程度在各项雷厉风行的处置措施中均得以窥见。并且随着 2021 年 11 月 1 日《中华人民共和国个人信息保护法》的正式实施，企业数据合作的要求也呈现出前所未有的重要，对数据跨境规制的研究将是一个长期的研究热点。

在数据监管方面的"数据确权"问题也始终纷争不断，并且在当前的法律层面还存在空白，有关规定中也多以数据"控制者"与"处理者"来避免所有权的问题，而本书研究正是从企业作为数据的控制者或处理者的身份出发，来思考企业的数据跨境流动问题，但未来还需更进一步将"数据确权"纳入该问题的一个重要考量因素范畴。

随着以微软为代表的企业绝对的数据本地化策略的宣称，数据本地化也或将成为今后企业出海的首选方案之一，也应在未来的研究中予以更多关注。另外，本书简化了企业数据保护的业务场景，而实际上对于企业来说情况更为复杂，因此为数字贸易背景下的企业数据保护研究起到一个抛砖引玉的作用，希望在今后的领域研究中有更多的创新发展。

当前技术与隐私保护的关系越来越不可分割，人工智能的数据法约束也逐渐瞩目，新的隐私保护技术也层出不穷，那么在技术层面的隐私保护将与法规层面的隐私保护并驾齐驱，在各项人工智能法的规制下，隐私保护的技术设计与实现或将同样成为未来数据隐私保护领域的焦点议题之一。因此，在未来，还需更加集思广益，进行隐私保护与技术之间的更深层次研究。

附录一

用户调查信息表

卡品种					
基本信息	性别	男	女		
	年龄	25 岁以下	26~35 岁	36~45 岁	46~55 岁	56 岁以上
	月收入	5000 元以下	5001~10000 元	10001~20000 元	20001~50000 元	50000 元以上
	文化程度	高中及以下	大专	本科	研究生及以上	
用卡过程中最感兴趣的	透支消费				
	折扣优惠				
	便利性				
	积分优惠				
	赠品				
	其他				
用卡过程中难以接受的问题	营销信息太多				
	个人信息安全问题				
	等级划分歧视问题				
	大数据杀熟				
	暴力催收				
	诱惑刷卡问题				
	其他				
信用卡月均消费	0~1000 元				
	1001~3000 元				
	3001~5000 元				
	5001~10000 元				
	10001 元以上				

用卡领域	网络购物	
	线下刷卡	
	分期付款	
	提现	
	金融服务	
	其他	
备注		

附录二

专家调研：消费者数据采集和数据合规商用调研问卷

<table>
<tr><td colspan="4" align="center">消费者数据采集和数据合规商用调研</td></tr>
<tr><td>姓名</td><td></td><td>职位</td><td></td></tr>
<tr><td>部门</td><td></td><td>工作年限</td><td></td></tr>
<tr><td>访问开始时间</td><td></td><td>访问结束时间</td><td></td></tr>
</table>

Q1. 大数据时代的线上市场调研数据采集方法，包括但不仅限于在线样本库(Online Panel)、社交媒体(Social Media)、众包(Crowd Sourcing)、网络爬虫(Web Crawling)等。请问除此之外，据您所知，还有哪些线上市场调研数据采集方法？

Q2. 涉及消费者个人数据收集的项目执行，您面临的最大困难有哪些？

Q3. 随着消费者对个人数据保护和隐私保护意识的逐渐觉醒，您认为其对市场调研行业的影响有哪些？

Q4. 如果您正在访问某人的数据，您认为让他知道为什么您需要这些数据会更好吗？

Q5. 向所有受访者展示包含"同意收集和使用数据"条款的隐私声明，对获取受访者的信任和建立受访者安全感，具有什么影响？

Q6. 包含"同意收集和使用数据"条款的隐私声明，作为市场调研企业，您认为应包含哪些内容？

Q7. 如果要拟定一份隐私承诺，请问您认为应当从哪几个方面做出承诺？

Q8. 您知道通常市场调研公司会采集消费者/受访者的哪些个人信息数据吗？可使用具体的调研项目举例说明。

Q9. 市场调研公司会不会使用其他数据源信息，结合消费者/受访者提供的信息，做某些综合性分析并用于报告的支撑依据？如果是，请问涉及的其他数据源包括哪些途径？您认为我们需要明示消费者/受访者吗？

Q10. 有哪些数据是市场调研公司一定不会收集，并需要明确告知消费者/受访者的？

Q11. 采集来的消费者/受访者的访问数据，包括消费者的视听行为和购物偏好，也包括消费者/受访者的个人信息，是如何被市场调研公司使用到市场调查报告中的呢？在这个过程和报告结果中，是否会出现消费者/受访者的个人信息，或者有没有可能根据市场调研报告，追踪和定位到某位消费者/受访者个人？

Q12. 市场调研公司是否有共享消费者/受访者个人信息的情况呢？如果有，会在什么情境下，因为什么，用于什么目的，向哪些组织或机构共享消费者/受访者的个人信息呢？是否涉及数据跨境传输的情况呢？

Q13. 市场调研公司的数据传输和数据存储，有没有任何法律或政策作为依据？如果涉及跨地区的数据传输和数据存储，所依据的法律或政策是否会因此改变？

Q14. 请问市场调研公司在采集包括消费者的视听行为和购物偏好时，除了明示消费者/受访者相关个人信息采集之外，还有没有什么信息是属于未明示消费者/受访者，但市场调研公司仍然从设备（电脑、手机等）后台抓取到的？此处的设备包括：由市场调研公司提供的设备、由市场调研公司供应商提供的设备、由消费者/受访者自备的设备。

Q15. 如果 Q14 的答案是"有"，那么请列出您参与过或了解到的项目情境，是未明示消费者/受访者，但市场调研公司仍然从设备（电脑、手机等）后台抓取了消费者/受访者的个人信息。

Q16. 对于消费者/受访者参与的市场调研访问，如果不方便在项目主问卷中明示消费者/受访者相关个人信息采集的情况，您是否同意在问卷开始前的访问链接开头，插入"同意收集和使用数据"协议，以格式合同的形式，向消费者/受访者说明这些受访者体感不到，但实际市场调研公司仍然从设备(电脑、手机等)后台抓取到了消费者/受访者的个人信息，以及哪些个人信息被后台抓取了？

Q17. 如果消费者/受访者签署了"同意收集和使用数据"协议之后，想要终止该协议，并同时删除已经采集的个人隐私信息数据以及备份。请问您建议消费者/受访者可以通过什么途径完成诉求？

Q18. 请问您是否听说过 GDPR，或者其他有关对个人数据保护的法律政策(无国别限制)？如果回答为是，请问您是否了解数据控制方和数据处理方的定义？请问您认为市场调研公司应属于数据控制方还是数据处理方？

Q19. 请问如果某个客户想要市场调研公司提供受访者的个人信息，您认为作为市场调研公司应如何回应？

Q20. 请问除了以上话题，您还有什么其他涉及消费者/被访者个人数据安全保护的内容或建议可以分享的呢？

附录三

表 A　成熟度阶段描述——企业数据保护成熟度基础模型

		1-初始化	2-可重复	3-制度化	4-可管理	5-持续优化
B1平台风险	C1信息系统安全性	信息系统缺陷十分明显且不具备任何系统升级措施	信息系统具备一定的安全设置,但存在人为破坏、老化、电磁辐射、升级漏洞、软件后门等安全风险	具备系统安全策略和安全体系,强制各类软硬件设施安全措施落地,定期系统缺陷排查、升级	参照数据安全体系,实施全面的系统数据安全治理	系统数据安全体系与平台安全体系融合,持续监控和优化
	C2网络协议安全性	对TCP/IP等通信协议缺陷无防御措施,网络中传输的数据可能被在线窃听、篡改和伪造风险巨大	对不同渠道的无线网络安全漏洞攻击具有一定的防御措施,但措施落实不到位,信息安全威胁较大	漏洞响应流程完备,包括识别、响应、阻断和修复阶段的操作规范	制定完善的网络通信协议漏洞应急方案,设置控制点确保落实到位	提升漏洞威胁的识别和监控能力,持续优化无线网络协议安全性
	C3物理环境安全性	各类硬件设施的存放地址不符合规范,容易遭到攻击者物理破坏、窃听	物理位置选择操作规范,但物理访问控制不当	建立设施内部管理流程,确保设施防盗窃防破坏、防火等安全,确保机房核心区域安全	企业量化物理环境安全等级,并具备高水准的应急处理方案	建立高风物理环境持续评估和淘汰优化选择机制
	C4隐私安全设置水平	被动响应平台隐私安全设置请求,但没有专门的隐私制度和流程保障	部分隐私设置流程文档化,但不够全面或执行不到位	平台隐私制度明确了隐私安全设置渠道和响应规范,技术工具确保隐私安全设置的有效执行	用户可以在线自助申请隐私安全设置,平台对用户权利的响应做到量化、可视化	提供隐私看板,集中查看隐私政策和行使用户权利,持续优化

		1-初始化	2-可重复	3-制度化	4-可管理	5-持续优化
B1平台风险	C5黑客窃取安全水平	防盗预防行为疏忽，技术漏洞导致黑客窃取平台及用户隐私	识别高危黑客窃取手段，钓鱼链接和恶意插件，但缺少黑客攻击风险识别流程控制	加强被动防范技术，如防火墙技术、网络隐患扫描技术、查杀病毒技术、分级限权技术、重要数据加密技术、数据备份和数据备份恢复技术等	平台具有严格的安全防护能力，在硬件配置进行多层物理隔离保护；在软件配置上实施多种抗毁技术；配有专门的安全管理人员，建立黑客攻击应急处理方案	增强安全防范意识，完善黑客攻击应急体系，持续优化
B2企业行为	C6数据隐私意识程度	没有隐私培训，企业数据隐私意识薄弱，隐私保护依赖员工自觉性	员工接受隐私培训并具备隐私保护意识，公司缺乏隐私保护的监控工具和惩罚措施	处理个人信息的员工接受专项隐私培训，并掌握企业隐私制度和当地法规要求	制定完善的隐私培训计划，并记录员工的参加情况。量化企业隐私意识，制定员工隐私意识的评价体系，比如完善安全常识在线考试	数据隐私意识培训内容与各国相关法规变更同步，并基于不同角色定制培训，持续优化
	C7数据隐私管理制度水平	存在小部分隐私实践，但没有文档化	内部隐私制度文档化，但制度不完善或落实不到位	隐私制度文档化并落实到位；隐私制度满足法规要求	定期量化、可视化隐私制度的执行情况，定期对标外部法规与内部隐私制度	定期审计合规的执行情况，并持续优化
	C8信息保护行为水平	产品或服务的开发过程中没有隐私风险评估（甚至也没有安全评估）；个人信息没有分类分级；缺少数据目录(数据资产没有盘点)	制定隐私评估流程但流程不完善或落实不到位；部分个人信息被识别和分级缺少信息分级项目和执行流程	企业严格执行隐私评估流程；修复安全和隐私问题；所有的个人信息被识别和分级引入自动化分级工具或集成分级流程	PbD风险评估流程制度化，设置控制点确保落实到位，制定残余风险的管理方案；数据目录动态调整，包括数据分级、存储介质和调用关系等	PbD最佳实践文档化，并在行业共享；自动化数据风险识别，高危操作预警

		1-初始化	2-可重复	3-制度化	4-可管理	5-持续优化
B3外部威胁	C9知识产权保护水平	企业知识产权极易受到外部侵害,无追究维权措施	相关部门根据法律规定登记备案,维护企业知识产权,但经常无法落实到位	指派专人负责管理;建立专门知识产权数据平台,掌握知识产权数据,防止发生侵权行为;综合运用知识产权保护公司利益	公司内部构建知识产权保护体系,建立严格的保密规章制度,针对不同类型的知识产权制定不同的保护方案	根据市场动态和政府规定实时更新优化知识产权保护措施,最大限度保障企业利益
	C10政策影响程度	没有关注各国隐私政策,在政策层面企业数据隐私保护行为严重受阻	根据遇到的隐私保护政策适当调整数据保护行为,但仅停留在遇到时整改的程度	根据数据隐私保护行为涉及的各国政策,制定合规流程	企业隐私政策与外部政府政策相融合,数据隐私保护行为与政策的前瞻性高	企业设立专门管理部门直接参与并监督企业隐私政策与各国政策的合规性、有效性、分配资源,持续优化
	C11隐私保护技术代差水平	数据隐私保护技术落后,不足以抵抗外部技术干扰	部分数据存在安全技术防护,如加密,但缺少统筹规划	统筹规划并强制主要数据安全技术措施落地	组建一流的技术团队,引进先进的数据隐私保护技术,实施全面数据隐私的技术治理	衔接新兴技术,持续监控优化升级
	C12数据跨境传输保护水平	合作伙伴的选择没有考虑个人合规、数据安全因素,容易受到竞争对手恶意打击;贸易过程中数据隐私处理缺少评估和流程保障	识别贸易高危地区并本地化存储,但缺少数据跨境传输风险识别流程控制	通过国际认可的数据隐私传输机制,可以符合苛刻的贸易监管要求	严防跨境金融欺诈风险,跨境数据流规则清晰并确保数据按照规范传输	公众和监管公开贸易数据跨境传输规则并接受第三方审计

表 B　成熟度阶段描述——企业个性化数据保护成熟度模型

一级指标	二级指标	三级指标	1-初始化	2-可重复	3-制度化	4-制度管理	5-持续优化
B1 平台风险	C1 信息系统安全性	**D1 计算机硬件安全性：** 硬件设备配套是否齐全，设备运行的指令代码的安全性，以及是否经常出现电脑开机无显示，Windows 注册表经常无故损坏或者硬件故障机性死机等问表	计算机硬件设备配套不齐全且不具备任何设备的升级措施，Windows 注册表经常无故损坏或者硬件性机性死机等硬件故障	硬件设施配套齐全，定期升级，但是会偶尔出现电脑开机无显示，Windows 注册表经常无故损环机性故障	强制各类硬件设施安全措施落地，定期数据缺陷排查，系统升级	量化评估硬件设施安全性，参照数据安全体系，实施全面的硬件系统安全治理	硬件系统数据安全软件系统融合，持续监控和优化
		D2 内部数据库安全性： 内部数据库数据独立性，数据完整性，数据访问控制，故障恢复的保护水平	数据独立性，安全性，完整性，并发性，控制及故障恢复水平极低	数据独立性，安全性，完整性，并发性，控制及故障恢复水平基本得到保障	数据独立性，完整性，并发性，控制及故障恢复水平较高	系统具备完善的内部数据库安全设置体系，量化评估数据库数据独立性，并发安全性，及故障恢复等各方面安全治理	系统内部数据库安全性随企业内外环境要求持续优化改进，定期量化评估内部数据库
		D3 系统日志安全性： 系统日志分类，安全访问以及保存的水平	系统日志安全性极低，如无分类措施，访问路径缺乏安全性及保存方案不当，数据易丢失	系统日志具有一定程度的访问等安全权限设置，保存方案基本合理，但暂无日志分类措施	系统日志的设置等安全权平的访问等安全权限路径，以及良好的保存方案，且系统划分日志的敏感信息与一般基本类别	系统具备完善的设置系统日志安全访问权限体系，量化评估系统日志安全性，如评估访问路径设置和日志分类水平及日志安全性	系统日志安全随企业内外环境要求，定期优化改进，定期量化评估系统日志安全性

续表

一级指标	二级指标	三级指标	1-初始化	2-可重复	3-制度化	4-可管理	5-持续优化
B1 平台风险	C1 信息系统安全性	D4 欺诈风险数据库安全水平：系统构建欺诈风险数据库数据构建的安全水平	系统缺乏欺诈风险数据库的任何构建计划与行动	欺诈风险数据库构建不完善，如仅收集大量相关风险事件的信息，不实时更新相关信息	构建较为完善的欺诈风险数据库，不仅大范围检测收集风险事件的信息，还实时更新的信息	量化评估欺诈风险数据库的安全水平，具备十分敏锐的欺诈风险数据监控机制	持续优化和定期量化评估欺诈风险数据库的构建与相应的应急态体系
		D5 数据生命周期记录能力：系统详细识别并详记录企业数据所处的生命周期各阶段的能力	系统缺乏各类数据所处的生命周期的各阶段的识别和记录	系统具备识别并实时记录各类数据所属生命周期所处的阶段及对应所处的基本能力	系统详细划分动态、静态数据类别，并正确识别划分数据所处的生命周期细记录对应到的阶段	实施高水准数据体系，命周期记录各类数据命生命记录能力	关注各类数据的各生命周期各阶段状态，并持续优化提升与定期量化记录的能力
		D6 数据流图设置水平：明确各数据实体、数据流经传输层、数据传输协议的设置水平，以及数据流图中的数据分包的处理设置	系统缺乏对各类数据访问同实体、数据流经的层，数据传输协议的设置，以及在数据流图中的数据分包的处理设置	系统大致对数据访问同实体、数据流经传输层，数据流程图进行设置，但数据还待完善处理数据分包处理设置	系统详细设计数据访问实体、数据流经的层、数据传输协议的流程，以及根据数据数据分包合理处理	系统进一步完善数据流图的合理设计，清晰展示数据流各环节全貌，并量化评估该设置水平	因地制宜设计不同类型的数据对应的数据流图，并持续优化设计数据流图设置水平
	C2 网络协议安全性	D7 链路层安全性：数据在物理介质（如以太网、令牌环等）中传输的安全性	交换机端口安全配置等性能极差	数据链路层偶尔受到如CAM表溢出攻击、DHCP耗竭、DHCP欺骗等威胁	准确识别并构建、实施数据链路层常见威胁安全防护措施	量化评估数据链路层潜在威胁，以及的应对处理安全防御体系	链路层安全防护体系得到持续量化优化升级

续表

一级指标	二级指标	三级指标	1-初始化	2-可重复	3-制度化	4-可管理	5-持续优化
B1平台风险	C2网络协议安全性	**D8 网络层安全性：**在 IP 协议中进行数据包的选路和转发安全性	源 IP 地址欺骗攻击、源路由欺骗攻击等网络层常见安全问题出现得极为频繁，且无防范措施	具有基本的应对路由欺骗、基于 RIP 的欺骗网络层威胁的防范措施	构建较为全面的网络层安全防范体系，包括威胁识别与防范	量化评估网络层安全性并全面开展相应的应急处理全防御体系	网络层安全评估、防范体系得到持续监控与优化升级
		D9 传输层安全性：在 TCP 协议与 UDP 协议中实现主机间的应用程序端到端的通信安全性	传输层针对 TCP 常见攻击威胁出现频率极高，且无防范措施	具有基本的应对 SYN 泛洪攻击、RST 复位攻击、会话劫持及 ACK 风暴等传输层威胁的防范措施	构建较为全面的传输层安全防范体系，包括威胁识别与防范	量化评估传输层安全性并全面开展相应的应急处理全防御体系	传输层安全评估、防范体系得到持续监控与优化升级
		D10 应用层安全性：在基于 TCP 协议的 FTP 文件传输协议、HTTP 超文本传输应用程序中处理应用程序的逻辑安全性、名称查询和网络管理等安全性	在基于 TCP 协议的 FTP 文件传输协议、HTTP 超文本传输应用协议中处理应用程序的逻辑应用安全性极差	具有基本的文件传输、名称查询等网络管理等安全性能，以及应对诸如 DNS 欺骗等威胁的防范措施	构建较为全面的应用层安全防范体系，包括威胁识别与防范	量化评估应用层安全性并全面开展相应的应急处理全防御体系	应用层安全评估、防范体系得到持续监控与优化升级

续表

一级指标	二级指标	三级指标	1-初始化	2-可重复	3-制度化	4-可管理	5-持续优化
B1 平台风险	C3 物理环境安全性	**D11 选址安全性：**所选择的物理区域的安全性，如预防自然灾害，保障供水供电，规避社会不良动机等的安全水平	自然灾害（洪水、地震等）、供水供电系统威胁（电力、水、油）、社会不良动机（罢动、暴乱、欺诈、恐怖攻击高发区）等威胁高频发生	自然灾害、供水供电系统安全、政治动机安全得到基本保障	选址安全性较高并构建相应的意外安全体系对措施安全	量化评估选址安全性并全面开展相应的应急处理安全防御体系	选址安全评估、防范体系得到持续监控与优化升级
		D12 环境安全性：防水防潮、防静电、火灾预警、通风散热调节系统、电磁防护、环境温湿度等的安全性	防水防潮、防静电、火灾预警、通风散热调节系统、电磁防护、环境温湿度等安全性极差	防水防潮、防静电、火灾预警、通风散热调节系统、电磁防护、环境温湿度等安全性得到基本保障	环境安全性较高并构建相应的意外安全体系对措施安全	量化评估环境安全性各项指标并开展相应的应急处理安全防御体系	环境安全评估、防范体系得到持续监控与优化升级
		D13 边界安全性：物理设施或设备防盗防破坏、人员的物理访问控制等的安全程度	物理设施或设备防盗防破坏、人员的物理访问控制等安全性极差	物理设施或设备防盗防破坏、人员的物理访问控制得到基本保障全性	边界安全性较高并构建相应的意外安全体系对措施安全	量化评估边界安全性各项指标并开展相应的应急处理安全防御体系	周边安全评估、防范体系得到持续监控与优化升级

续表

一级指标	二级指标	三级指标	1—初始化	2—可重复	3—制度化	4—可管理	5—持续优化
B1 平台风险	C4 隐私安全设置水平	**D14 用户数据管理透明度（知情管理权）**：系统隐私声明中有关用户对个人数据管理的知情程度，如信息在哪里收集的，用途在什么，谁可以访问这些数据，以及数据会被保留多久	系统缺乏隐私声明，或者隐私声明极为粗糙，没有告知有关用户个人数据管理的详细细节	系统设置有一般性的用户隐私声明，但是隐私条款过长；或用户无所适从，或者随便不起眼的地方默认打钩勾用户数据权限	系统隐私声明管理，涵盖用户数据管理的基本方面，知情权的目且隐私条款长度适中，用户可以清晰地掌握个人数据获取权限	量化评估系统用户数据管理透明度；系统隐私声明为用户提供高度的个人数据管理知情程度，无"霸王条款"，依据用户意愿选择是否同意数据被获取，即使不同意仍然可以继续使用系统	用户数据知情权充分得到尊重，隐私声明水平得到持续监控与优化升级
		D15 用户数据访问权限程度（访问权）：为用户提供访问数据的途径设置，如数据验证，导出，移动和删除用户的数据，以及访问获得正其个人数据副本的权限程度	系统缺乏用户访问数据的途径设置，如缺乏验证，更正，移动和删除他们的数据的功能，以及无法获得其个人数据副本的功能	系统为用户提供访问数据部分权限，如提供访问其个人数据的途径，个人身份验证，但用户无法了解数据处理的目的，类别，结果，期限，救济途径，安全保障措施等，以及无法获得其个人数据副本	系统为用户提供访问权限，除了个人数据验证，个人身份验证，个人数据更正，删除等功能获得的数据处理的目的，类别，结果，期限，存储期限，救济途径，安全保障措施等	量化评估系统用户数据访问权限程度；系统为用户提供较为全面的数据访问权限，个人身份验证，个人数据更正、删除功能外，用户还能获得数据收集的目的、类别、存储期限、结果、期限、救济途径、安全保障措施等，以及可获得其个人数据副本	用户访问同权分得到尊重，并持续监控与优化升级

续表

一级指标	二级指标	三级指标	1-初始化	2-可重复	3-制度化	4-可管理	5-持续优化
B1 平台风险	C4 隐私安全设置水平	**D16 必要用户数据收集程度：**当企业收集用户数据时，必要数据类型、数量的收集程度	企业未遵循数据最小化原则，收集其应用网站、服务或应用程序运行所需要的必要用户数据	企业设置有限度数据收集水平，在收集个人数据时基本与数目的相称	企业依照最小化隐私安全设置水平，只收集目的、与处理目的相关的用户数据	企业高度遵从最小化原则根据实际情况需要，收集用户数据，并量化评估用户数据收集程度	必要用户数据的收集得到充分尊重，并根据GDPR持续监控、定期量化评估与提升必要用户数据收集程度
		D17 必要用户数据使用程度：当企业使用用户数据时，必要数据类型、数量的使用程度	企业在其网站、服务或应用程序运行中过度使用用户数据，未按照实际所需的必要数据类型、数量、范围等进行使用	企业设置有限度使用水平，在处理个人数据时基本与数目的相称	企业依照最小化隐私安全设置水平下，在不同场景，只使用目的、处理目的相关的用户数据	企业高度遵从最小化原则根据实际场景需要，使用用户数据，并量化评估用户数据必要使用程度	必要用户数据的使用原则充分得到尊重，并根据GDPR持续监控、定期量化评估与提升必要用户数据收集程度
		D18 用户数据权维权速径设置水平：系统对用户数据维权方式、路径设置多样化等途径的设置水平	系统缺乏用户数据权维权途径设置，或者设置在不起眼的角落，形同虚设，用户无法切实维权	系统具有用户数据维权路径端口，但渠道比较单一，不能以较快的速度回应维权人	企业为用户设置多样化的维权途径，且相应及时，提供合理的解决方式	企业不仅设置多种维权路径，还从用户的角度出发为端口的设计提供最便捷的途径，且量化评估用户数据权维权路径的设置水平	持续定期量化评估、优化升级用户数据权维权途径设置水平

续表

一级指标	二级指标	三级指标	1—初始化	2—可重复	3—制度化	4—可管理	5—持续优化
	C4 隐私安全设置水平	**D19 用户多重身份验证水平：** 系统对用户访问、使用时的多重身份验证的设置水平	系统缺乏用户身份验证功能设置，或者验证方式十分单一，极易导致用户权限被盗现象	系统设置合理、多重的用户身份验证功能，但验证门槛相对较低，如支持用户仅设置简单数字或者字母密码，或短信验证码作为通行证	系统提供保密性更强的多重身份验证方式，如要求访问时需通过多道身份验证，不支持简单密码的设置	系统具备完善的用户多重身份验证机制并量化评估的水平，且设置密码的更换期限以及使用动态口令与用户密码共同验证	持续定期量化评估、优化升级用户多重身份验证能力
	C5 黑客窃取安全水平	**D20 云存储配置安全水平：** 企业为团队提供基础设施配置培训、组织范围内的云安全策略、运行公共云策略，运行公共云的问题发现能力等	未向团队提供基础设施配置培训，组织范围内的云安全策略水平、运行公共云存储的问题发现能力极低	团队基础设施配置、组织培训基本到位，组织范围内的云安全策略水平、运行公共云存储的问题发现能力得到基本保障	云存储配置安全水平较高且参与市场平均水平，技术变化而在一定程度上进行更新换代	量化评估云存储配置安全水平各项指标并全面开展相应的应急处理安全防御体系	云存储配置安全水平得到评估，防范措施持续监控化升级
B1 平台风险		**D21 钓鱼攻击防御安全水平：** 系统对钓鱼攻击的识别与防御能力	系统对钓鱼链接的识别和警告能力差，无法防范相应的攻击	系统具备基本的钓鱼链接的识别和警告能力，但应对攻击的技术手段较弱，容易为高强度钓鱼攻击击溃	系统具备全面的钓鱼攻击防御方案和较高水准的防御技术手段	系统不仅构建完善的钓鱼攻击防御体系，包括全网监控和应急响应处理，还量化评估该系统的安全水平	钓鱼攻击防御安全水平得到定期量化评估、监控与优化升级

续表

一级指标	二级指标	三级指标	1-初始化	2-可重复	3-制度化	4-可管理	5-持续优化
B1 平台风险	C5 黑客窃取安全水平	**D22 恶意插件防御安全水平**：系统应对恶意插件的识别与防御能力	系统对恶意插件的识别和警告能力极差，无法对插件的攻击与防御，且缺乏插件行为监控	系统具备基本恶意插件的识别和警告能力，但对插件行为监控与防御能力较弱	系统具备全面的恶意插件防御方案和较高水准的防御、移除技术手段	系统不仅构建完善的恶意插件防御体系，包括全面监控和应急处理，还量化评估该体系的安全水平	恶意插件防御安全水平得到持续监控与定期量化评估、优化升级
		D23 安全漏洞管理修补水平：系统应对安全漏洞管理修补的识别与防御能力	系统完全缺乏安全漏洞的检测、修补能力与防御能力	系统具备基本安全管理漏洞的检测与修补的措施，但不仅速度慢，频率与绩效都较低	系统具备全面的安全漏洞管理修补方案，快速、准确与高效	系统不仅构建完善的安全漏洞管理修补体系，包括全网监控和应急响应，还量化评估该体系和安全水平	安全漏洞管理修补水平得到持续监控与定期量化评估、优化升级
		D24 已废弃及未受保护的网站安全水平：对开发人员废弃的网站及演示和测试本网站版本安全性的保护水平	对开发人员废弃的网站及演示和测试本网站版本安全性的保护水平极低	开发人员废弃的网站及演示的网站及演示和测试本网站基本规范安全管理与防范保障，但缺少相应的风险识别流程控制	已废弃及未受保护的网站安全水平较高，且构建相应的网站安全保护措施	量化评估已废弃及未受保护的安全水平各项指标，构建并开展高水准的安全保护体系	已废弃及未受保护的网站安全评估、安全保护监控持续得到与优化升级
		D25 移动应用后端安全水平：移动应用后端的测试、风险评估等保护水平	移动应用后端的测试、风险评估等保护水平较低	移动应用后端的测试等得到基本保障，但缺少相应的风险识别流程控制	移动应用后端安全水平较高，且构建相应的安全防范防护措施	量化评估移动应用后端安全各项指标，安全建设全面开展相应的应急处理方案	移动应用后端安全水平评估、风险防范监控得到优化升级

一级指标	二级指标	三级指标	1-初始化	2-可重复	3-制度化	4-可管理	5-持续优化
B1 平台风险	C5 黑客窃取安全水平	D26 公共代码存储库安全水平：公开可访问的代码存储库中，内部源代码、登录凭证和机密访问密钥等的存储安全性	公开可访问的代码存储库中，内部源代码、登录凭证和机密访问密钥等的存储安全性极低	公开可访问的代码存储库中，内部源代码、登录凭证和机密访问密钥等的存储安全性得到基本保障	公共代码存储库安全水平较高，且构建相应密钥保密方案	量化评估公共代码存储库安全水平各项指标，构建密钥安全保密体系	公共代码存储库安全水平评估、密钥泄露预防体系得到持续监控与优化升级
	C6 数据隐私意识程度	D27 员工数据隐私基本培训课程设置水平：企业为员工设置数据隐私基本培训课程的水平	企业缺乏为员工设置与数据隐私有关的入职基本培训课程	企业为员工设置一定的与数据隐私有关的入职基本培训课程，但内容较单一，无法达到预期的目的	企业为不同部门员工设置适合不同业务场景的数据隐私基本培训课程，覆盖内容较全面	企业不仅个性化设置员工数据隐私培训课程，同时覆盖全面涉及数据隐私的大部分场景和内容，并量化该培训措施的设置水平	企业实时根据外界环境变化更新员工数据隐私基本培训课程内容、定期评估以及优化提升课程内容、形式等方面的设置水平
B2 企业行为		D28 员工数据隐私基本培训课程完成度：员工对企业设置的数据隐私基本培训课程的响应速度与完成度	由于企业缺乏为员工设置有关数据隐私基本培训课程，或者非强制完成，员工该培训课程完成度几乎为零	在企业时常敦促员工尽快完成数据隐私基本培训课程但手段依旧非强制，完成度较低	企业强制要求员工完成数据隐私培训课程，但未设置时限，整体完成速度增幅较慢	企业不仅强制并合理限定在规定时限内，员工必须完成数据隐私培训课程并量化评估各部门完成度，整体完成度较高	企业实时追踪、量化评估员工数据隐私基本培训课程完成度，并设置奖惩手段，持续敦促监控，达成课程的百分之百完成度

续表

一级指标	二级指标	三级指标	1-初始化	2-可重复	3-制度化	4-可管理	5-持续优化
B2 企业行为	C6 数据隐私意识程度	**D29 员工数据隐私培训项目多元化程度**：企业为员工设置数据隐私培训项目多元化的程度	企业缺乏为员工设置数据隐私培训的任何项目	企业为员工设置数据隐私培训项目，但忽略项目单一、内容、形式不够丰富	企业根据员工角色，设置丰富的数据隐私培训项目，内容、形式多元化，有等级进阶	企业在为员工设置多元化数据隐私培训项目的同时量化评估该举措的绩效	企业持续根据时事扩大数据隐私培训项目多元化、个性化、丰富内涵并持续定期量化评估与优化升级
		D30 用户数据删除权（被遗忘权）意识程度：企业对用户数据删除权的意识程度。有其关个人数据处理权的意识程度。如用户要求删除其个人数据，企业应当立即删除该个人数据，企业应当采取合理措施并告知该个人数据的相关控制者	企业缺乏针对收集和处理已不必要的数据、数据主体行使拒绝权以及基于法定义务等需要删除用户数据的要求的应急措施，用户数据被遗忘意识非常薄弱	企业在面对用户基于：数据已不必要、数据主体行使拒绝权以及基于法定义务等情形，要求删除用户数据时，企业虽然予以响应但是速度迟缓；用户数据意识相对薄弱，无法保证及时满足用户的要求	企业具备较为完善的用户数据删除权的响应方案，监控并采取合理措施快速到达合理速有较高程度的如实按照用户要求删除其数据的意识	企业具备十分完善的用户数据删除的响应方案，根据删除请求提出相应合理情况，形成相应应急方案，并有效的正在处理该用户数据的控制者，用户数据渗透企业数据隐私意识保护文化体系，量化评估企业有关用户数据删除意识程度	企业严格遵照 GDPR 不断持续监控、量化与优化增强用户数据删除权意识程度

续表

一级指标	二级指标	三级指标	1-初始化	2-可重复	3-制度化	4-可管理	5-持续优化
B2 企业行为	C6 数据隐私意识程度	**D31 用户数据限制意识处理权程度：** 企业对用户有关其个人数据的准确性有争议，认为非法处理等情形时，当用户对个人数据的处理等操作有疑问时，企业要求提供处理权用户限制处理权	企业缺乏当用户对个人数据的准确性有争议，认为非法处理等情形时，是否给予用户限制处理权的意识，不响应或者无应对措施	企业在面对用户基于对个人数据的准确性有争议，认为非法处理等情形时，企业处理控制数据的要求时，企业员然可以响应但是速度迟缓、流程繁重拖沓，用户数据限制处理意识相对薄弱，无法保证及时满足用户的要求	企业具备较为完善的用户数据响应限制处理方案，具有从监控应用到限制用户的践行，具有自主制度较高程度的遵业数据限制处理从用户数据意识理权的意识	企业具备十分完善的用户数据响应限制处理方案，根据监控的限制要求提出不同情形的应急方案，应急高效的处理企业；用户数据修改用户隐私保护文制度遵业数据隐私评估限制用户数据；量化评估化体系；企业用户处理权意识程度	企业严格遵照 GDPR 不断持续监控，量化与数据隐增强用户限制处理权意识度
		D32 用户数据持续控制意识程度： 企业对用户有关其个人数据持续控制权的意识程度；用户要求企业提供个人数据，通用结构化和可机读，并且对上述数据转移至其他企业或组织并将上述数据转移给其他企业或者组织，的个人数据，原企业或者组织时，应不得阻碍	企业无法向用户提供用户提供结构化的通用个人数据，并且对上述数据转移至其他企业或组织设置阻碍，无视用户对其数据控制权的持续意识	企业可以向用户提供基本的结构化、通用化和可机读的个人数据，但是无法上述数据转移给其他企业或者组织，以便用户的便捷使用	企业不仅向用户提供结构化、通用化和可机读的个人数据，还能将上述数据转移给其他企业，方便用户按照自己的意志转移到其他的第三方	企业无分重视用户数据控制权，清晰界定自身在数据处理过程中扮演的角色；量化评估本企业对用户数据持续控制权意识程度	企业严格遵照 GDPR 不断持续优化，量化与优化，增强用户对用户数据控制权意识

续表

一级指标	二级指标	三级指标	1-初始化	2-可重复	3-制度化	4-可管理	5-持续优化
B2 企业行为	C6 数据隐私意识程度	**D33 用户数据拒绝权意识程度**：企业对用户有关其个人的意愿；企业应赋予用户基于其自身情况拒绝企业对个人数据进行处理行为的权利	企业缺乏向用户提供基于其自身情况拒绝包括公众目的以及第三方利益在内的个人数据处理行为的权利的意识	企业有意识地为用户提供基于其自身情况拒绝包括公众或第三方利益在内的个人数据处理行为的权利，但是反馈度不积极	企业积极为用户提供基于其自身包括公众或第三方利益在内的个人数据处理行为的权利，但是应对用户数据拒绝时起意，或者态度多为不成体系	企业充分意识到用户数据拒绝权，构建全面对本方案；量化对用户拒绝意识程度	企业严格遵照 GDPR 不断持续优化增强用户数据拒绝意识程度
	C7 数据隐私管理制度水平	**D34 数据保护影响评估制度水平**：企业应在进行数据处理前的数据保护影响评估的要求制定水平	企业缺乏在进行数据处理前的数据保护影响评估意识，且无相关制度构建	企业在进行数据处理前考虑到有关数据保护影响评估的部分方面，但不成体系，涵盖范围小，且无成文规章制度	企业根据其业务范围较为全面考虑到进行数据处理保护影响前有关数据的评估因素，且构建相应的评估制度陈旧，不能实时更新	企业构建并实施广泛涵盖业务范的数据保护影响制度且制度完善，动态更新；量化影响评估制度水平	企业严格遵照 GDPR 不断持续监控，量化与深入优化数据保护影响评估制度
		D35 保密协议签订制度水平：企业对个人数据进行处理时，规定保密协议及责任明确的制度的明确水平	企业缺乏对个人数据进行处理时，保密协议及责任明确的制度划分的制度规划	企业以约定俗成的方式在对个人数据进行处理时，具有保密协议划分，但无成文规范	企业以文档形式明确制定保密协议和责任划分，保密协议签订制度实时性一般	企业具备完善且严密的保密协议制定制度，竭力维护用户数据安全；量化保密协议评估协议签订制度水平	企业严格遵照 GDPR 不断持续监控，量化与深入优化签订协议签订制度

一级指标	二级指标	三级指标	1-初始化	2-可重复	3-制度化	4-可管理	5-持续优化
		D36 BSI 国际权威认证水平： 企业获得的 BSI 国际认证认证水平	企业缺乏符合实际需求的任何国际认证，包括 BSI 国际认证，且无申请认证的意识与规划	企业目前计划将 BSI 国际认证作为企业开展数据保护工作的一部分内容；或者有计划申请 BSI 国际认证	企业已将 BSI 国际认证要求作为企业开展数据保护工作的一部分内容；或者正在申请 BSI 认证过程中	企业严格按照 BSI 国际认证要求开展数据保护工作，并对该工作进行量化评估，或者已获得 BSI 认证要求	企业不仅按照 BSI 国际认证要求作为企业数据保护工作的标准化指导，还对该工作进行定期量化评估，且严格遵照 GDPR 不断持续保持、监控以及优化提升本企业的 BSI 认证水平
B2 企业行为	C7 数据隐私管理制度水平	**D37 数据保护部门架构设置水平：** 企业组织中对数据保护部门架构的设置水平	企业不设有或者不规划设立专门的数据保护部门	企业当前正在规划设立专门的数据保护部门	企业设立基本的数据保护门，但部门团队人员的设置尚不完备	企业拥有完备的数据保护部门架构和人员团队，且人员配置施匹配，量化评估本企业数据保护部门架构设置水平	企业根据内外部环境变化持续优化数据保护部门架构设立、团队构建，定期量化评估数据保护部门架构设置水平
		D38 数据保护官设立制度水平： 企业内部设立数据隐私保护官员的制度水平	企业缺乏内部设立数据隐私保护官员的意识和制度建设	企业计划在内部设立数据隐私保护官员，但还未构建相应的制度	企业内部已设立数据隐私保护官员，但相应的组织要求未完善	企业按照业务开展范围构建并实施数据保护官水平的数据保护水平（包括设立内部数据隐私保护人员的专业培训等；量化评估数据保护官设立制度水平	企业严格遵照 GDPR 不断持续监控、量化优化数据保护官设立制度水平

一级指标	二级指标	三级指标	1-初始化	2-可重复	3-制度化	4-可管理	5-持续优化
B2 企业行为	C7 数据隐私管理制度水平	**D39 数据泄露事件报告水平：**企业对发生数据泄露事件报告的策略和策略制定水平	企业缺乏对发生数据泄露事件报告的意识和策略制定	企业计划制定发生数据泄露报告的策略，但还未建构相应的制度	企业已制定发生数据泄露事件报告的策略，但相应的组织要求未完善	企业按照业务开展并实施高水平的数据泄露事件报告制度（包括在数据泄露的短暂时间内及时向有关部门报告及提出补救措施）；量化事件数据泄露事件报告制度水平	企业严格遵照 GDPR 不断持续监控，量化深入优化数据泄露事件报告制度
	C8 信息保护行为水平	**D40 隐私评估流程践行水平：**企业严格执行隐私评估流程；修复安全和隐私问题；数据分级分类的践行水平	企业缺乏隐私评估流程，修复问题能力极低	制定隐私评估流程但流程不完善或执行不到位；修复安全和隐私问题能力不足；部分个人信息被识别和分级；缺少分级项目和执行流程	企业制度并严格执行隐私评估流程或修复安全和隐私问题；所有的个人信息被识别和分级引入自动化和分级流程或集成分级流程	PbD 风险评估流程制度化，设置到位，重点确保落实到位；制定残余风险的管理方案；数据目录动态调整，包括数据分级，存储介质、量化调用相关系数和调用隐私评估流程践行水平	PbD 最佳实践行业化，并在行业共享；自动化数据风险识别，高危操作预警；持续监控，量化深入优化隐私评估流程践行水平

续表

一级指标	二级指标	三级指标	1-初始化	2-可重复	3-制度化	4-可管理	5-持续优化
		D41 数据分级分类践行水平：企业根据数据分类型进行分类并划分不同数据类型的机密等级的践行水平	企业无数据的分级分类措施与规划	企业对数据的分级多见于日常常俗成的业务操作中，未形成专门的文档作为规章制度的管理标准之一；或者缺乏数据机密等级的文档化规定	企业文档化数据分类，并且按照规定在业务场景中践行	企业不仅贯彻落实数据分级评估该举措还量化评估的绩效	企业持续根据内外环境变化更新并优化提升数据的分级分类管理绩效，定期量化评估该践行水平的践行水平
B2 企业行为	C8 信息保护行为水平	**D42 隐私安全问题应急修复能力**：企业对有关隐私安全问题应急修复的能力水平	企业完全缺乏隐私安全问题应急修复能力	企业具备基本的隐私安全问题应急修复基础，但响应不够及时或响应效果不够理想	企业构建较完善的隐私安全问题应急修复体系，及时并高效响应	企业具备完善、快速以及高效的隐私安全问题应急响应体系，并量化评估该体系	企业实时持续量化评估，优化升级隐私安全问题应急修复能力
		D43 用户信义务践行水平：企业对使用数据审慎保管、使用数据的义务践行水平，以及对境外接收入进行尽职调查的义务践行水平等	企业缺乏审慎保管、使用数据的义务践行水平，以及对境外接收入进行尽职调查的义务践行意识	企业基本做到审慎保管、使用数据的义务践行水平，但缺乏对境外接收入进行尽职调查的义务践行	企业不仅审慎保管、使用数据的义务践行水平，还对境外接收入进行尽职调查的义务践行	企业构建完善的用户信义务方案，识别不同情况的不同情况，且有效实施相应的应急措施，量化用户信义务践行水平	企业严格遵照GDPR不断持续监控，量化与优化提升践行用户信义务践行水平

一级指标	二级指标	三级指标	1-初始化	2-可重复	3-制度化	4-可管理	5-持续优化
B2 企业行为	C8 信息保护行为水平	**D44 数据处、控双方职责践行水平：**企业对按照 GDPR 规定对数据处理者与数据控制人之间的职责划分践行双方职责的践行水平	企业缺乏在 GDPR 规定下，数据控制人的配合；缺乏数据处理情况下，数据控制权人调查的配合；以及缺乏数据控制方与数据接收方签订的合同中数据处理时长的声明	企业在 GDPR 规定下，数据控制程度较高；但是数据外泄情况下，数据处理者对数据控制权人调查的配合程度偏低；以及暂无数据控制方与数据接收方签订的合同中数据处理时长的声明	企业在 GDPR 规定下，数据控制程度较高；数据外泄情况下，数据处理者对数据控制权人调查的配合程度偏低；以及暂无数据控制方与数据接收方签订的合同中数据处理时长的声明	在 GDPR 规定下，数据控制者对数据控制人的配合程度高；且数据外泄情况下，数据处理者对数据控制权人调查的配合度高；以及具备数据控制方与数据接收方签订的合同中数据处理时长的声明；量化评估的合规行为与数据处、控双方职责践行水平	严格遵照 GDPR 不断持续优化，量化监控、量化提升行践行为与数据处、控双方职责践行水平
		D45 其他部门人员信息安全保护能力：企业非信息安全团队的部门人员信息保护水平	企业其他部门安全保护能力信息偏差，日常行为极易容易发生数据泄露等情况	企业其他部门人员具有基本信息保护能力，但还是由人员疏忽造成的信息安全事件	企业其他部门人员安全较强保护能力，严格按照企业规章制度保护企业信息安全	企业其他部门人员不仅具备运行业务场景的较高的信息安全保护能力，并通过量化评估提高相应的能力	企业保持且定期量化评估其他安全保护人员信息保护能力；且其不仅具备个性化特征的信息安全保护，还随变化界，变化持续监控，提高全方面的综合数据保护能力

续表

一级指标	二级指标	三级指标	1-初始化	2-可重复	3-制度化	4-可管理	5-持续优化
B3 外部威胁	C9 知识产权保护水平	**D46 商标权保护水平**：企业对外部竞争对手销售伪冒本企业注册商标行为的应对能力	企业无力应对外部竞争对手销售伪冒本企业注册商标行为，无追究维权措施	相关部门根据法律规定登记备案商标侵权，但经常无法落实到位	指派专人负责管理；建立商标权保护数据平台，掌握商标知识产权数据，防止发生侵权行为；综合运用商标保护公司利益	公司内部构建商标权保护体系，建立严格商标保密规章制度，议针对不同类型的商标权侵犯制定的保护方案；量化评估不同商标的保护水平	根据市场动态和政府规定实时更新优化商标权保护措施，最大限度保障企业利益；不断持续优化监控，量化与优化保护提升商标权保护水平
		D47 专利权保护水平：企业对外部竞争对手未经许可使用的专利号等行为的应对能力	企业无力应对各种专利侵害行为，无追究维权措施	相关部门根据法律规定登记备案专利侵权，但经常无法落实到位	指派专人负责管理；建立专利权保护数据平台，掌握专利知识产权数据，防止发生侵权行为；综合运用专利保护公司利益	公司内部构建专利权保护体系，建立严格保密规章制度，议针对不同类型的专利权侵犯制定的保护方案；量化评估不同专利的保护水平	根据市场动态和政府规定实时更新优化专利权保护措施，最大限度保障企业利益；不断持续优化监控，量化与优化保护提升专利权保护水平
		D48 商业秘密保护水平（商业信息窃密）：企业对外部竞争对手以不正当手段获取本企业的商业秘密等行为的应对能力	企业无力应对各种窃取商业信息窃密行为，无追究维权措施	相关部门根据法律规定登记窃密，但经常无法落实到位	指派专人负责信息管理；建立商业数据平台，掌握商业信息知识产权数据，防止发生侵权行为；综合运用专利权保护公司利益	公司内部构建商业信息保护体系，建立严格的商业保密规章制度，议针对不同类型的商业信息窃密制定不同的保护方案；量化评估不同的商业秘密保护水平	根据市场动态和政府规定实时更新优化商业信息保护措施，最大限度保障企业利益；不断持续优化监控，量化与提升商业保密保护水平

一级指标	二级指标	三级指标	1-初始化	2-可重复	3-制度化	4-可管理	5-持续优化
		D49 受国内数据传输类型影响程度：企业受到国家数据保护政策和政策层面有关个人经济状态信息、健康数据和医疗信息披露、保险业有关信息、互联网地图有关信息等信息类型的政策限制的影响程度	没有关注国家数据保护政策，在国家政策层面企业数据跨境传输行为严重受阻	根据遇到的数据跨境限制调整数据政策保护行为，但当时调整，但仅停留在遇到时整改到的程度	根据数据传输类型限制涉及的本国政策，制定合规流程	企业隐私政策与本国政府数据政策限制隐私政策相融合，数据隐私政策的前瞻性高，有效评估本企业国内数据传输类型限制影响程度	企业设立专门管理部门直接参与并监督企业数据保护政策与本国数据保护行政政策的合规性，有效性、分配资源，持续量化评估与优化
B3 外部威胁	C10 政策影响程度	**D50 受国内其他要求法保护影响程度**：企业受国内《数据保护法》其他要求影响，如《数据保护法》《个人信息保护法》规定的其他要求的影响程度	企业日常业务严重受国内《数据保护法》其他要求影响，如受《个人信息保护法》的新规影响，需要全面整改企业数据保护行为	企业日常业务受到国内《数据保护法》其他要求的部分影响，特别是受《个人信息保护法》的制约程度较大，需要在特定方面进行整改	企业日常业务大部分受国内《数据保护法》其他要求施行影响，但还是受《个人信息保护法》施及，需要小范围波及，优化数据保护部分行为	企业日常业务几乎不受国内《数据保护法》其他要求影响，仅需警惕某些场景下的《数据保护法》做法，并且量化评估企业受国内数据保护法其他影响程度	企业当前虽然依据自身数据保护法实践，不受国内《数据保护法》其他要求影响，但自发持续根据国内一系列数据保护法进一步优化自身的行为规范，量化并实时监控、评估并预测本企业未来可能会受国内《数据保护法》其他要求的影响程度

续表

一级指标	二级指标	三级指标	1-初始化	2-可重复	3-制度化	4-可管理	5-持续优化
B3 外部威胁	C10 政策影响程度	**D51 受欧盟数据传输限制型影响程度**：企业受到欧盟的禁止传输数据，以及包括种族出身、政见、宗教或哲学信仰、工会成员、基因相关的个人数据等相关的政策影响程度	企业不仅时常受到欧盟有关特殊类的禁止传输数据，以及包括种族出身、宗教或工会信仰、工会成员、基因数据等相关的政策的政策影响，还缺乏对应对应的应急策略	企业偶尔受到欧盟有关禁止特殊类型数据，包括种族出身、哲学或宗教信仰、工会成员、基因等相关的个人数据虽然的政策影响；具有一定的应急方案，但无成文规定	企业针对传输对欧盟的特殊类型数据种族出身、政见、宗教或哲学信仰、工会成员身份、基因数据相关的个人数据的政策规定，制定并实施之有效的应急防范措施	企业识别欧盟有关传输的特殊类型数据，禁止受传输类型的数据体系，实施完善的应急体系；量化评估本企业业务受欧盟数据限制影响程度类型限制影响程度	严格遵照GDPR不断持续监控，量化受欧盟数据传输限制型输类型限制的影响程度
		D52 境外管辖权影响程度：企业对欧盟"地理区域"为基准，对境内外凡是使用欧盟数据实施的企业都受到的影响程度	企业APP、网页或者业务范围严重受到欧盟"地理区域"为基准，对境内外凡是使用欧盟数据实施的企业受监管规定，缺乏对应对应的应急策略	企业APP、网页或者业务范围虽然受到欧盟"地理区域"为基准，对境内外凡是使用企业的受监管规定，虽然具有一定的应急方案，但无成文规定	企业APP、网页或者业务范围以欧盟"地理区域"为基准，对境内外凡是使用企业都实施监管行定，制定并实施之有效的应急防范措施	企业识别欧盟以"地理区域"为基准，对境内外凡是使用欧盟数据监管规定，实施监管规建，构建，实施完善的应急体系；量化评估本企业受境外管辖权影响程度	严格遵照GDPR不断持续监控，量化受欧盟管辖权的影响辖权影响程度

续表

一级指标	二级指标	三级指标	1-初始化	2-可重复	3-制度化	4-可管理	5-持续优化
B3 外部威胁	C10 政策影响程度	**D53 欧盟数字服务税影响程度**：企业对欧盟向大型互联网企业的数字广告流动数据及跨境数字交易等数字服务税行为开征的影响程度	企业因受到欧盟向大型互联网企业的数字广告流动数据及跨境数字交易等数字服务税行为开征影响而无法正常开展业务；还缺乏对应急策略	企业受到欧盟向大型互联网企业的数字广告流动数据及跨境数字交易等数字服务税行为开征的影响；虽然具有一定的应急方案，但无成文规定	企业识别欧盟向大型互联网企业的数字广告流动数据及跨境数字交易等数字服务税行为开征的和各种情况及影响；制定并实施行之有效的应急防范措施	企业识别欧盟向大型互联网企业的数字广告流动数据及跨境数字交易等数字服务税行为开征的规定，实施、构建完善的应急体系；量化评估本企业受欧盟数字服务税影响程度	严格遵照 GDPR 不断持续监控，量化减轻受税的影响与减轻受欧盟的影响数字服务税程度
	C11 隐私保护技术代差水平	**D54 外部风险管控体系水平**：企业有关自身外部欺诈风险防控技术水平	企业缺乏外部欺诈风险防控技术，不足以抵抗外部风险干扰	部分数据存在外部欺诈风险技术防护，但缺少统筹规划	强制主要数据外部欺诈风险防控技术措施落地	组建一流的外部风险防控团队，引进先进的风险防控技术，实施全面数据隐私的外部风险技术治理，量化管理外部风控体系水平	衔接新兴技术，持续监控，量化评估与优化升级

续表

一级指标	二级指标	三级指标	1—初始化	2—可重复	3—制度化	4—可管理	5—持续优化
B3 外部威胁	C11 数据隐私保护技术水平	**D55 数据保障基本技术水平**：企业对数据进行收集、处理等活动时对数据脱敏技术、数据完整性技术、数据访问控制技术、数据备份恢复技术以及数据应急响应技术等基本技术数据的保障水平	企业缺乏数据安全基本技术，不足以抵抗外部风险干扰	部分数据存在基本的数据安全技术防护，但缺少统筹规划	强制主要数据安全保障技术措施落地	组建一流的数据安全技术团队，全面实施数据安全技术进行数据隐私的基本评估数据安全基本技术保障水平	衔接新兴技术，持续监控，量化评估与优化升级
	C12 数据跨境传输保护水平	**D56 跨境金融欺诈防控水平**：企业对外部欺诈信息交流、风险预警通报等跨境金融欺诈的防控水平	企业缺乏对外部欺诈信息交流、风险预警通报等跨境金融欺诈的防控措施和措施	企业重视对外部欺诈信息交流、风险预警通报等跨境金融欺诈的防控，但缺乏或者无力实施相应的防控措施	企业不仅重视对外部欺诈信息交流、风险预警通报等跨境金融欺诈的防控，还制定了较为完善的防控措施	企业构建应对外部欺诈信息交流、风险预警通报等跨境金融欺诈，全面实施跨境金融欺诈防控；量化评估跨境金融欺诈防控水平	企业严格遵照国内外相关法规政策以及市场发展情况，不断持续监控，量化优化提升跨境金融欺诈防控水平

续表

一级指标	二级指标	三级指标	1-初始化	2-可重复	3-制度化	4-可管理	5-持续优化
B3 外部威胁	C12 数据跨境传输保护水平	**D57 充分性保障措施水平**：主要体现为"标准合同文本"、"有约束力公司规则"机制（BCR）的保障措施践行水平	企业缺乏符合实际需求的跨境转移合同文本选择，缺乏申请BCR认证，且无申请认证的意识与计划	企业目前计划将标准合同文本作为企业网络运营出境活动中的一系列合同中的一部分，或者有计划申请BCR认证	企业已将标准合同文本作为企业网络运营出境活动中的一系列合同中的一部分；或者正在申请BCR认证过程中	企业已将标准合同文本作为企业网络运营出境活动中的一系列合同中的一部分，或者通过BCR认证；且量化标准的标准合同文本运营水平，或BCR认证水平	企业不仅要求使用标准合同文本，还评估是否需要采取补充性措施。通过BCR认证申请，且严格遵照GDPR不断持续监控，量化优化提高本企业合同文本运用水平、BCR认证水平
		D58 其他保障措施水平：企业对例外情况、数据跨境"个案审查"原则，以及针对其他变化的保障措施践行水平	企业未将例外情况、数据跨境"个案审查"原则，以及针对其他变化的保障措施纳入企业跨境保护规划中	企业考虑将例外情况、数据跨境"个案审查"原则，以及针对其他变化的保障措施纳入企业跨境保护规划中	企业积极收集、分析例外情况、数据跨境"个案审查"的事件，以及针对其他变化的保障措施，并已纳入企业数据保护方案中	企业积极践行例外情况的跨境"个案审查"数据原则以及针对其他变化的保障措施，并量化评估相关践行水平	企业持续优化提升，定期量化评估其他保障措施的践行水平，实现行业最佳实践

表 C　企业跨境数据保护成熟度评估指标——美国/东盟

一级指标	二级指标	三级指标
B1 平台风险	C1 信息系统安全性	计算机硬件安全性
		数据库安全性
		(东盟)数据活动安全性
	C2 网络协议安全性	链路层安全性
		网络层安全性
		传输层安全性
		应用层安全性
	C3 物理环境安全性	选址安全性
		环境安全性
		边界安全性
	C4 隐私安全设置水平	用户数据管理透明度(知情权)
		用户数据访问权限程度(访问权)
		(美国)最小化原则设置水平
	C5 黑客窃取安全水平	云存储配置安全水平
		暗网攻击安全水平
		已废弃及未受保护的网站保护水平
		移动应用后端安全水平
		公共代码存储库安全水平
B2 企业行为	C6 数据隐私意识程度	员工数据隐私意识培训程度
		用户数据删除权(被遗忘权)意识程度
		用户数据限制处理权意识程度
		(美国)用户数据拒绝销售权意识程度
		(东盟)合法收集个人资料的意识程度
		用户数据持续控制权意识程度
		(美国)用户数据退出权意识程度
		用户数据拒绝权意识程度

一级指标	二级指标	三级指标
B2 企业行为	C7 数据隐私管理制度水平	（东盟）数据保护影响评估制度水平
		（美国）数据爬取规制水平
		保密协议签订制度水平
		（东盟）区域性数据保护最低标准制度水平
		（美国）行业自律的隐私监管制度水平
		数据保护官设立制度水平
		数据泄露事件报告制度水平
	C8 信息保护行为水平	隐私评估流程践行水平
		（美国）报告义务践行水平
		（东盟）用户同意并处理个人数据原则践行水平
		（美国）儿童信息收集和处理充分告知践行水平
		（美国）监护人全面控制原则践行水平
		（美国）网站内部操作最小授权原则践行水平
B3 外部威胁	C9 知识产权保护水平	商标权保护水平
		专利权保护水平
		商业秘密保护水平
	C10 政策影响程度	受国内数据传输类型限制影响程度
		（美国）受美国司法管辖延伸影响程度
		（东盟）受东盟境内数据传输限制影响程度
	C11 隐私保护技术代差水平	外部风险管控体系水平
		数据安全基本技术保障水平
		（美国）次级利用技术控制水平
	C12 数据跨境传输保护水平	跨境金融欺诈防控水平
		（美国）EAR 认证水平
		（东盟）新加坡 PDPC 认证水平

附录四

面向欧盟区域的企业跨境数据保护成熟度调研问卷——专家

欢迎您作答本问卷，本问卷可能会占用您 30～40 分钟作答，请您安排好时间，感谢您的参与。

Q1 请问您是行业从业者还是专家学者？

　　○ 从业者　　　○ 专家学者

显示此问题：

如果"请问您是行业从业者还是专家学者？""专家学者"已选定。

Q2 请问您所处的专家领域是？［单选］

　　○ 生物　　　○ 材料　　　○ 管理　　　○ 医学　　　○ 国际法

　　○ 信息技术　○ 跨境贸易　○ 数据隐私　○ 统计学　　○ 食品安全

　　○ 金融学　　○ 信息安全　○ 数据法　　○ 语言学　　○ 化学

Q3 请问您研究的领域是否涉及面向欧盟领域的跨境研究？［单选］

　　○ 是　　　　　○ 否

Q4 请问您在所属研究机构的职称是？［单选］

　　○ 讲师　　　○ 副教授　　○ 教授　　　○ 博士

Q5 请问您所处的行业是？［单选］

　　○ 建筑业　　　　　　　　　　　　○ 交通运输、仓储业和邮政业

　　○ 住宿、餐饮业　　　　　　　　　○ 水利、环境和公共设施管理业

　　○ 信息传输、计算机服务和软件业　○ 教育

　　○ 卫生、社会保障和社会服务业　　○ 金融、保险业

　　○ 批发和零售业　　　　　　　　　○ 文化、体育、娱乐业

Q6 请问您所属的公司是否涉及面向欧盟区域的跨境业务？［单选］

  ○ 是   ○ 否

Q7 请问您在企业里的职位等级是？［单选］

  ○ 基层员工 ○ 中层干部 ○ 高级领导

Q8 请您务必从企业面向欧盟区域的跨境贸易的角度来填写该问卷［单选］

  ○ 不行   ○ 可以   ○ 没错   ○ 好的

条件：非常不满意 未选定 跳至：自动拒绝

Q9 请问您认为影响企业整体跨境数据隐私风险的因素有哪些？［多选］

  答：平台风险(指企业构建平台的数据保护能力，包括信息系统缺陷、各类硬件设施的存放物理环境规划、网络协议漏洞、平台的隐私安全设置、黑客攻击等)

  □企业行为(指企业的数据隐私意识、数据隐私管理制度的设定、企业的信息保护行为)

  □外部威胁(指企业知识产权遭受破坏、企业受到国际数据隐私保护相关政策的影响、企业与外部的隐私保护技术代差、数据跨境传输的安全保障等)

  □其他

Q10 请您先仔细阅读企业跨境数据保护的三项一级指标——平台风险、企业行为、外部威胁的内容含义，再进行作答！

  ①平台风险(指企业构建平台的数据保护能力，包括信息系统缺陷、各类硬件设施的存放物理环境规划、网络协议漏洞、平台的隐私安全设置、黑客攻击等)。

  ②企业行为(指企业的数据隐私意识、数据隐私管理制度的设定、企业的信息保护行为)。

  ③外部威胁(指企业知识产权遭受破坏、企业受到国内外数据隐私保护相关政策的影响、企业与外部的隐私保护技术代差、数据跨境传输的安全保障等)。

Q11 请您对平台风险与企业行为进行比较，选择哪一个更重要，并对相对重要性进行打分(1~9)。

	请选择	请为您选择的因素的相对重要性打分(您认为您所选择的因素越重要，该因素对应的分数应越高)
平台风险与企业行为，哪个因素对企业跨境数据隐私风险更重要	○ 平台风险 ○ 企业行为	○ 1 ○ 2 ○ 3 ○ 4 ○ 5 ○ 6 ○ 7 ○ 8 ○ 9

Q12 请您对平台风险与外部威胁两个因素进行比较，选择哪一个更重要，并对相对重要性进行打分(1~9)。

	请选择	请为您选择的因素的相对重要性打分(您认为您所选择的因素越重要，该因素对应的分数应越高)
平台风险与外部威胁，哪个因素对企业跨境数据隐私风险更重要	○ 平台风险 ○ 外部威胁	○ 1 ○ 2 ○ 3 ○ 4 ○ 5 ○ 6 ○ 7 ○ 8 ○ 9

Q13 请您对企业行为与外部威胁两个因素进行比较，选择哪一个更重要，并对相对重要性进行打分(1~9)。

	请选择	请为您选择的因素的相对重要性打分(您认为您所选择的因素越重要，该因素对应的分数应越高)
企业行为与外部威胁，哪个因素对企业跨境数据隐私风险更重要	○ 企业行为 ○ 外部威胁	○ 1 ○ 2 ○ 3 ○ 4 ○ 5 ○ 6 ○ 7 ○ 8 ○ 9

Q14 请您先仔细阅读平台风险的五项指标——信息系统安全性、网络协议安全性、物理环境安全性、隐私安全设置水平、黑客窃取安全水平的内容含义，再进行作答！

①信息系统安全性（指计算机系统的各项软硬件设施是否齐全，或者是否容易被故意破坏、更新是否及时等多方面的信息系统保护能力；具体包括计算机硬件安全性、数据库安全性、数据活动安全性）。

②网络协议安全性(指链路层安全性、网络层安全性、传输层安全性、应用层安全性)。

③物理环境安全性（是指平台的各类硬件设施的存放地址不符合规范，容易遭到攻击者物理破坏、窃听；具体包括选址安全性、环境安全性、边界安全性）。

④隐私安全设置水平[指系统为用户提供的各项隐私安全设置功能水平，如隐私安全声明、用户账号密码设置水平；具体包括用户数据管理透明度(知情权)、用户数据访问权限程度(访问权)、最小化原则设置水平]。

⑤黑客窃取安全水平(指企业自身如云存储配置水平等预防黑客恶意攻击，保护用户隐私被安全的能力；具体包括云存储配置安全水平、暗网攻击安全水平、已废弃及未受保护的网站保护水平、移动应用后端安全水平、公共代码存储库安全水平)。

Q15 请您对信息系统安全性与网络协议安全性两个因素进行比较，选择哪一个更重要，并对相对重要性进行打分(1~9)。

	请选择	请为您选择的因素的相对重要性打分(您认为您所选择的因素越重要，该因素对应的分数应越高)
信息系统安全性与网络协议安全性，哪个因素对企业跨境数据隐私风险更重要	○ 信息系统安全性 ○ 网络协议安全性	○ 1 ○ 2 ○ 3 ○ 4 ○ 5 ○ 6 ○ 7 ○ 8 ○ 9

Q16 请您对信息系统安全性与物理环境安全性两个因素进行比较，选择哪一个更重要，并对相对重要性进行打分(1~9)。

	请选择	请为您选择的因素的相对重要性打分(您认为您所选择的因素越重要，该因素对应的分数应越高)
信息系统安全性与物理环境安全性，哪个因素对企业跨境数据隐私风险更重要	○ 信息系统安全性 ○ 物理环境安全性	○ 1 ○ 2 ○ 3 ○ 4 ○ 5 ○ 6 ○ 7 ○ 8 ○ 9

Q17 请您对信息系统安全性与隐私安全设置水平两个因素进行比较，选择哪一个更重要，并对相对重要性进行打分(1~9)。

	请选择	请为您选择的因素的相对重要性打分(您认为您所选择的因素越重要,该因素对应的分数应越高)
信息系统安全性与隐私安全设置水平,哪个因素对企业跨境数据隐私风险更重要	○ 信息系统安全性 ○ 隐私安全设置水平	○ 1 ○ 2 ○ 3 ○ 4 ○ 5 ○ 6 ○ 7 ○ 8 ○ 9

Q18 请您对信息系统安全性与黑客窃取安全水平两个因素进行比较,选择哪一个更重要,并对相对重要性进行打分(1~9)。

	请选择	请为您选择的因素的相对重要性打分(您认为您所选择的因素越重要,该因素对应的分数应越高)
信息系统安全性与黑客窃取安全水平,哪个因素对企业跨境数据隐私风险更重要	○ 信息系统安全性 ○ 黑客窃取安全水平	○ 1 ○ 2 ○ 3 ○ 4 ○ 5 ○ 6 ○ 7 ○ 8 ○ 9

Q19 请您对网络协议安全性与物理环境安全性两个因素进行比较,选择哪一个更重要,并对相对重要性进行打分(1~9)。

	请选择	请为您选择的因素的相对重要性打分（您认为您所选择的因素越重要，该因素对应的分数应越高）
网络协议安全性与物理环境安全性，哪个因素对企业跨境数据隐私风险更重要	○ 网络协议安全性 ○ 物理环境安全性	○ 1 ○ 2 ○ 3 ○ 4 ○ 5 ○ 6 ○ 7 ○ 8 ○ 9

Q20 请您对网络协议安全性与隐私安全设置水平两个因素进行比较，选择哪一个更重要，并对相对重要性进行打分（1~9）。

	请选择	请为您选择的因素的相对重要性打分（您认为您所选择的因素越重要，该因素对应的分数应越高）
网络协议安全性与隐私安全设置水平，哪个因素对企业跨境数据隐私风险更重要	○ 网络协议安全性 ○ 隐私安全设置水平	○ 1 ○ 2 ○ 3 ○ 4 ○ 5 ○ 6 ○ 7 ○ 8 ○ 9

Q21 请您对网络协议安全性与黑客窃取安全水平两个因素进行比较，选择哪一个更重要，并对相对重要性进行打分（1~9）。

	请选择	请为您选择的因素的相对重要性打分(您认为您所选择的因素越重要,该因素对应的分数应越高)
网络协议安全性与黑客窃取安全水平,哪个因素对企业跨境数据隐私风险更重要	○ 网络协议安全性 ○ 黑客窃取安全水平	○ 1 ○ 2 ○ 3 ○ 4 ○ 5 ○ 6 ○ 7 ○ 8 ○ 9

Q22 请您对物理环境安全性与隐私安全设置水平两个因素进行比较,选择哪一个更重要,并对相对重要性进行打分(1~9)。

	请选择	请为您选择的因素的相对重要性打分(您认为您所选择的因素越重要,该因素对应的分数应越高)
物理环境安全性与隐私安全设置水平,哪个因素对企业跨境数据隐私风险更重要	○ 物理环境安全性 ○ 隐私安全设置水平	○ 1 ○ 2 ○ 3 ○ 4 ○ 5 ○ 6 ○ 7 ○ 8 ○ 9

Q23 请您对物理环境安全性与黑客窃取安全水平两个因素进行比较,选择哪一个更重要,并对相对重要性进行打分(1~9)。

	请选择	请为您选择的因素的相对重要性打分(您认为您所选择的因素越重要，该因素对应的分数应越高)
物理环境安全性与黑客窃取安全水平，哪个因素对企业跨境数据隐私风险更重要	○ 物理环境安全性 ○ 黑客窃取安全水平	○ 1 ○ 2 ○ 3 ○ 4 ○ 5 ○ 6 ○ 7 ○ 8 ○ 9

Q24 请您对隐私安全设置水平与黑客窃取安全水平两个因素进行比较，选择哪一个更重要，并对相对重要性进行打分(1~9)。

	请选择	请为您选择的因素的相对重要性打分(您认为您所选择的因素越重要，该因素对应的分数应越高)
隐私安全设置水平与黑客窃取安全水平，哪个因素对企业跨境数据隐私风险更重要	○ 隐私安全设置水平 ○ 黑客窃取安全水平	○ 1 ○ 2 ○ 3 ○ 4 ○ 5 ○ 6 ○ 7 ○ 8 ○ 9

Q25 请您先仔细阅读企业行为的三项指标——数据隐私意识程度、数据隐私管理制度水平、信息保护行为水平的内容的含义，再进行作答！

①数据隐私意识程度（指企业整体数据隐私保护意识，包括对国内外数据保护法规措施的了解程度；具体包括员工数据隐私意识培训程度、用户数

据删除权意识程度、用户数据限制处理权意识程度、用户数据持续控制权意识程度、用户数据拒绝权意识程度）。

②数据隐私管理制度水平（指企业为数据隐私保护规定的相关制度，包括相关评估、保密协议、数据保护官、数据泄露报告等；具体包括数据保护影响评估制度水平、保密协议签订制度水平、数据保护官设立制度水平、数据泄露事件报告制度水平）。

③信息保护行为水平（指企业在数据隐私保护中具体行为践行层面的保护能力；具体包括隐私评估流程践行水平，用户信义义务践行水平，数据处、控双方职责践行水平）。

Q26 请您对数据隐私意识程度与数据隐私管理制度水平两个因素进行比较，选择哪一个更重要，并对相对重要性进行打分（1~9）。

	请选择	请为您选择的因素的相对重要性打分（您认为您所选择的因素越重要，该因素对应的分数应越高）
数据隐私意识程度与数据隐私管理制度水平，哪个因素对企业跨境数据隐私风险更重要	○ 数据隐私意识程度 ○ 数据隐私管理制度水平	○ 1 ○ 2 ○ 3 ○ 4 ○ 5 ○ 6 ○ 7 ○ 8 ○ 9

Q27 请您对数据隐私意识程度与信息保护行为水平两个因素进行比较，选择哪一个更重要，并对相对重要性进行打分（1~9）。

	请选择	请为您选择的因素的相对重要性打分(您认为您所选择的因素越重要，该因素对应的分数应越高)
数据隐私意识程度与信息保护行为水平，哪个因素对企业跨境数据隐私风险更重要	○ 数据隐私意识程度 ○ 信息保护行为水平	○ 1 ○ 2 ○ 3 ○ 4 ○ 5 ○ 6 ○ 7 ○ 8 ○ 9

Q28 请您对数据隐私管理制度水平与信息保护行为水平两个因素进行比较，选择哪一个更重要，并对相对重要性进行打分(1~9)。

	请选择	请为您选择的因素的相对重要性打分(您认为您所选择的因素越重要，该因素对应的分数应越高)
数据隐私管理制度水平与信息保护行为水平，哪个因素对企业跨境数据隐私风险更重要	○ 数据隐私管理制度水平 ○ 信息保护行为水平	○ 1 ○ 2 ○ 3 ○ 4 ○ 5 ○ 6 ○ 7 ○ 8 ○ 9

Q29 请您先仔细阅读外部威胁的四项指标——知识产权保护水平、政策影响程度、隐私保护技术代差水平、数据跨境传输保护的内容的含义，再进行作答！

①知识产权保护水平（指企业预防外部行为对知识产权构成的威胁、破坏能力，以及当威胁发生时的应对能力；具体包括商标权保护水平、专利权保护水平、商业秘密保护水平）。

②政策影响程度（指本国或者国外数据隐私保护政策对企业的数据隐私保护行为构成的约束、阻碍程度；具体包括受国内数据传输类型限制影响程度、受欧盟数据传输类型限制影响程度、境外管辖权影响程度、欧盟数字服务税影响程度）。

③隐私保护技术代差水平（指本企业应对外部威胁时使用的数据隐私保护技术水平；具体包括外部风险管控体系水平、数据安全基本技术保障水平）。

④数据跨境传输保护（指本企业在数据的跨境传输过程中进行安全评估和流程控制的践行能力水平；具体包括跨境金融欺诈防控水平、充分保障措施水平）。

Q30 请您对知识产权保护水平与政策影响程度两个因素进行比较，选择哪一个更重要，并对相对重要性进行打分(1~9)。

	请选择	请为您选择的因素的相对重要性打分(您认为您所选择的因素越重要，该因素对应的分数应越高)
知识产权保护水平与政策影响程度，哪个因素对企业跨境数据隐私风险更重要	○ 知识产权保护水平 ○ 政策影响程度	○ 1 ○ 2 ○ 3 ○ 4 ○ 5 ○ 6 ○ 7 ○ 8 ○ 9

Q31 请您对知识产权保护水平与隐私保护技术代差水平两个因素进行比较，选择哪一个更重要，并对相对重要性进行打分(1~9)。

	请选择	请为您选择的因素的相对重要性打分(您认为您所选择的因素越重要，该因素对应的分数应越高)
知识产权保护水平与隐私保护技术代差水平，哪个因素对企业跨境数据隐私风险更重要	○ 知识产权保护水平 ○ 隐私保护技术代差水平	○ 1 ○ 2 ○ 3 ○ 4 ○ 5 ○ 6 ○ 7 ○ 8 ○ 9

Q32 请您对知识产权保护水平与数据跨境传输保护水平两个因素进行比较，选择哪一个更重要，并对相对重要性进行打分(1~9)。

	请选择	请为您选择的因素的相对重要性打分(您认为您所选择的因素越重要，该因素对应的分数应越高)
知识产权保护水平与数据跨境传输保护水平，哪个因素对企业跨境数据隐私风险更重要	○ 知识产权保护水平 ○ 数据跨境传输保护水平	○ 1 ○ 2 ○ 3 ○ 4 ○ 5 ○ 6 ○ 7 ○ 8 ○ 9

Q33 请您对政策影响程度与隐私保护技术代差水平两个因素进行比较，选择哪一个更重要，并对相对重要性进行打分(1~9)。

	请选择	请为您选择的因素的相对重要性打分(您认为您所选择的因素越重要,该因素对应的分数应越高)
政策影响程度与隐私保护技术代差水平,哪个因素对企业跨境数据隐私风险更重要	○ 政策影响程度 ○ 隐私保护技术代差水平	○ 1 ○ 2 ○ 3 ○ 4 ○ 5 ○ 6 ○ 7 ○ 8 ○ 9

Q34 请您对政策影响程度与数据跨境传输保护水平两个因素进行比较,选择哪一个更重要,并对相对重要性进行打分(1~9)。

	请选择	请为您选择的因素的相对重要性打分(您认为您所选择的因素越重要,该因素对应的分数应越高)
政策影响程度与数据跨境传输保护水平,哪个因素对企业跨境数据隐私风险更重要	○ 政策影响程度 ○ 数据跨境传输保护水平	○ 1 ○ 2 ○ 3 ○ 4 ○ 5 ○ 6 ○ 7 ○ 8 ○ 9

Q35 请您对隐私保护技术代差水平与数据跨境传输保护水平两个因素进行比较,选择哪一个更重要,并对相对重要性进行打分(1~9)。

	请选择	请为您选择的因素的相对重要性打分（您认为您所选择的因素越重要，该因素对应的分数应越高）
隐私保护技术代差水平与数据跨境传输保护水平，哪个因素对企业跨境数据隐私风险更重要	○ 隐私保护技术代差水平 ○ 数据跨境传输保护水平	○ 1 ○ 2 ○ 3 ○ 4 ○ 5 ○ 6 ○ 7 ○ 8 ○ 9

Q36 请您先仔细阅读信息系统安全性的三项指标——计算机硬件安全性、数据库安全性、数据活动安全性的内容含义，再进行作答！

①计算机硬件安全性（硬件设备配套是否齐全，设备运行的指令代码安全性，以及是否经常出现电脑开机无显示、Windows 注册表经常无故损坏或者随机性死机等硬件故障）。

②数据库安全性（数据独立性、数据安全性、数据完整性、并发控制、故障恢复的保护水平；系统日志安全性；以及欺诈风险数据库的构建及数据挖掘能力）。

③数据活动安全性（记录数据处理活动，如：数据生命周期的记录；数据流图设置，指明数据访问实体、数据流经的层，甚至是数据传输协议；数据的分包处理设置）。

Q37 请您对计算机硬件安全性与数据库安全性两个因素进行比较，选择哪一个更重要，并对相对重要性进行打分（1~9）。

	请选择	请为您选择的因素的相对重要性打分(您认为您所选择的因素越重要,该因素对应的分数应越高)
计算机硬件安全性与数据库安全性,哪个因素对企业跨境数据隐私风险更重要	○ 计算机硬件安全性 ○ 数据库安全性	○ 1 ○ 2 ○ 3 ○ 4 ○ 5 ○ 6 ○ 7 ○ 8 ○ 9

Q38 请您对计算机硬件安全性与数据活动安全性两个因素进行比较,选择哪一个更重要,并对相对重要性进行打分(1~9)。

	请选择	请为您选择的因素的相对重要性打分(您认为您所选择的因素越重要,该因素对应的分数应越高)
计算机硬件安全性与数据活动安全性,哪个因素对企业跨境数据隐私风险更重要	○ 计算机硬件安全性 ○ 数据活动安全性	○ 1 ○ 2 ○ 3 ○ 4 ○ 5 ○ 6 ○ 7 ○ 8 ○ 9

Q39 请您对数据库安全性与数据活动安全性两个因素进行比较,选择哪一个更重要,并对相对重要性进行打分(1~9)。

	请选择	请为您选择的因素的相对重要性打分(您认为您所选择的因素越重要，该因素对应的分数应越高)
数据库安全性与数据活动安全性，哪个因素对企业跨境数据隐私风险更重要	○ 数据库安全性 ○ 数据活动安全性	○ 1 ○ 2 ○ 3 ○ 4 ○ 5 ○ 6 ○ 7 ○ 8 ○ 9

Q40 请您先仔细阅读网络协议安全性的四项指标——链路层安全性、网络层安全性、传输层安全性、应用层安全性的内容含义，再进行作答！

①链路层安全性(数据在物理介质，如以太网、令牌环等中传输的安全性)。

②网络层安全性(在 IP 协议与 ARP 协议中进行数据包的选路和转发安全性)。

③传输层安全性(在 TCP 协议与 UDP 协议中实现主机间的应用程序端到端的通信安全性)。

④应用层安全性(在基于 TCP 协议的 FTP 文件传输协议、HTTP 超文本传输协议中处理应用程序的逻辑安全性，比如文件传输、名称查询和网络管理等安全性)。

Q41 请您对链路层安全性与网络层安全性两个因素进行比较，选择哪一个更重要，并对相对重要性进行打分(1~9)。

	请选择	请为您选择的因素的相对重要性打分(您认为您所选择的因素越重要,该因素对应的分数应越高)
链路层安全性与网络层安全性,哪个因素对企业跨境数据隐私风险更重要	○ 链路层安全性 ○ 网络层安全性	○ 1 ○ 2 ○ 3 ○ 4 ○ 5 ○ 6 ○ 7 ○ 8 ○ 9

Q42 请您对链路层安全性与传输层安全性两个因素进行比较,选择哪一个更重要,并对相对重要性进行打分(1~9)。

	请选择	请为您选择的因素的相对重要性打分(您认为您所选择的因素越重要,该因素对应的分数应越高)
链路层安全性与传输层安全性,哪个因素对企业跨境数据隐私风险更重要	○ 链路层安全性 ○ 传输层安全性	○ 1 ○ 2 ○ 3 ○ 4 ○ 5 ○ 6 ○ 7 ○ 8 ○ 9

Q43 请您对链路层安全性与应用层安全性两个因素进行比较,选择哪一个更重要,并对相对重要性进行打分(1~9)。

	请选择	请为您选择的因素的相对重要性打分(您认为您所选择的因素越重要，该因素对应的分数应越高)
链路层安全性与应用层安全性，哪个因素对企业跨境数据隐私风险更重要	○ 链路层安全性 ○ 应用层安全性	○ 1 ○ 2 ○ 3 ○ 4 ○ 5 ○ 6 ○ 7 ○ 8 ○ 9

Q44 请您对网络层安全性与传输层安全性两个因素进行比较，选择哪一个更重要，并对相对重要性进行打分(1~9)。

	请选择	请为您选择的因素的相对重要性打分(您认为您所选择的因素越重要，该因素对应的分数应越高)
网络层安全性与传输层安全性，哪个因素对企业跨境数据隐私风险更重要	○ 网络层安全性 ○ 传输层安全性	○ 1 ○ 2 ○ 3 ○ 4 ○ 5 ○ 6 ○ 7 ○ 8 ○ 9

Q45 请您对网络层安全性与应用层安全性两个因素进行比较，选择哪一个更重要，并对相对重要性进行打分(1~9)。

	请选择	请为您选择的因素的相对重要性打分(您认为您所选择的因素越重要,该因素对应的分数应越高)
网络层安全性与应用层安全性,哪个因素对企业跨境数据隐私风险更重要	○ 网络层安全性 ○ 应用层安全性	○ 1 ○ 2 ○ 3 ○ 4 ○ 5 ○ 6 ○ 7 ○ 8 ○ 9

Q46 请您对传输层安全性与应用层安全性两个因素进行比较,选择哪一个更重要,并对相对重要性进行打分(1~9)。

	请选择	请为您选择的因素的相对重要性打分(您认为您所选择的因素越重要,该因素对应的分数应越高)
传输层安全性与应用层安全性,哪个因素对企业跨境数据隐私风险更重要	○ 传输层安全性 ○ 应用层安全性	○ 1 ○ 2 ○ 3 ○ 4 ○ 5 ○ 6 ○ 7 ○ 8 ○ 9

Q47 请您先仔细阅读物理环境安全性的三项指标——选址安全性、环境安全性、边界安全性的内容含义,再进行作答!

①选址安全性(自然环境、供应系统、政治动机等的安全性)。

②环境安全性(电力控制、温湿度控制、静电控制、通风控制、散热控

制、火灾控制等安全性)。

　③边界安全性(设施访问控制、人员访问控制、外界边界保护等安全性)。

Q48 请您对选址安全性与环境安全性两个因素进行比较，选择哪一个更重要，并对相对重要性进行打分(1~9)。

	请选择	请为您选择的因素的相对重要性打分(您认为您所选择的因素越重要，该因素对应的分数应越高)
选址安全性与环境安全性，哪个因素对企业跨境数据隐私风险更重要	○ 选址安全性 ○ 环境安全性	○ 1 ○ 2 ○ 3 ○ 4 ○ 5 ○ 6 ○ 7 ○ 8 ○ 9

Q49 请您对选址安全性与边界安全性两个因素进行比较，选择哪一个更重要，并对相对重要性进行打分(1~9)。

	请选择	请为您选择的因素的相对重要性打分(您认为您所选择的因素越重要，该因素对应的分数应越高)
选址安全性与边界安全性，哪个因素对企业跨境数据隐私风险更重要	○ 选址安全性 ○ 边界安全性	○ 1 ○ 2 ○ 3 ○ 4 ○ 5 ○ 6 ○ 7 ○ 8 ○ 9

Q50 请您对环境安全性与边界安全性两个因素进行比较，选择哪一个更重要，并对相对重要性进行打分(1~9)。

	请选择	请为您选择的因素的相对重要性打分(您认为您所选择的因素越重要，该因素对应的分数应越高)
环境安全性与边界安全性，哪个因素对企业跨境数据隐私风险更重要	○ 环境安全性 ○ 边界安全性	○ 1 ○ 2 ○ 3 ○ 4 ○ 5 ○ 6 ○ 7 ○ 8 ○ 9

Q51 请您先仔细阅读隐私安全设置水平的三项指标——用户数据管理透明度(知情权)、用户数据访问权限程度(访问权)、最小化原则设置水平的内容含义，再进行作答!

①用户数据管理透明度(知情权)(系统隐私声明设置中有关用户对个人数据管理的知情程度，如信息在哪里收集的、用途是什么、谁可以访问这些数据，以及数据会被保留多久)。

②用户数据访问权限程度(访问权)(为用户提供访问数据的途径设置，用户验证、导出、移动和删除他们的数据，以及获得正在处理的其个人数据副本的权限程度)。

③最小化原则设置水平(企业收集用户数据时，最小化原则的设置水平，即其网站、服务或应用程序运行所需的最小数据收集设置水平；企业应当遵守数据最小化原则。处理个人数据应当与目的相称，收集、处理的个人信息应当是充分的、相关的，并且与处理目的相关)。

Q52 请您对用户数据管理透明度(知情权)与用户数据访问权限程度(访问权)两个因素进行比较，选择哪一个更重要，并对相对重要性进行打分(1~9)。

	请选择	请为您选择的因素的相对重要性打分(您认为您所选择的因素越重要，该因素对应的分数应越高)
用户数据管理透明度(知情权)与用户数据访问权限程度(访问权)，哪个因素对企业跨境数据隐私风险更重要	○ 用户数据管理透明度(知情权) ○ 用户数据访问权限程度(访问权)	○ 1 ○ 2 ○ 3 ○ 4 ○ 5 ○ 6 ○ 7 ○ 8 ○ 9

Q53 请您对用户数据管理透明度(知情权)与最小化原则设置水平两个因素进行比较，选择哪一个更重要，并对相对重要性进行打分(1~9)。

	请选择	请为您选择的因素的相对重要性打分(您认为您所选择的因素越重要，该因素对应的分数应越高)
用户数据管理透明度(知情权)与最小化原则设置水平，哪个因素对企业跨境数据隐私风险更重要	○ 用户数据管理透明度(知情权) ○ 最小化原则设置水平	○ 1 ○ 2 ○ 3 ○ 4 ○ 5 ○ 6 ○ 7 ○ 8 ○ 9

Q54 请您对用户数据访问权限程度(访问权)与最小化原则设置水平两个因素进行比较，选择哪一个更重要，并对相对重要性进行打分(1~9)。

	请选择	请为您选择的因素的相对重要性打分(您认为您所选择的因素越重要,该因素对应的分数应越高)
用户数据访问权限程度(访问权)与最小化原则设置水平,哪个因素对企业跨境数据隐私风险更重要	○ 用户数据访问权限程度(访问权) ○ 最小化原则设置水平	○ 1 ○ 2 ○ 3 ○ 4 ○ 5 ○ 6 ○ 7 ○ 8 ○ 9

Q55 请您先仔细阅读黑客窃取安全水平的五项指标——云存储配置安全水平、暗网攻击安全水平、已废弃及未受保护的网站保护水平、移动应用后端安全水平、公共代码存储库安全水平的内容含义,再进行作答!

①云存储配置安全水平(为团队提供基础设施配置培训水平、组织范围内的云安全策略水平、运行公共云存储的问题发现能力等)。

②暗网攻击安全水平(公司资源中密码策略的一致性,高危暗网攻击手段、钓鱼链接和恶意插件的识别能力等)。

③已废弃及未受保护的网站保护水平(对开发人员废弃的网站及演示和测试版本网站安全性的保护水平)。

④移动应用后端安全水平(移动应用后端的测试、风险评估等保护水平)。

⑤公共代码存储库安全水平(公开可访问的代码存储库中,内部源代码、登录凭证和机密访问密钥等的存储安全性)。

Q56 请您对云存储配置安全水平与暗网攻击安全水平两个因素进行比较,选择哪一个更重要,并对相对重要性进行打分(1~9)。

	请选择	请为您选择的因素的相对重要性打分（您认为您所选择的因素越重要，该因素对应的分数应越高）
云存储配置安全水平与暗网攻击安全水平，哪个因素对企业跨境数据隐私风险更重要	○ 云存储配置安全水平 ○ 暗网攻击安全水平	○ 1 ○ 2 ○ 3 ○ 4 ○ 5 ○ 6 ○ 7 ○ 8 ○ 9

Q57 请您对云存储配置安全水平与已废弃及未受保护的网站保护水平两个因素进行比较，选择哪一个更重要，并对相对重要性进行打分(1~9)。

	请选择	请为您选择的因素的相对重要性打分（您认为您所选择的因素越重要，该因素对应的分数应越高）
云存储配置安全水平与已废弃及未受保护的网站保护水平，哪个因素对企业跨境数据隐私风险更重要	○ 云存储配置安全水平 ○ 已废弃及未受保护的网站保护水平	○ 1 ○ 2 ○ 3 ○ 4 ○ 5 ○ 6 ○ 7 ○ 8 ○ 9

Q58 请您对云存储配置安全水平与移动应用后端安全水平两个因素进行比较，选择哪一个更重要，并对相对重要性进行打分(1~9)。

	请选择	请为您选择的因素的相对重要性打分(您认为您所选择的因素越重要,该因素对应的分数应越高)
云存储配置安全水平与移动应用后端安全水平,哪个因素对企业跨境数据隐私风险更重要	○ 云存储配置安全水平 ○ 移动应用后端安全水平	○ 1 ○ 2 ○ 3 ○ 4 ○ 5 ○ 6 ○ 7 ○ 8 ○ 9

Q59 请您对云存储配置安全水平与公共代码存储库安全水平两个因素进行比较,选择哪一个更重要,并对相对重要性进行打分(1~9)。

	请选择	请为您选择的因素的相对重要性打分(您认为您所选择的因素越重要,该因素对应的分数应越高)
云存储配置安全水平与公共代码存储库安全水平,哪个因素对企业跨境数据隐私风险更重要	○ 云存储配置安全水平 ○ 公共代码存储库安全水平	○ 1 ○ 2 ○ 3 ○ 4 ○ 5 ○ 6 ○ 7 ○ 8 ○ 9

Q60 请您对暗网攻击安全水平与已废弃及未受保护的网站保护水平两个因素进行比较,选择哪一个更重要,并对相对重要性进行打分(1~9)。

	请选择	请为您选择的因素的相对重要性打分(您认为您所选择的因素越重要，该因素对应的分数应越高)
暗网攻击安全水平与已废弃及未受保护的网站保护水平，哪个因素对企业跨境数据隐私风险更重要	○ 暗网攻击安全水平 ○ 已废弃及未受保护的网站保护水平	○ 1 ○ 2 ○ 3 ○ 4 ○ 5 ○ 6 ○ 7 ○ 8 ○ 9

Q61 请您对暗网攻击安全水平与移动应用后端安全水平两个因素进行比较，选择哪一个更重要，并对相对重要性进行打分(1~9)。

	请选择	请为您选择的因素的相对重要性打分(您认为您所选择的因素越重要，该因素对应的分数应越高)
暗网攻击安全水平与移动应用后端安全水平，哪个因素对企业跨境数据隐私风险更重要	○ 暗网攻击安全水平 ○ 移动应用后端安全水平	○ 1 ○ 2 ○ 3 ○ 4 ○ 5 ○ 6 ○ 7 ○ 8 ○ 9

Q62 请您对暗网攻击安全水平与公共代码存储库安全水平两个因素进行比较，选择哪一个更重要，并对相对重要性进行打分(1~9)。

	请选择	请为您选择的因素的相对重要性打分（您认为您所选择的因素越重要，该因素对应的分数应越高）
暗网攻击安全水平与公共代码存储库安全水平，哪个因素对企业跨境数据隐私风险更重要	○ 暗网攻击安全水平 ○ 公共代码存储库安全水平	○ 1 ○ 2 ○ 3 ○ 4 ○ 5 ○ 6 ○ 7 ○ 8 ○ 9

Q63 请您对已废弃及未受保护的网站保护水平与移动应用后端安全水平两个因素进行比较，选择哪一个更重要，并对相对重要性进行打分(1~9)。

	请选择	请为您选择的因素的相对重要性打分（您认为您所选择的因素越重要，该因素对应的分数应越高）
已废弃及未受保护的网站保护水平与移动应用后端安全水平，哪个因素对企业跨境数据隐私风险更重要	○ 已废弃及未受保护的网站保护水平 ○ 移动应用后端安全水平	○ 1 ○ 2 ○ 3 ○ 4 ○ 5 ○ 6 ○ 7 ○ 8 ○ 9

Q64 请您对已废弃及未受保护的网站保护水平与公共代码存储库安全水平两个因素进行比较，选择哪一个更重要，并对相对重要性进行打分(1~9)。

	请选择	请为您选择的因素的相对重要性打分（您认为您所选择的因素越重要，该因素对应的分数应越高）
已废弃及未受保护的网站保护水平与公共代码存储库安全水平，哪个因素对企业跨境数据隐私风险更重要	○ 已废弃及未受保护的网站保护水平 ○ 公共代码存储库安全水平	○ 1 ○ 2 ○ 3 ○ 4 ○ 5 ○ 6 ○ 7 ○ 8 ○ 9

Q65 请您对移动应用后端安全水平与公共代码存储库安全水平两个因素进行比较，选择哪一个更重要，并对相对重要性进行打分(1~9)。

	请选择	请为您选择的因素的相对重要性打分（您认为您所选择的因素越重要，该因素对应的分数应越高）
移动应用后端安全水平与公共代码存储库安全水平，哪个因素对企业跨境数据隐私风险更重要	○ 移动应用后端安全水平 ○ 公共代码存储库安全水平	○ 1 ○ 2 ○ 3 ○ 4 ○ 5 ○ 6 ○ 7 ○ 8 ○ 9

Q66 请您先仔细阅读数据隐私意识程度的五项指标——员工数据隐私意识培训程度、用户数据删除权(被遗忘权)意识程度、用户数据限制处理权意识程度、用户数据持续控制权意识程度、用户数据拒绝权意识程度的内容含义，

再进行作答！

①员工数据隐私意识培训程度(企业对公司员工有关数据隐私意识培训的规划及实践程度)。

②用户数据删除权(被遗忘权)意识程度(企业对用户有关其个人数据删除权的意识程度；用户要求数据控制者立即删除其个人数据，企业应当采取合理措施并告知正在处理该个人数据的其他控制者)。

③用户数据限制处理权意识程度(企业对用户有关其个人数据限制处理权的意识程度；当用户对个人数据的准确性有争议、认为处理是非法的、为了提起法律辩护等情形时，企业要提供给用户限制处理权)。

④用户数据持续控制权意识程度(企业对用户有关其个人数据持续控制权的意识程度；用户要求企业提供结构化、通用化和可机读的个人数据，并要求将上述数据转移给其他企业时，原企业应不得阻碍)。

⑤用户数据拒绝权意识程度(企业对用户有关其个人数据拒绝权的意识程度；企业应赋予用户基于其自身情况拒绝包括直销目的以及公众或第三方利益在内的个人数据处理行为的权利)。

Q67 请您对员工数据隐私意识培训程度与用户数据删除权(被遗忘权)意识程度两个因素进行比较，选择哪一个更重要，并对相对重要性进行打分(1~9)。

	请选择	请为您选择的因素的相对重要性打分(您认为您所选择的因素越重要，该因素对应的分数应越高)
员工数据隐私意识培训程度与用户数据删除权(被遗忘权)意识程度，哪个因素对企业跨境数据隐私风险更重要	○ 员工数据隐私意识培训程度 ○ 用户数据删除权(被遗忘权)意识程度	○ 1 ○ 2 ○ 3 ○ 4 ○ 5 ○ 6 ○ 7 ○ 8 ○ 9

Q68 请您对员工数据隐私意识培训程度与用户数据限制处理权意识程度两个因素进行比较，选择哪一个更重要，并对相对重要性进行打分(1~9)。

	请选择	请为您选择的因素的相对重要性打分(您认为您所选择的因素越重要，该因素对应的分数应越高)
员工数据隐私意识培训程度与用户数据限制处理权意识程度，哪个因素对企业跨境数据隐私风险更重要	○ 员工数据隐私意识培训程度 ○ 用户数据限制处理权意识程度	○ 1 ○ 2 ○ 3 ○ 4 ○ 5 ○ 6 ○ 7 ○ 8 ○ 9

Q69 请您对员工数据隐私意识培训程度与用户数据持续控制权意识程度两个因素进行比较，选择哪一个更重要，并对相对重要性进行打分(1~9)。

	请选择	请为您选择的因素的相对重要性打分(您认为您所选择的因素越重要，该因素对应的分数应越高)
员工数据隐私意识培训程度与用户数据持续控制权意识程度，哪个因素对企业跨境数据隐私风险更重要	○ 员工数据隐私意识培训程度 ○ 用户数据持续控制权意识程度	○ 1 ○ 2 ○ 3 ○ 4 ○ 5 ○ 6 ○ 7 ○ 8 ○ 9

Q70 请您对员工数据隐私意识培训程度与用户数据拒绝权意识程度两个因素

进行比较,选择哪一个更重要,并对相对重要性进行打分(1~9)。

	请选择	请为您选择的因素的相对重要性打分(您认为您所选择的因素越重要,该因素对应的分数应越高)
员工数据隐私意识培训程度与用户数据拒绝权意识程度,哪个因素对企业跨境数据隐私风险更重要	○ 员工数据隐私意识培训程度 ○ 用户数据拒绝权意识程度	○ 1 ○ 2 ○ 3 ○ 4 ○ 5 ○ 6 ○ 7 ○ 8 ○ 9

Q71 请您对用户数据删除权(被遗忘权)意识程度与用户数据限制处理权意识程度两个因素进行比较,选择哪一个更重要,并对相对重要性进行打分(1~9)。

	请选择	请为您选择的因素的相对重要性打分(您认为您所选择的因素越重要,该因素对应的分数应越高)
用户数据删除权(被遗忘权)意识程度与用户数据限制处理权意识程度,哪个因素对企业跨境数据隐私风险更重要	○ 用户数据删除权(被遗忘权)意识程度 ○ 用户数据限制处理权意识程度	○ 1 ○ 2 ○ 3 ○ 4 ○ 5 ○ 6 ○ 7 ○ 8 ○ 9

Q72 请您对用户数据删除权(被遗忘权)意识程度与用户数据持续控制权意识程度两个因素进行比较，选择哪一个更重要，并对相对重要性进行打分(1~9)。

	请选择	请为您选择的因素的相对重要性打分(您认为您所选择的因素越重要，该因素对应的分数应越高)
用户数据删除权(被遗忘权)意识程度与用户数据持续控制权意识程度，哪个因素对企业跨境数据隐私风险更重要	○ 用户数据删除权(被遗忘权)意识程度 ○ 用户数据持续控制权意识程度	○ 1 ○ 2 ○ 3 ○ 4 ○ 5 ○ 6 ○ 7 ○ 8 ○ 9

Q73 请您对用户数据删除权(被遗忘权)意识程度与用户数据拒绝权意识程度两个因素进行比较，选择哪一个更重要，并对相对重要性进行打分(1~9)。

	请选择	请为您选择的因素的相对重要性打分(您认为您所选择的因素越重要，该因素对应的分数应越高)
用户数据删除权(被遗忘权)意识程度与用户数据拒绝权意识程度，哪个因素对企业跨境数据隐私风险更重要	○ 用户数据删除权(被遗忘权)意识程度 ○ 用户数据拒绝权意识程度	○ 1 ○ 2 ○ 3 ○ 4 ○ 5 ○ 6 ○ 7 ○ 8 ○ 9

Q74 请您对用户数据限制处理权意识程度与用户数据持续控制权意识程度两个因素进行比较，选择哪一个更重要，并对相对重要性进行打分(1~9)。

	请选择	请为您选择的因素的相对重要性打分(您认为您所选择的因素越重要，该因素对应的分数应越高)
用户数据限制处理权意识程度与用户数据持续控制权意识程度，哪个因素对企业跨境数据隐私风险更重要	○ 用户数据限制处理权意识程度 ○ 用户数据持续控制权意识程度	○ 1 ○ 2 ○ 3 ○ 4 ○ 5 ○ 6 ○ 7 ○ 8 ○ 9

Q75 请您对用户数据限制处理权意识程度与用户数据拒绝权意识程度两个因素进行比较，选择哪一个更重要，并对相对重要性进行打分(1~9)。

	请选择	请为您选择的因素的相对重要性打分(您认为您所选择的因素越重要，该因素对应的分数应越高)
用户数据限制处理权意识程度与用户数据拒绝权意识程度，哪个因素对企业跨境数据隐私风险更重要	○ 用户数据限制处理权意识程度 ○ 用户数据拒绝权意识程度	○ 1 ○ 2 ○ 3 ○ 4 ○ 5 ○ 6 ○ 7 ○ 8 ○ 9

Q76 请您对用户数据持续控制权意识程度与用户数据拒绝权意识程度两个因素进行比较，选择哪一个更重要，并对相对重要性进行打分(1~9)。

	请选择	请为您选择的因素的相对重要性打分(您认为您所选择的因素越重要，该因素对应的分数应越高)
用户数据持续控制权意识程度与用户数据拒绝权意识程度，哪个因素对企业跨境数据隐私风险更重要	○ 用户数据持续控制权意识程度 ○ 用户数据拒绝权意识程度	○ 1 ○ 2 ○ 3 ○ 4 ○ 5 ○ 6 ○ 7 ○ 8 ○ 9

Q77 请您先仔细阅读数据隐私管理制度水平的四项指标——数据保护影响评估制度水平、保密协议签订制度水平、数据保护官设立制度水平、数据泄露事件报告制度水平的内容含义，再进行作答！

①数据保护影响评估制度水平(企业进行数据处理行为前的数据保护影响评估要求制定水平)。

②保密协议签订制度水平(企业对个人数据进行处理时，规定保密协议及责任明确的制度水平)。

③数据保护官设立制度水平(企业内部设立数据隐私保护官员的制度水平)。

④数据泄露事件报告制度水平(企业对发生数据泄露事件报告的策略制定水平)。

Q78 请您对数据保护影响评估制度水平与保密协议签订制度水平两个因素进行比较，选择哪一个更重要，并对相对重要性进行打分(1~9)。

	请选择	请为您选择的因素的相对重要性打分(您认为您所选择的因素越重要,该因素对应的分数应越高)
数据保护影响评估制度水平与保密协议签订制度水平,哪个因素对企业跨境数据隐私风险更重要	○ 数据保护影响评估制度水平 ○ 保密协议签订制度水平	○ 1 ○ 2 ○ 3 ○ 4 ○ 5 ○ 6 ○ 7 ○ 8 ○ 9

Q79 请您对数据保护影响评估制度水平与数据保护官设立制度水平两个因素进行比较,选择哪一个更重要,并对相对重要性进行打分(1~9)。

	请选择	请为您选择的因素的相对重要性打分(您认为您所选择的因素越重要,该因素对应的分数应越高)
数据保护影响评估制度水平与数据保护官设立制度水平,哪个因素对企业跨境数据隐私风险更重要	○ 数据保护影响评估制度水平 ○ 数据保护官设立制度水平	○ 1 ○ 2 ○ 3 ○ 4 ○ 5 ○ 6 ○ 7 ○ 8 ○ 9

Q80 请您对数据保护影响评估制度水平与数据泄露事件报告制度水平两个因素进行比较,选择哪一个更重要,并对相对重要性进行打分(1~9)。

	请选择	请为您选择的因素的相对重要性打分(您认为您所选择的因素越重要，该因素对应的分数应越高)
数据保护影响评估制度水平与数据泄露事件报告制度水平，哪个因素对企业跨境数据隐私风险更重要	○ 数据保护影响评估制度水平 ○ 数据泄露事件报告制度水平	○ 1 ○ 2 ○ 3 ○ 4 ○ 5 ○ 6 ○ 7 ○ 8 ○ 9

Q81 请您对保密协议签订制度水平与数据保护官设立制度水平两个因素进行比较，选择哪一个更重要，并对相对重要性进行打分(1~9)。

	请选择	请为您选择的因素的相对重要性打分(您认为您所选择的因素越重要，该因素对应的分数应越高)
保密协议签订制度水平与数据保护官设立制度水平，哪个因素对企业跨境数据隐私风险更重要	○ 保密协议签订制度水平 ○ 数据保护官设立制度水平	○ 1 ○ 2 ○ 3 ○ 4 ○ 5 ○ 6 ○ 7 ○ 8 ○ 9

Q82 请您对保密协议签订制度水平与数据泄露事件报告制度水平两个因素进行比较，选择哪一个更重要，并对相对重要性进行打分(1~9)。

	请选择	请为您选择的因素的相对重要性打分(您认为您所选择的因素越重要,该因素对应的分数应越高)
保密协议签订制度水平与数据泄露事件报告制度水平,哪个因素对企业跨境数据隐私风险更重要	○ 保密协议签订制度水平 ○ 数据泄露事件报告制度水平	○ 1 ○ 2 ○ 3 ○ 4 ○ 5 ○ 6 ○ 7 ○ 8 ○ 9

Q83 请您对数据保护官设立制度水平与数据泄露事件报告制度水平两个因素进行比较,选择哪一个更重要,并对相对重要性进行打分(1~9)。

	请选择	请为您选择的因素的相对重要性打分(您认为您所选择的因素越重要,该因素对应的分数应越高)
数据保护官设立制度水平与数据泄露事件报告制度水平,哪个因素对企业跨境数据隐私风险更重要	○ 数据保护官设立制度水平 ○ 数据泄露事件报告制度水平	○ 1 ○ 2 ○ 3 ○ 4 ○ 5 ○ 6 ○ 7 ○ 8 ○ 9

Q84 请您先仔细阅读信息保护行为水平的三项指标——隐私评估流程践行水平、用户信义义务践行水平及数据处、控双方职责践行水平的内容含义,再进行作答!

①隐私评估流程践行水平(企业严执行隐私评估流程;修复安全和隐私问题;数据分级分类的践行水平)。

②用户信义义务践行水平(企业对审慎保管、使用数据的义务践行水平,

以及对境外接收人进行尽职调查的义务践行水平等)。

③数据处、控双方职责践行水平(企业对按照 GDPR 规定数据处理者与数据控制人之间的职责划分践行双方职责的践行水平)。

Q85 请您对隐私评估流程践行水平与用户信义义务践行水平两个因素进行比较，选择哪一个更重要，并对相对重要性进行打分(1~9)。

	请选择	请为您选择的因素的相对重要性打分(您认为您所选择的因素越重要，该因素对应的分数应越高)
隐私评估流程践行水平与用户信义义务践行水平，哪个因素对企业跨境数据隐私风险更重要	○ 隐私评估流程践行水平 ○ 用户信义义务践行水平	○ 1 ○ 2 ○ 3 ○ 4 ○ 5 ○ 6 ○ 7 ○ 8 ○ 9

Q86 请您对隐私评估流程践行水平与数据处、控双方职责践行水平两个因素进行比较，选择哪一个更重要，并对相对重要性进行打分(1~9)。

	请选择	请为您选择的因素的相对重要性打分(您认为您所选择的因素越重要，该因素对应的分数应越高)
隐私评估流程践行水平与数据处、控双方职责践行水平，哪个因素对企业跨境数据隐私风险更重要	○ 隐私评估流程践行水平 ○ 数据处、控双方职责践行水平	○ 1 ○ 2 ○ 3 ○ 4 ○ 5 ○ 6 ○ 7 ○ 8 ○ 9

Q87 请您对用户信义义务践行水平与数据处、控双方职责践行水平两个因素进行比较，选择哪一个更重要，并对相对重要性进行打分(1~9)。

	请选择	请为您选择的因素的相对重要性打分(您认为您所选择的因素越重要，该因素对应的分数应越高)
用户信义义务践行水平与数据处、控双方职责践行水平，哪个因素对企业跨境数据隐私风险更重要	○ 用户信义义务践行水平 ○ 数据处、控双方职责践行水平	○ 1 ○ 2 ○ 3 ○ 4 ○ 5 ○ 6 ○ 7 ○ 8 ○ 9

Q88 请您先仔细阅读知识产权保护水平的三项指标——商标权保护水平、专利权保护水平、商业秘密保护水平(商业信息窃密)的内容含义，再进行作答!

　　①商标权保护水平(企业对外部竞争对手销售伪冒本企业注册商标行为的应对能力)。

　　②专利权保护水平(企业对外部竞争对手未经许可使用本企业的专利号等行为的应对能力)。

　　③商业秘密保护水平(企业对外部竞争对手以不正当手段获取本企业的商业秘密等行为的应对能力)。

Q89 请您对商标权保护水平与专利权保护水平两个因素进行比较，选择哪一个更重要，并对相对重要性进行打分(1~9)。

	请选择	请为您选择的因素的相对重要性打分（您认为您所选择的因素越重要，该因素对应的分数应越高）
商标权保护水平与专利权保护水平，哪个因素对企业跨境数据隐私风险更重要	○ 商标权保护水平 ○ 专利权保护水平	○ 1 ○ 2 ○ 3 ○ 4 ○ 5 ○ 6 ○ 7 ○ 8 ○ 9

Q90 请您对商标权保护水平与商业秘密保护水平两个因素进行比较，选择哪一个更重要，并对相对重要性进行打分(1~9)。

	请选择	请为您选择的因素的相对重要性打分（您认为您所选择的因素越重要，该因素对应的分数应越高）
商标权保护水平与商业秘密保护水平，哪个因素对企业跨境数据隐私风险更重要	○ 商标权保护水平 ○ 商业秘密保护水平	○ 1 ○ 2 ○ 3 ○ 4 ○ 5 ○ 6 ○ 7 ○ 8 ○ 9

Q91 请您对专利权保护水平与商业秘密保护水平两个因素进行比较，选择哪一个更重要，并对相对重要性进行打分(1~9)。

	请选择	请为您选择的因素的相对重要性打分（您认为您所选择的因素越重要，该因素对应的分数应越高）
专利权保护水平与商业秘密保护水平，哪个因素对企业跨境数据隐私风险更重要	○ 专利权保护水平 ○ 商业秘密保护水平	○ 1 ○ 2 ○ 3 ○ 4 ○ 5 ○ 6 ○ 7 ○ 8 ○ 9

Q92 请您先仔细阅读政策影响程度的四项指标——受国内数据传输类型限制影响程度、受欧盟数据传输类型限制影响程度、境外管辖权影响程度、欧盟数字服务税影响程度的内容含义，再进行作答！

①受国内数据传输类型限制影响程度（企业受到国内有关个人金融信息、个人征信报告、个人健康和医疗信息、保险业有关信息、互联网地图信息等信息类型的政策限制的影响程度）。

②受欧盟数据传输类型限制影响程度（企业受到欧盟有关禁止传输的特殊类型数据，以及包括种族或民族出身、政治观点、宗教或哲学信仰、工会成员身份、基因数据、为了特定识别自然人的生物性识别数据，和自然人健康、个人性生活或性取向相关的数据等以及涉及犯罪定罪与违法相关的个人数据的政策影响）。

③境外管辖权影响程度（企业对欧盟以"地理区域"为基准，对境内外凡是使用欧盟数据的企业都实施监管规定的影响程度）。

④欧盟数字服务税影响程度（企业对欧盟向大型互联网企业的数字广告及跨境数据流动等数字交易行为开征数字服务税的影响程度）。

Q93 请您对受国内数据传输类型限制影响程度与受欧盟数据传输类型限制影响程度两个因素进行比较，选择哪一个更重要，并对相对重要性进行打分(1~9)。

	请选择	请为您选择的因素的相对重要性打分(您认为您所选择的因素越重要，该因素对应的分数应越高)
受国内数据传输类型限制影响程度与受欧盟数据传输类型限制影响程度，哪个因素对企业跨境数据隐私风险更重要	○ 受国内数据传输类型限制影响程度 ○ 受欧盟数据传输类型限制影响程度	○ 1 ○ 2 ○ 3 ○ 4 ○ 5 ○ 6 ○ 7 ○ 8 ○ 9

Q94 请您对受国内数据传输类型限制影响程度与境外管辖权影响程度两个因素进行比较，选择哪一个更重要，并对相对重要性进行打分(1~9)。

	请选择	请为您选择的因素的相对重要性打分(您认为您所选择的因素越重要，该因素对应的分数应越高)
受国内数据传输类型限制影响程度与境外管辖权影响程度，哪个因素对企业跨境数据隐私风险更重要	○ 受国内数据传输类型限制影响程度 ○ 境外管辖权影响程度	○ 1 ○ 2 ○ 3 ○ 4 ○ 5 ○ 6 ○ 7 ○ 8 ○ 9

Q95 请您对受国内数据传输类型限制影响程度与欧盟数字服务税影响程度两个因素进行比较，选择哪一个更重要，并对相对重要性进行打分(1~9)。

	请选择	请为您选择的因素的相对重要性打分(您认为您所选择的因素越重要,该因素对应的分数应越高)
受国内数据传输类型限制影响程度与欧盟数字服务税影响程度,哪个因素对企业跨境数据隐私风险更重要	○ 受国内数据传输类型限制影响程度 ○ 欧盟数字服务税影响程度	○ 1 ○ 2 ○ 3 ○ 4 ○ 5 ○ 6 ○ 7 ○ 8 ○ 9

Q96 请您对受欧盟数据传输类型限制影响程度与境外管辖权影响程度两个因素进行比较,选择哪一个更重要,并对相对重要性进行打分(1~9)。

	请选择	请为您选择的因素的相对重要性打分(您认为您所选择的因素越重要,该因素对应的分数应越高)
受欧盟数据传输类型限制影响程度与境外管辖权影响程度,哪个因素对企业跨境数据隐私风险更重要	○ 受欧盟数据传输类型限制影响程度 ○ 境外管辖权影响程度	○ 1 ○ 2 ○ 3 ○ 4 ○ 5 ○ 6 ○ 7 ○ 8 ○ 9

Q97 请您对受欧盟数据传输类型限制影响程度与欧盟数字服务税影响程度两个因素进行比较,选择哪一个更重要,并对相对重要性进行打分(1~9)。

	请选择	请为您选择的因素的相对重要性打分（您认为您所选择的因素越重要，该因素对应的分数应越高）
受欧盟数据传输类型限制影响程度与欧盟数字服务税影响程度，哪个因素对企业跨境数据隐私风险更重要	○ 受欧盟数据传输类型限制影响程度 ○ 欧盟数字服务税影响程度	○ 1 ○ 2 ○ 3 ○ 4 ○ 5 ○ 6 ○ 7 ○ 8 ○ 9

Q98 请您对境外管辖权影响程度与欧盟数字服务税影响程度两个因素进行比较，选择哪一个更重要，并对相对重要性进行打分(1~9)。

	请选择	请为您选择的因素的相对重要性打分（您认为您所选择的因素越重要，该因素对应的分数应越高）
境外管辖权影响程度与欧盟数字服务税影响程度，哪个因素对企业跨境数据隐私风险更重要	○ 境外管辖权影响程度 ○ 欧盟数字服务税影响程度	○ 1 ○ 2 ○ 3 ○ 4 ○ 5 ○ 6 ○ 7 ○ 8 ○ 9

Q99 请您先仔细阅读隐私保护技术代差水平的两项指标——外部风险管控体系水平、数据安全基本技术保障水平的内容含义，再进行作答！

①外部风险管控体系水平(企业有关自身外部欺诈风险防控技术水平)。

②数据安全基本技术保障水平(企业在对数据进行收集、处理等活动时对数据脱敏技术、数据完整性技术、数据访问控制技术、数据备份技术以及数据恢复和响应技术等基本技术数据的保障水平)。

Q100 请您对外部风险管控体系水平与数据安全基本技术保障水平两个因素进行比较，选择哪一个更重要，并对相对重要性进行打分(1~9)。

	请选择	请为您选择的因素的相对重要性打分(您认为您所选择的因素越重要，该因素对应的分数应越高)
外部风险管控体系水平与数据安全基本技术保障水平，哪个因素对企业跨境数据隐私风险更重要	○ 外部风险管控体系水平 ○ 数据安全基本技术保障水平	○ 1 ○ 2 ○ 3 ○ 4 ○ 5 ○ 6 ○ 7 ○ 8 ○ 9

Q101 请您先仔细阅读数据跨境传输保护水平的两项指标——跨境金融欺诈防控水平、充分保障措施水平的内容含义，再进行作答！

①跨境金融欺诈防控水平(企业对外部欺诈风险信息交流、风险预警通报等跨境金融欺诈的防控水平)。

②充分保障措施水平[主要体现为"标准合同文本"机制(SCC)、"有约束力公司规则"机制(BCR)，例外情况、数据跨境"个案审查"原则，以及针对其他变化的保障措施践行水平]。

Q102 请您对跨境金融欺诈防控水平与充分保障措施水平两个因素进行比较，选择哪一个更重要，并对相对重要性进行打分(1~9)。

	请选择	请为您选择的因素的相对重要性打分（您认为您所选择的因素越重要，该因素对应的分数应越高）
跨境金融欺诈防控水平与充分保障措施水平，哪个因素对企业跨境数据隐私风险更重要	○ 跨境金融欺诈防控水平 ○ 充分保障措施水平	○ 1 ○ 2 ○ 3 ○ 4 ○ 5 ○ 6 ○ 7 ○ 8 ○ 9

参考文献

［1］ Baller, S. , Dutta, S. , Lanvin, B. (Eds.) Global Information Technology Report 2016. Innovating in the Digital Economy ［EB/OL］. Geneva: World Economic Forum and INSEAD. Retrieved July 07, 2016 from https: // www3. weforum. org/docs/Gitr2016/Wef_Gitr_Full_Report. pdf.

［2］ Barbara E. R. , Robert D. J. S. , Kate Millar. A Mobilising Concept? Unpacking Academic Representations of Responsible Research and Innovation ［J］. Science and Engineeraing Ethics, 2017, 2(23): 81–103.

［3］ Burget M. , Bardone E. , Pedaste M. Definitions and Conceptual Dimensions of Responsible Research and Innovation: A Literature Review［J］. Science and Engineearing Ethics, 2017, 2(23): 1–19.

［4］ Caitlin Fennessy. A Breakdown of EDPB's Recommendations for Data Transfers post-"Schrems II"［EB/OL］. ［2021–08–25］. https: //iAPP. org/news/a/a-break-down-of-edpbs-recommendations-for-data-transfers-post-schrems-ii/#.

［5］ Christopher Rees. Who Owns Our Data? ［J］. Computer Law & Security Review, 2014, 30(1): 75–79.

［6］ Claudia Loebbecke, Arnold Picot. Reflections on Societal and Business Model Transformation Arising from Digitization and Big Data Analytics: A Research Agenda［J］. The Journal of Strategic Information System, 2015, 24(3): 149–157.

［7］ CSDN. GB/T 37988–2019 信息安全技术数据安全能力成熟度模型 ［EB/OL］. ［2021–01–05］. https: //download. csdn. net/download/ weixin_45754300/ 12068603.

［8］ CSDN. TCP/IP 协议竟然有这么多漏洞？［EB/ OL］. ［2021–08–28］. https: //blog. csdn. net/daocaokafei/article/details/116176790.

［9］ David Wright. The State of the Art in Privacy Impact Assessment［J］. Computer Law and Security Review：The International Journal of Technology and Practice，2012，28(1).

［10］ Domingo-Ferrer J. A Provably Secure Additive and Multiplicative Privacy Homomorphism［C］//International Conference on Information Security ［M］. Berlin， Heidelberg：Springer，2002：471-483.

［11］ European Commission. Proposal for a Regulation of the European Parliament and of the Council on Information Security in the Institutions，Bodies，Offices and Agencies of the Union［EB/OL］.［2022-05-08］. https：//ec. europa. eu/ info/files/proposal-regulation-information-security-institutions-bodies-offices-and-agencies-union_en.

［12］ European Commission. Proposal for Cybersecurity Regulation［EB/OL］. ［2022-05-08］. https：//ec. europa. eu/info/publications/proposal-cybersecurity-regulation_en.

［13］ European Data Protection Board. Recommendations 01/2020 on Measures That Supplement Transfer Tools to Ensure Compliance with the EU level of Protection of Personal Data［EB/OL］.［2021-08-25］. https：//edpb. europa. eu/sites/ default/files/consultation/edpb recommendations 2020（01）Supplementary Measurestrans Ferstools_en. pdf.

［14］ European Data Protection Board. Recommendations 02/2020 on the European Essential Guarantees for Surveillance Measures［EB/OL］.［2021-08-25］. https：//edpb. europa. eu/sites/default/files/files/file1/edpb _ recommendations _ 202002_europeanessentialguaranteessurveillance_en. pdf.

［15］ European Parliament，Council of the European Union. General Data Protection Regulation［EB/OL］.［2021-07-15］. https：//eur-lex. europa. eu/search. html？ qid=1581778412166&text=gdpr&scope=EURLEX&type=quick&lang=en.

［16］ Ferracane，Martina Francesca，Erik van der Marel. Do Data Policy Restrictions Inhibit Trade in Services？［R/OL］. EUI Working Paper RSCAS 2019/29，Global Governance Programme-342. Florence：European University Institute，Robert Schuman Centre for Advanced Studies. https：//cadmus. eui. eu/handle/1814/62325.

［17］ Friedman B. , Kahn P. New Directions： A Value－Sensitive Design AP-Proach to Augmented Reality［C］. Proceedings of DARE 2000 on Designing Augmented Reality Environments，2000：163－164.

［18］ Greenberg A. Inside the Mind's Eye： An International Perspective on Data Privacy Law in the Age of Brain－Machine Interfaces.［J］. SSRN Electronic Journal，2018（4）：21－48.

［19］ Hai T. Economic Perspective Analysis of Protecting Big Data Security and Privacy［J］. Future Generation Computer Systems，2019，98(2)：660－671.

［20］ Humphrey W. S. Characterizing The Software Process： A Maturity Framework［R］. Software IEEE，1987.

［21］ Itamar Simonson，Emanuel Rosen. Absolute Value［M］. New York：Happer Business，2014：139－143.

［22］ Nigel Cory. Cross－Border Data Flows： Where are the Barriers，and What Do They Cost?［EB/OL］.［2017－05－01］. https：//itif. org/publications/2017/05/01/cross－border－data－flows－where－are－barriers－and－what－do－they－cost.

［23］ Nigel Cory. Surveying the Damage： Why We Must Accurately Measure Cross－Border Data Flows and Digital Trade Barriers［EB/OL］.［2020－01－27］. https：//itif. org/publications/2020/01/27/surveying－damage－why－we－must－accurately－measure－cross－border－data－flows－and.

［24］ Paloalto. 2021 年上半年 Unit 42 云威胁报告［EB/OL］.［2021－10－07］. http：//www. paloaltochina. com/wechat/article/PRISMACLOUD_20210524202. html.

［25］ Paulk M. C. ，Curtis B. ，Chrissis M. B. ，Weber C. V. Capability Maturity Model，Version 1. 1［J］. IEEE Software，1993，10(4)：18－27.

［26］ Saaty T. L. The Analytic Hierarchy Process［M］. New York：McGraw Hill International，1980.

［27］ Schwartz P. M. Privacy and Democracy in Cyberspace［J］. Social Science Electronic Publishing，1999，52(6).

［28］ The Hacker News. 5 Places Where Hackers are Stealthily Stealing Your Data in 2019［EB/OL］.［2021－08－28］. https：//thehackernews. com/2019/10/

hacking-data-breach-protection. html.

［29］ The Privacy Protection Study Commission. Personal Privacy in an Information Society［EB/OL］.［2021 - 07 - 15］. https：//epic. org/privacy/ppsc1977 report/.

［30］ Theodore Christakis. "European Digital Sovereignty"：Successfully Navigating Between the 'Brussels Effect' and Europe's Quest for Strategic Autonomy［EB/OL］.［2021 - 01 - 05］. https：//papers. ssrn. com/sol3/papers. cfm? abstract_id = 3748098.

［31］ Trustwave. 2019 Trustwave Global Security Report［EB/OL］.［2021 - 01 - 05］. https：//www. trustwave. com/en-us/resources/library/documents/2019-trustwave-global-security-report/.

［32］ Van den Hoven, J. "Value Sensitive Design and Responsible Innovation"［A］//Owen R. , Bessant J. , Heintz M. (Eds.) Responsible Innovation［C］. Wiley, Chichester, 2013：75-84.

［33］ Wang Y. Discussion on the Status Quo of Data Security Legislation in the Digital Economy Era［J］. Forum on the Rule of Law, 2020（2）.

［34］ Watts S. Humphrey. Managing the Software Process ［M］. Hoboken：Addison-Wesley Professional, 1990.

［35］艾瑞咨询.2021 年中国零售数字化转型研究报告［EB/OL］.［2021-10-07］. https：//www. iresearch. com. cn/Detail/report? id=3781&isfree=0.

［36］布莱特·金. 大数据银行：创新者、颠覆者、企业家们正在重塑银行业［M］. 北京：机械工业出版社, 2016：37-62.

［37］蔡莉妍. 区块链环境下个人数据权利保护的困境与突破——以欧盟《一般数据保护条例》为例［J/OL］. 北京航空航天大学学报（社会科学版）, 2022, 35(6)：43-52. DOI：10. 13766/j. bhsk. 1008-2204. 2021. 0230.

［38］曹开研.《数据安全法》：新形势下数据风险治理的利器及实施展望［J］. 青年记者, 2021(17)：70-72.

［39］曾丽洁. 欧盟《通用数据保护条例》框架下我国跨境旅游企业合规路径［J］. 湖北文理学院学报, 2020, 41(9)：36-41.

［40］曾丽洁. 欧盟《通用数据保护条例》框架下智能传播平台数据合规风

险防控[J]. 武汉交通职业学院学报，2020，22(3)：1-11+37.

[41] 曾五一，袁加军. 网络调查安全问题研究[A]//中国统计学会. 第十四次全国统计科学讨论会论文汇编，2007：436-438.

[42] 茶洪旺，付伟，郑婷婷. 数据跨境流动政策的国际比较与反思[J]. 电子政务，2019(5)：123-129.

[43] 柴争义，李亚伦. TCP/IP 协议的安全性分析与防范[J]. 电子与电脑，2006(Z1)：126-127.

[44] 车品觉. 决战大数据——驾驭未来商业的利器[M]. 杭州：浙江人民出版社，2016：173-175.

[45] 陈朝兵，郝文强. 国外政府数据开放隐私影响评估的政策考察与启示——以美英澳新四国为例[J]. 情报资料工作，2019，40(5)：23-30.

[46] 陈红娜. 数字贸易中的跨境数据流动问题研究[J]. 发展研究，2019(4)：9-19.

[47] 陈曦笛. 法律视角下数据主权的理念解构与理性重构[J/OL]. 中国流通经济，2022(7)：1-11. http：//kns. cnki. net/kcms/detail/11. 3664. F. 20220428. 1822. 006. html.

[48] 陈咏梅，张姣. 跨境数据流动国际规制新发展：困境与前路[J]. 上海对外经贸大学学报，2017，24(6)：37-52.

[49] 成卫青，龚俭. 网络安全评估[J]. 计算机工程，2003(2)：182-184.

[50] 程剑锋. 大数据时代下个人隐私数据安全与企业发展的关联探究[J]. 山西农经，2019(2)：30-31.

[51] 池雅琼，刘峰，齐佳音. 数字化转型背景下企业数据保护成熟度模型构建[J]. 情报杂志，2021，40(9)：133-140.

[52] 崔聪聪，许智鑫. 数据保护影响评估制度：欧盟立法与中国方案[J]. 图书情报工作，2020，64(5)：41-49.

[53] 崔雨宸，温宇晨. 反不正当竞争法视角下的企业数据权益保护[J]. 中阿科技论坛(中英文)，2021(7)：176-178.

[54] 单文华，邓娜. 欧美跨境数据流动规制：冲突、协调与借鉴——基于欧盟法院"隐私盾"无效案的考察[J]. 西安交通大学学报(社会科学版)，2021，41(5)：94-103.

［55］邓崧，黄岚，马步涛．基于数据主权的数据跨境管理比较研究［J］．情报杂志，2021，40（6）：119-126．

［56］邓志松，戴健民．限制数据跨境传输的国际冲突与协调［J］．汕头大学学报（人文社会科学版），2017，33（7）：93-104．

［57］等保2.0标准个人解读（五）：安全物理环境［EB/OL］．［2021-07-15］．https：//www．freebuf．com/articles/es/222523．html．

［58］丁晓东．论个人信息法律保护的思想渊源与基本原理——基于"公平信息实践"的分析［J］．现代法学，2019，41（3）：96-110．

［59］董小婉．基于群决策层次分析法的重庆市生活垃圾处理技术方案优选研究［D］．重庆大学，2016．

［60］董鑫，安文强．大数据时代企业信息安全管理体系分析［J］．商讯，2020（8）：98-99．

［61］杜栋，庞庆华，吴炎．现代综合评价方法与案例精选［M］．北京：清华大学出版社，2008．

［62］樊赛尔．企业网络及数据安全跨境合规与法治营商环境［J］．特区经济，2020（12）：119-123．

［63］范思博．个人金融数据跨境流动的治理研究［J/OL］．重庆大学学报（社会科学版），［2022-05-14］．http：//kns．cnki．net/kcms/detail/50．1023．C．20210727．0931．004．html．

［64］方元欣．基于CPTPP探究亚太数字贸易规则演进趋势［J/OL］．新型工业化，2020，10（4）：120-122+157．DOI：10．19335/j．cnki．2095-6649．2020．04．028．

［65］冯洁菡，周濛．跨境数据流动规制：核心议题、国际方案及中国因应［J］．深圳大学学报（人文社会科学版），2021，38（4）：88-97．

［66］冯涛，焦滢，方君丽，田野．基于联盟区块链的医疗健康数据安全模型［J］．计算机科学，2020，47（4）：305-311．

［67］付丽丽．隐私计算：护航数据价值，实现"可用不可见"［EB/OL］．（2021-09-13）［2022-05-09］．http：//www．stdaily．com/kjrb/kjrbbm/2021-09/13/content_1219243．shtml．

［68］付伟，于长钺．数据权属国内外研究述评与发展动态分析［J］．现

代情报，2017，37(7)：159-165.

[69] 高磊，赵章界，林野丽，翟志佳．基于《数据安全法》的数据分类分级方法研究[J]．信息安全研究，2021，7(10)：933-940.

[70] 高腾玲．跨境数据流动分歧对中国数字贸易的影响[J]．对外经贸实务，2021(9)：46-49.

[71] 高通．数据安全法中的数据跨境流动规则[EB/OL]．(2021-09-15)[2022-05-08]．hhttp：//www.fxcxw.org.cn/dyna/content.php？id=23768.

[72] 弓永钦．跨境电子商务中的个人信息保护问题研究[D]．对外经济贸易大学博士学位论文，2016.

[73] 弓永钦．国际企业数据隐私管理标准研究[J]．技术经济与管理研究，2016(8)：76-80.

[74] 顾伟．警惕数据跨境流动监管的本地化依赖与管辖冲突[J]．信息安全与通信保密，2018(12)：27-32.

[75] 韩向东，季献忠．企业数字化转型八大发展趋势[J]．管理会计研究，2021，4(Z1)：21-26+101.

[76] 洪延青．推进"一带一路"数据跨境流动的中国方案——以美欧范式为背景的展开[J]．中国法律评论，2021(2)：30-42.

[77] 胡冰洋．大数据背景下企业数据财产权的民法保护[D]．河南大学硕士学位论文，2019.

[78] 胡海东．论跨境数据流动执法的正当性和工具性之间的冲突——以欧、印的跨境数据流动执法实践为例[J]．公关世界，2021(12)：66-67.

[79] 胡能鹏，刘晓光．互联网企业数据安全管理应用研究[J]．网络安全技术与应用，2020(12)：76-77.

[80] 胡炜．跨境数据流动立法的价值取向与我国选择[J]．社会科学，2018(4)：95-102.

[81] 华劼．"通过设计保护隐私"机制的法律实践、技术支撑与商业运用研究[J]．情报杂志，2019(2)：116.

[82] 黄道丽，何治乐．欧美数据跨境流动监管立法的"大数据现象"及中国策略[J]．情报杂志，2017，36(4)：47-53.

[83] 黄秋霞．什么是隐私计算？[EB/OL]．(2021-10-09)[2022-05-09].

https：//jjjcb. ccdi. gov. cn/epaper/index. html？guid=14465544746 11998720.

[84] 黄现清. 数字贸易背景下我国数据跨境流动监管规则的构建路径[J]. 西南金融，2021(8)：74-84.

[85] 嵇叶楠，胡正坤，郭丰. 从《全球数据安全倡议》看中国在全球数据安全与治理领域的立场和举措[J]. 中国信息安全，2021(5)：30-33.

[86] 江聃. 京沪深竞逐大数据交易所 政府主导型数交平台谋变[EB/OL].（2021-12-29）[2022-05-09]. http：//www. stcn. com/stock/djjd/202112/t20211229_4020553. html.

[87] 姜楠，王玮琦，王健. 基于智能合约的个人隐私数据保护方法研究[J]. 信息网络安全，2020，20(11)：22-31.

[88] 蒋旭栋. 中国与东盟开展数据跨境规则合作的现状与挑战[J]. 中国信息安全，2021(2)：57-60.

[89] 李虹，冯韶华. 采用 BOOST 技术优化企业数据备份保护架构[J/OL]. 冶金自动化：1-10[2021-01-04]. http：//kns. cnki. net/kcms/detail/11. 2067. TF. 20201116. 1103. 008. html.

[90] 李克鹏，朱红儒，张玉东.《大数据安全与隐私保护过程》国际标准提案研究[J]. 信息技术与标准化，2018(5)：21-23+38.

[91] 李梦宇. 国际金融业数据治理特征与启示[J/OL]. 清华金融评论，2021(5)：35-38. DOI：10. 19409/j. cnki. thf-review. 2021-05-01.

[92] 李雅文. 激发"数字丝路"产业活力，构建"一带一路"数字贸易规则体系——RCEP 数字贸易规则解读[J]. 中国信息安全，2021(2)：43-46.

[93] 李娅. 大数据环境下的隐私风险和控制[J]. 中国管理信息化，2016（24）.

[94] 李艳华. 全球跨境数据流动的规制路径与中国抉择[J]. 时代法学，2019，17(5)：106-116.

[95] 李拯. 区块链，换道超车的突破口[J]. "一带一路"报道（中英文），2020(1)：15.

[96] 林立可. 隐私计算概念及应用介绍[EB/OL].（2021-04-24）[2022-05-09]. https：//blog. csdn. net/qq_40589204/article/details/116104882.

[97] 刘刚. 俄罗斯国家数据治理体系建设及启示[J]. 情报杂志，2021，

40(11)：107-112.

[98] 刘宏松，程海烨．跨境数据流动的全球治理——进展、趋势与中国路径[J]．国际展望，2020，12(6)：65-88+148-149.

[99] 刘金瑞．美国外资安全审查改革中的数据安全审查及其对我国的启示[J]．中国信息安全，2021(7)：69-71.

[100] 刘清华．政治博客研究——以新华网、新浪网、紫金网的政治博客为例[D]．苏州大学硕士学位论文，2009.

[101] 刘维．跨境数据流动监管措施在 GATS 下的合规性分析[J]．理论月刊，2018(3)：151-158.

[102] 刘箫锋，刘杨钺．东盟跨境数据流动治理的机制构建[J]．国际展望，2022，14(2)：123-147+154.

[103] 刘鹰，李昕．大数据时代信用卡客户生命周期管理实践与思考[J]．中国信用卡，2020(5)：30-39.

[104] 刘悦．安全与隐私保护研究综述[J]．电子技术与软件工程，2021(9)：259-260.

[105] 龙卫球．民法典物权编"三权分置"的体制抉择与物权协同架构模式——基于新型协同财产权理论的分析视角[J]．东方法学，2020(4)：90-106.

[106] 中华人民共和国中央人民政府．中国(贵州)"数字丝路"跨境数据枢纽港建设启动[EB/OL]．(2017-06-03)[2020-01-27]．http://www.gov.cn/xinwen/2017-06/03/content_5199510.htm.

[107] 中华人民共和国中央人民政府．北京市推进数据跨境流动安全管理试点[EB/OL]．(2020-12-24)[2020-01-27]．http://www.gov.cn/xinwen/2020-12/24/content_5572905.htm.

[108] 中华人民共和国中央人民政府．我国跨境贸易管理大数据平台建设在上海启动[EB/OL]．(2018-01-19)[2020-01-27]．http://www.gov.cn/xinwen/2018-01/19/content_5258634.htm.

[109] 吕梦倩，付强，欧阳慧，任国霞．基于 AHP 的人力资源绩效考核[J]．西南民族大学学报(自然科学版)，2012，38(5)：838-841.

[110] 梅傲，侯之帅．互联网企业跨境数据合规的困境及中国应对[J]．中

国行政管理，2021(6)：56-62.

[111] 梅傲，苏建维.数据治理中"打包式"知情同意模式的再检视[J].情报杂志，2021，40(2)：154-160+122.

[112] 孟小峰.破解数据垄断的几种治理模式研究[J].人民论坛，2020(27)：58-61.

[113] 牛静，翁林."情境脉络完整性"视域下社交网络中的隐私问题探讨[J].编辑之友，2014(6)：55-58.

[114] 漆晨航，陈刚.基于文本分析的欧盟数据主权战略审视及其启示[J].情报杂志，2021，40(8)：95-103+80.

[115] 齐爱民.大数据时代个人信息保护法国际比较研究[M].北京：法律出版社，2015.

[116] 齐佳音，池雅琼，刘峰.企业跨境数据保护成熟度研究：以面向欧盟区域为例[J/OL].情报杂志，2021，40(9)：133-140. http：//kns. cnki. net/kcms/detail/61. 1167. G3. 20220429. 1105. 004. html.

[117] 齐鹏."一带一路"数字经济数据跨境风险的系统性应对逻辑[J].西安交通大学学报(社会科学版)，2021，41(5)：104-113. DOI：10. 15896/j. xjtuskxb. 202105011.

[118] 齐湘泉，文嫒怡.构建"一带一路"个人数据跨境传输法律制度：分歧、共识与合作路径[J].河南师范大学学报(哲学社会科学版)，2019，46(6)：71-80.

[119] 全国信息安全标准化技术委员会.《大数据安全标准化白皮书》(2018版)[EB/OL].[2021-07-15]. https：//www.tc260. org. cn/file/dsj2018. pdf.

[120] 全国信息安全标准化技术委员会.关于发布《网络安全标准实践指南——网络数据分类分级指引》的通知[EB/ OL].(2021-12-31)[2022-05-08]. https：//www. tc260. org. cn/upload/2021-12-31/1640948142376022576. pdf.

[121] 冉从敬，刘瑞琦，何梦婷.国际个人数据跨境流动治理模式及我国借鉴研究[J].信息资源管理学报，2021，11(3)：30-39.

[122] 任雪斌，杨新宇，杨树森，张海.大数据处理和分析中的隐私保护研究综述[J].西北大学学报(自然科学版)，2019，49(1)：1-11.

[123] 上海赛博网络安全产业创新研究院.欧洲议会研究服务中心发布

有关欧盟数字主权的研究［EB/OL］．（2020-07-14）［2021-07-15］．http：//
www. sicsi. org. cn/Home/index/look/id/471/type/% E4% BA% A7% E4% B8%
9A%E7%A0%94%E7%A9%B6,%202020-07-14.

［124］尚洁．跨境数据流动法律问题研究［D］．北京邮电大学硕士学位论
文，2018.

［125］邵晶晶，韩晓峰．国内外数据安全治理现状综述［J］．信息安全研
究，2021，7(10)：922-932.

［126］盛小平，杨绍彬．GDPR 对科学数据开放共享个人数据保护的适用
性与作用分析［J/OL］．图书情报工作：1-10［2021-01-04］．https：//doi. org/
10. 13266/j. issn. 0252-3116. 2020. 22. 005.

［127］宋芝美．解读大数据时代企业管理中信息安全研究的现状与展望
［J］．中国新通信，2020，22(16)：139.

［128］孙方江．跨境数据流动：数字经济下的全球博弈与中国选择［J］．
西南金融，2021(1)：3-13.

［129］田广兰．大数据时代的数据主体权利及其未决问题——以欧盟《一
般数据保护条例》为分析对象［J］．中国人民大学学报，2020，34(6)：131-
141.

［130］田晓萍．贸易壁垒视角下的欧盟《一般数据保护条例》［J］．政法论
丛，2019(4)：123-135.

［131］田旭．欧盟个人数据保护法的全球影响成因与启示［J］．江西财经
大学学报，2020(4)：135-147.

［132］汪丽.RCEP 国家网络安全合作的现状、困境及前景展望［J］．中
国信息安全，2021(2)：47-50.

［133］王敬．网上市场调研的优势与局限［J］．商场现代化，2006(3).

［134］王腾，汪金兰．个人数据处理行为人的概念界定与划分问题——
基于欧盟范式对我国立法的启示［J］．渭南师范学院学报，2021，36(7)：
77-86.

［135］王天禅．美国拜登政府网络空间国际战略动向及其影响［J］．中国
信息安全，2021(6)：72-74.

［136］王晓周，乔喆，白雪，王馨裕．大数据安全与敏感数据保护技术

应用实践[J]. 电信工程技术与标准化，2019，32(11)：60-63+92.

[137] 王滢. 数字经济时代世界各国数据安全立法现状探讨[J]. 法治论坛，2020（2）.

[138] 王志杰. 论我国跨境数据流动的监管完善——基于数据安全性与数据开放性的利益平衡视角[J]. 福建金融，2021(7)：9-16.

[139] 魏远山. 博弈论视角下跨境数据流动的问题与对策研究[J]. 西安交通大学学报(社会科学版)，2021，41(5)：114-126.

[140] 文艳艳，彭燕. 个人信息的保护机制研究[J]. 情报杂志，2018(7)：127.

[141] 吴鸿川，陈宜，王媛媛. 大数据时代企业数据隐私安全的思考[J]. 互联网天地，2016(5)：28-32.

[142] 吴沈括，胡然. 平台治理的欧洲路径：欧盟《数字服务法案》《数字市场法案》两项提案分析[J]. 中国信息安全，2021(1)：71-74.

[143] 项阳，郑艺龙. 全球数据隐私保护相关政策[J]. 中国教育网络，2021(Z1)：32-33.

[144] 肖杰. 2021年上半年美国拜登政府网络安全政策分析[J]. 中国信息安全，2021(6)：81-84.

[145] 肖人毅. 云计算中数据隐私保护研究进展[J]. 通信学报，2014(12).

[146] 谢钧，谢希仁. 计算机网络教程[M]. 北京：人民邮电出版社，2014.

[147] 谢卓君，杨署东. 全球治理中的跨境数据流动规制与中国参与——基于WTO、CPTPP和RCEP的比较分析[J]. 国际观察，2021(5)：98-126.

[148] 谢宗晓，董坤祥，甄杰. 隐私影响评估(PIA)的发展及ISO/IEC 29134：2017实施探讨[J]. 中国质量与标准导报，2020(3)：17-20.

[149] 忻华. "欧洲经济主权与技术主权"的战略内涵分析[J]. 欧洲研究，2020，38(4)：1-30.

[150] 许多奇. 论跨境数据流动规制企业双向合规的法治保障[J]. 东方法学，2020(2)：185-197.

[151] 许可.数据安全法：定位、立场与制度构造[J].经贸法律评论，2019(3)：52-66.

[152] 杨辉.试论侵犯网络知识产权犯罪[J].法制与社会，2008(23)：78-79.

[153] 杨强.AI与数据隐私保护："联邦学习"的破解之道[J].信息安全研究，2019，5(11)：961-965.

[154] 杨署东，谢卓君.跨境数据流动贸易规制之例外条款：定位、范式与反思[J/OL].重庆大学学报(社会科学版)：1-15[2022-05-14].http：//kns.cnki.net/kcms/detail/50.1023.C.20210826.1451.002.html.

[155] 杨惟钦.《民法典》框架下企业数据财产权益实现路径研究[J].云南师范大学学报(哲学社会科学版)，2021，53(4)：103-114.

[156] 应赵毓之.大数据背景下企业数据财产权保护制度研究[D].华中师范大学硕士学位论文，2020.

[157] 袁强.试论大数据营销存在的失范问题[J].现代营销，2019，34(1)：23-27+46.

[158] 臧术美."一带一路"背景下中国与中东欧地方合作——一种多层级合作机制探析[J].社会科学，2020(1)：50-62.

[159] 张舵.略论个人数据跨境流动的法律标准[J].中国政法大学学报，2018(3)：98-109+207-208.

[160] 张继红.国家安全视域下我国数据安全法的制度构造[J].西北工业大学学报(社会科学版)，2021(3)：96-103.

[161] 张金平.跨境数据转移的国际规制及中国法律的应对——兼评我国《网络安全法》上的跨境数据转移限制规则[J].政治与法律，2016(12)：136-154.

[162] 张敏.大数据时代企业管理中信息安全研究的现状与展望[J].网络安全技术与应用，2020(3)：93-94.

[163] 张青云，张兴，李万杰，李晓会.位置轨迹隐私保护技术综述[J/OL].计算机应用研究：1-12[2021-01-04].https://doi.org/10.19734/j.issn.1001-3695.2019.10.0582.

[164] 张生.国际投资法制框架下的跨境数据流动：保护、例外和挑战

[J]. 当代法学，2019，33(5)：149-150.

[165] 张生. 美国跨境数据流动的国际法规制路径与中国的因应[J]. 经贸法律评论，2019(4)：79-93.

[166] 张雅婷，郭美婷. 苹果隐私新规解读：预计影响国内 2000 亿元网络广告，将如何破局？[EB/OL]. (2021-04-27)[2022-05-09]. https：//baijiahao. baidu. com/s？id=1698179645006857596&wfr=spider&for=pc.

[167] 张郁安. 全球主要国家和地区数字政策及其战略考量[J]. 中国信息安全，2021(2)：67-69.

[168] 甄风琳. 商业数据竞争法保护研究[D]. 山东财经大学硕士学位论文，2021.

[169] 郑斌. 企业数据安全能力框架——数据安全能力成熟度模型的构建及应用[J]. 信息安全与通信保密，2017(11)：70-78.

[170] 中共中央、国务院关于构建更加完善的要素市场化配置体制机制的意见[J]. 工程造价管理，2020(3)：3-5+7.

[171] 中华人民共和国住房和城乡建设部. 住房城乡建设部关于发布国家标准《数据中心设计规范》的公告[EB/OL]. [2021-07-15]. https：//www. mohurd. gov. cn/gongkai/fdzdgknr/tzgg/201706/20170629_232416. html.

[172] 中兴通讯数据保护合规部，数据法盟. GDPR 执法案例精选白皮书[EB/ OL]. [2021-09-08]. https：//res-www. zte. com. cn/mediares/zte/Files/PDF/white_book/202004070858. pdf？la=zh-CN.

[173] 中兴通讯数据保护合规部，数据法盟. GDPR 执法案例全景白皮书(2019-2020)[EB/ OL]. [2021-09-08]. https：//www. 01caijing. com/viewer/pdf. htm？filePath=attachment/202005/3FBD8DBE42E1448. pdf.

[174] 周辉. 加快数据法治建设 推进数据要素市场化改革[J]. 中国信息安全，2021(1)：94-95+100.

[175] 周瑞，邓锐. 大数据对政府治理的影响和挑战[J]. 农村经济与科技，2018，29(11)：269-270.

[176] 朱光，丰米宁，陈叶，等. 大数据环境下社交网络隐私风险的模糊评估研究[J]. 情报科学，2016，34(9)：94-98.

[177] 朱雅妮. 数据主权及其在《数据安全法》的体现[J]. 浙江工业大学

学报(社会科学版)，2021，20(4)：418-424.

[178] 朱源. 非洲数据中心行业快速成长[J]. 中国投资(中英文)，2021
(Z5)：78-79.

[179] 卓丽. GDPR 下企业数据合规问题及对策分析[J]. 北外法学，
2020(1)：182-196.